空间计量经济学译丛

空间计量经济学
方法与模型

Spatial Econometrics： Methods and Models

[美] 卢卡·安瑟林（Luc Anselin）
著

刘耀彬 王道平 陈子帆 白彩全
译

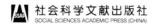
社会科学文献出版社
SOCIAL SCIENCES ACADEMIC PRESS (CHINA)

著者简介

卢卡·安瑟林（Luc Anselin） 亚利桑那州立大学地理科学与城市规划学院院长，教授，亚利桑那州立大学地理科学与城市规划学院 GeoDa 地理空间分析与计算中心主任。2004 年当选国际区域科学协会会员，2005 年荣获沃尔特·伊萨德奖，2006 年荣获威廉·阿朗索纪念奖。2008 年当选美国科学院院士。研究兴趣包括空间数据（如包含特定位置的数据）分析、囊括空间数据探究、空间数据可视化和建模、适合的空间数据研究方法的发展及其在软件和实证研究中的应用。其是用于空间数据分析的 SpaceStat 和 GeoDa 软件安装包的研发者，该软件具体的应用领域包括环境和自然资源经济学、房地产经济学、创新经济学、犯罪经济学、公共卫生经济学、选举研究经济学和国际关系经济学。

译者简介

刘耀彬 湖北麻城人，教育部"长江学者"特聘教授，南昌大学副校长，教授、博士生导师，主要研究方向为区域经济、城市经济与生态经济。

王道平 山东聊城人，上海财经大学城市与区域科学学院博士研究生，主要研究方向为城市与区域经济、灾害评估与管理等。

陈子帆 江西吉安人，厦门大学管理学院硕士研究生，主要研究方向为区域经济、公司治理等。

白彩全 甘肃兰州人，山东大学经济研究院特别资助类博士后，主要从事环境经济学、能源经济学和经济史研究。

前　言

空间计量经济学关注空间依赖性和空间异质性这些区域科学学者使用的数据的关键特点。这些特点可能会使经典的计量经济学方法不再适用。在本书中，笔者会结合一些研究成果，构建一种将空间效应纳入计量经济学的综合方法。本书的主要目标是将空间效应视为经典的计量经济学的一般性框架的一个特例，把空间计量经济学领域的一套独立的方法用于分析相关空间效应。

笔者的着眼点不同于以往在空间统计中所讨论的空间自相关问题，如 Cliff 和 Ord（1981），Upton 和 Fingleton（1985）的研究。笔者的关注重心是与空间效应相关的模型设定、估计和其他推断问题。笔者将此类方法称为模型驱动式方法，它不同于空间统计学中的数据驱动式方法。笔者尝试连接严谨的计量经济学视角与空间分析方法论。

尽管十年前笔者就开始研究这些问题，但作为笔者在康奈尔大学博士学位论文中的一部分，本书中的大部分材料很新。虽然其中一些材料以多种形式在许多文章中出现过，但是，到目前为止，本书包含许多尚未发表的内容，人部分实证例子也是最新的。通过结合大量的检验和估计的技术细节，并考虑许多现实问题，笔者希望能够构建一个使区域科学研究者、空间分析研究者和计量经济学家都感兴趣并能加以运用的综合方法。本书讨论的话题非常宽泛，可作为空间统计、计量经济学和区域分析相关领域的硕士研究生及以上水平学生的教材。

在本书相关研究的开展和各个部分的早期版本的撰写过程中，许多人给出的评论、建议和鼓励使笔者受益良多，尤其感谢 Walter Isard、Art

Getis、Reg Golledge、Geoff Hewings 和 Peter Nijkamp。同时本书中的许多研究受到国家科学基金（SES 83－09008、SES 86－00465）的资助，部分实证研究工作受到俄亥俄州城市大学研究计划委员会以及加州大学圣巴巴拉分校参议院研究基金的资助。区域科学协会也同意本书使用笔者在《空间计量经济模型中交互结构的设定检验》一文中使用的部分材料，该文发表于《区域科学协会论文集》1984 年第 54 卷。

Susan Kennedy 和 Serge Rey 阅读了本书的手稿并从硕士研究生视角针对本书提出很多建议。David Lawson 和 Serge Rey 制作了本书的图表。另外，Ayse Can、Mitchell Glasser、Steve Mikusa 和 Serge Rey 提供了多种及时的一般性研究帮助。

最后，本书献给 Emily，她是本书的总编辑和插画师，在过去几个月一直包容笔者。

圣巴巴拉，1988 年 1 月

目　录

第一部分　空间过程的经济计量分析基础

第二部分 估计和假设检验

第三部分　模型验证

第一部分
空间过程的经济计量分析基础

第一章　导论

作为区域科学中最基本的概念，空间的重要性是毋庸置疑的。这一领域从 20 世纪 50 年代末期开始逐渐发展，至今已有许多空间理论和模型被开发出来，并逐渐被运用到城市和其他区域政策的分析与实践之中。然而，空间数据（即一期或多期的地区截面数据）的计量经济学分析方法却没有得到相应的发展。并且，针对空间观测数据（即一个或多个时点上的区域截面数据）的计量经济学分析方法也没有得到相应的发展。

空间数据的主要特征是依赖性（空间自相关）和异质性（空间结构）。这些空间效应在应用计量经济学分析中尤为重要，因为它们可能使某些标准方法失效，或者使某些模型需要进行一些调整后才能适用。在某些情况下，甚至需要开发一套专门的分析方法。这些问题通常被传统的计量经济学所忽略，只在空间计量学中各细分领域被考察。

空间依赖性问题，特别是空间自相关问题，已在统计学的研究中得到广泛关注，例如 Cliff 和 Ord（1981）、Upton 和 Fingleton（1985）等的研究。然而，即使在这些十分专业的文章中，相关计量经济学模型对空间效应的处理仍是略显粗糙的，并且仅限于处理线性回归模型中的简单问题。

在本书中，笔者试图进一步从计量经济学的角度为处理空间效应提供更加全面的方法。本书的主要目的是将空间效应视为计量经济学中一般的模型设定和估计问题的特例，评估标准技术在空间背景下的局限性，并提出所需的替代方法。

本书涵盖的内容来源于很多方面，笔者在一个考虑空间依赖性和空间异质性的统一的框架中将它们与许多新的方法相结合，建立适用于横截面数据或时空数据的分析模型。

本书主要围绕三类问题进行讨论，并相应地分为三部分：第一部分介绍空间过程（Spatial Processes）的经济计量分析基础；第二部分介绍模型估计（Estimation）和假设检验（Hypothesis Testing）；第三部分讨论模型验证（Model Validation）。

第一部分为空间过程的经济计量分析基础。笔者在这一部分主要阐述将空间计量经济学作为一个独立的研究领域的动机和必要性，并介绍分析空间过程的规范的概念框架。第一部分由四章组成。

第二章介绍空间计量的研究范围。在这一章，笔者进一步介绍这一领域的特征，并将其置于区域科学这一更大的范畴之中。笔者还正式定义了空间效应的两个方面——空间依赖性和空间异质性，从方法论的角度来看，这两个方面值得特别注意。

第三章给出了空间效应的规范表达，即空间在空间计量经济学中的含义。特别地，笔者介绍了空间相关结构在一般空间权重矩阵中的各种表达方法，并讨论了与这些方法相关的一些问题。

第四章介绍了空间计量模型的分类，以为后文奠定基础。本章主要将空间计量经济学模型分成两类：一类是基于横截面数据的空间线性回归模型；另一类是基于时空数据的空间线性回归模型。

在第一部分的末尾即第五章讨论空间随机过程，介绍相关术语和一般性质。本章介绍了空间随机过程的性质及其对计量经济分析的启示。笔者还详细论述了空间过程渐近分析方法的规范表达，并讨论了这些概念对区域科学实证分析的意义。

第二部分是本书中内容最多的一部分，主要介绍模型估计和假设检验。它由七章组成：第六章到第八章介绍空间依赖性；第九章聚焦空间异质性；第十章介绍时空模型；第十一章介绍一些特殊的方法论问题；第十二章为各种估计和假设检验提供丰富的实证案例。

空间过程模型的极大似然方法是空间计量经济学中最常用的估计和

假设检验框架。在第六章，笔者详细讨论了这种方法，并特别参考一个结合空间依赖性和空间异质性的通用规范。在讨论标准最小二乘法估计在这类模型中的局限性后，笔者提出最大似然估计法并在极大似然框架下对假设检验进行综合处理，包括 Wald 检验、似然比检验（Likelihood Ratio Tests）和拉格朗日乘数检验（Lagrange Multiplier Tests）。

第七章介绍空间过程模型的其他估计方法。在该章中，笔者重点讨论三种方法：工具变量估计（Instrumental Variable Estimation）、贝叶斯技术（Bayesian Techniques）和稳健方法（Robust Methods）。

第八章聚焦回归误差项中的空间依赖性。笔者先概述一些经典的方法，然后在非标准假设下介绍多种新的空间自相关的检验方法。除此之外，笔者还针对稳健性问题对一些估计方法进行评估。

第九章讨论空间异质性。在简单介绍空间异质性的几个基本问题后，笔者对具有空间依赖的异质性问题的新测算进行讲解。同时笔者从计量经济学角度讨论空间拓展的方法。在这一章末尾，笔者回顾了在空间计量模型中考虑空间异质性的其他方法。

第十章讨论时空模型。笔者重点讨论将空间依赖性纳入似不相关回归和误差模型之中的情况。同时，这一章讨论了极大似然估计方法，介绍一些有关空间自相关问题的新的检验方法，并分析涉及时空模型应用的一些问题。

第十一章细致地考察了在空间过程模型估计和检验中的一些问题，具体介绍了空间模型估计中的预检验情况，探讨了边缘效应的重要性，并对空间计量模型实证应用中空间权重矩阵的设定和样本大小对空间过程估计量的影响进行简要的评述。

第二部分以第十二章"操作问题和实证应用"结束。这一章利用最大似然法来分析相关实证问题，并对空间计量软件进行简要的综述。接着是基于横截面数据或时空数据的一系列模型和方法的应用案例进行研究。这涉及一个有关邻域犯罪的简单空间模型。这一章共考虑了八种不同的建模情景，处理了空间依赖性和空间异质性的各种组合。然后，这一章介绍了一个简单的分析工资变化的多区域菲利普斯曲线模型，它被用来展示在似不相关回归和误差模型中四种不同的建模情况。

本书第三部分主要讨论模型验证问题，由两章组成。第十三章讨论空间计量模型的验证及设定检验。笔者更深入地对模型验证的一般问题进行研究，并着重讨论两种检验：一种是关于空间共同因素检验，另一种是关于非嵌套假设检验。第十四章讨论空间计量模型的选择，并简要介绍空间模型的拟合优度、信息准则、贝叶斯方法和启发式方法。最后总结空间计量经济学中模型有效性的现实含义。

最后，笔者在第十五章进行总结，并提出空间计量经济学可能的研究方向。

第二章 空间计量的研究范围

作为本书第一部分的第一章，笔者将详细介绍本书的研究范围，并且正式给出一些重要概念的含义。

第二章包含两个部分。首先，笔者会讨论作为独立领域而存在的空间计量学与现有应用区域科学之间的联系，同时也会简明扼要地阐述空间统计学和空间计量学之间的区别。在本章第二部分，笔者将进一步解释什么是空间效应，以及如何对含有空间依赖性和空间异质性的区域进行实证分析。

第一节 空间计量经济学和区域科学

在涉及区域科学的实践中，人们试图通过借鉴大量关于人类空间行为的理论来解决城市和其他区域面临的问题。为了在可操作的环境中实现这一目标，需要将理论从抽象的公式转换为可利用的模型。这意味着概念和关系需要用正式的数学规范来表达，变量需要在可用数据之中和测量时被赋予意义，并且需要进行估计、假设检验和预测。这通常基于统计计量方法。

空间计量学的主要研究对象是区域科学模型。它专门归纳了消除空间统计分析误差的方法。在正式讨论"空间"这一含义之前，笔者首先说明空间计量学的定位。

早在 20 世纪 70 年代，Jean Paelinck 就提出了空间计量学这一概念，其最初的目的是界定种类繁多的区域科学文献，这些文献大多有关如何处理多区域计量模型的估计和检验问题。在 Paelinck 和 Klaassen 所写的《计量经济学》一书中，他们概述了空间计量学领域所需考虑的问题的五大特征[①]：

空间交互性在空间模型中的地位；

空间关系的非对称性；

其他空间中解释变量的重要性；

事先互动和事后互动的异质性；

空间建模的明确性。

自他们对此进行初步说明以来，空间计量经济学一词开始被广泛接受，多种方法与模型应运而生。然而，有人会质疑：是否有必要将空间计量学当作一个独立的学科来进行研究？一方面，我们时常不能分清空间计量学与非空间（标准）计量经济学之间的差异；另一方面，空间计量学与空间统计学似乎别无二致。接下来，笔者将针对相关问题进行讲解。

一 空间计量学和标准计量经济学

首先，笔者需要讲解空间计量学和标准计量经济学之间的区别，即学科分类和学科主题。这两种学科的分类标准与 Isard（1956）所提出的空间计量学和非空间计量经济学的分类相似，并且空间计量学基本包含区域科学中所有涉及计量模型的统计分析理论。就这种意义而言，我们将空间交互模型的估计、城市密度函数的统计分析以及区域经济计量模型的实证都视作空间计量学的范畴。由于研究这些内容大多可以使用标准计量经济学方法，因此这种分类标准不具有说服力。此外，我们在对模型进行统计分析时，往往会忽略特定的空间效应问题。当前的种种因素都将影响空间计量学的独立性。[②]

[①] 参见 Hordijk，Paelinck（1976：175 - 179）；Paelinck，Klaassen（1979：vii，5 - 11）；Paelinck（1982：2 - 3）。

[②] 比如，Kau、Lee 和 Sirmans（1986）写的《城市计量经济学》就利用城市经济模型来进行计量经济分析，该模型基本上忽略了空间效应，这会对分析产生很大影响。

另一种观察空间计量学所涉领域的视角则更为狭窄，它避免直接采用标准计量经济学方法，将关注点放在特定的空间数据和模型等方面。同时，笔者也将区域科学中空间单元的特殊表现称为"空间效应"，并将它们分为两类：空间依赖性和空间异质性。

在 Cliff 和 Ord（1973）进行一系列开创性研究后，大家最熟悉的概念应该是空间依赖性，或者称之为空间自相关。横截面数据中的观测对象通常缺乏独立性，而由此产生的依赖性却是区域科学和地理学研究的核心。比如，在 Tobler（1979）的"地理学第一定律"中有过这样的表述："万事万物皆有联系，但是近物较远物的联系更为紧密。"基于此，我们可以认为空间依赖性取决于相对空间或者相对区域，同时它也强调距离效应。超出欧几里得意义的空间概念还包含 Isard（1969）所提出的基本空间，即政策空间、人际距离和社会网络等。很明显，空间依赖性在社会科学研究中被广泛应用。[1]

空间依赖性也可能是在实证过程中由各种测量问题引起的。这些测量问题包括：任意划分观测区域的空间单位，如划分人口普查区和县区；空间聚合问题；区域中存在的空间外部性和溢出效应。此外，与此成因不同的是，固有的空间组织和空间结构会产生复杂的交互和依赖模式，这样，空间流量、空间格局、空间结构和空间过程模型也可能包含空间依赖性。[2]

初看，空间依赖性可能类似于在分布滞后模型和时间序列分析中，

---

[1] 它与自然科学的联系十分紧密，比如植物生态学、地质学和传染病学等。但是，由于这些学科并不以应用区域科学为中心，因此本书并不会进一步考虑它们。感兴趣的读者可以参考 Cliff，Ord（1981）；Ripley（1981）；Gaile，Wilmott（1984）；Upton，Fingleton（1985）。

[2] 在许多文献中，空间结构、空间模式和空间演进经常被错误定义并且被随意交换使用。在这里，笔者将严格遵循 Haining（1986a：59-60）对空间流量、空间结构、空间模式和空间演进的划分。空间流量被认为是"商品、人口、信息的物理转移"等。空间结构被称为"地理背景"并且相当固定。空间模式"会涉及更加不稳定或可变的空间规律性水平，需要加入更稳定的空间结构"。空间演进是关于这三个因素的一种现象。Bennett，Haining，Wilson（1985）在他们所写的文献的摘要中也是这样认为的。

对相关序列进行检验时所遇到的时间依赖性。但是，这并不能反映空间依赖性的全貌。如果进一步检验，那么我们会发现，虽然空间依赖性一般会遵循时间序列分析的计量结果，但这种方法无法使横截面数据中的空间依赖性得到延续。这主要是因为空间依赖性具有多方向性，而时间序列分析是单向性研究。我们无法用时间序列中简化后的结果来解释空间依赖性，必须在多方法框架下对其进行研究。

大多标准计量经济学文献会忽略空间依赖性的相关问题，可能是因为它主要强调动态现象与时间序列。例如，Maddala（1977）、Pindyck 和 Rubinfeld（1981）等所写的较为流行的计量经济学教科书，以及 Vinod 和 Ullah（1981）、Amemiya（1985）所提出的较为先进的模型与方法完全没有涉及有关空间效应的内容。目前对空间依赖性的关注也仅限于一些简短的评注，比如，Kennedy（1985）指出：空间依赖性可能是由回归误差项中存在自相关造成的。在 Judge 等（1985）写的书中也通过一个看似不相关回归模型来解释其成因。

当然也有其他一些观点。比如，Kmenta 认为空间依赖性是由横截面板和时间序列数据综合作用所产生的，并且指出："在许多情况下，最应被质疑的就是假设……横截面单元是相互独立的。比如，当横截面单元是像美国那样具有任意边界的'地理区域'时，我们当然不希望这个假设很好地成立。"（Kmenta，1971：512）Johnston（1984）则将空间自相关简要地概述为线性回归模型中误差依赖性的一种表现形式。整体来看，前人的研究未能充分考虑空间效应，即使是近些年来得到发展的面板数据分析法也只关注时间这一维度，通过假设来消除横截面板上单元间可能存在的依赖性。[1]

另一种空间效应是空间异质性，它与研究行为或者空间中的其他关系缺乏稳定性有关。准确地说，这意味着函数形式和参数会随着空间位

---

[1] 从 Hsiao（1986）所写的文献的摘要来看：令人意外的是，Scott 和 Holt（1982）、King 和 Evans（1985，1986）在工作中发现，研究数据的区域结构会产生横截面依赖性。然而，他们并没有给出产生这些依赖性的空间解释。

置的变化而变化，并且这种变化在整个数据集中是不均匀的。例如，在估计由非相似空间单元（北部的富裕地区和南部的贫穷地区）构成的横截面数据计量模型时，可能会产生空间异质性。从某种意义上说，空间异质性与空间位置直接相关（诸如南北地区）。①

与空间依赖性相比，由空间异质性造成的问题大多能够借助标准计量经济学方法解决。具体而言，我们可以用分析可变参数、随机效应和结构不稳定的方法进行简单的调整，以使其能够适应空间变化。然而，在一些特殊情况下，采用现有理论分析数据的内生空间结构可能会使处理步骤变得更加复杂。同时，空间结构和空间流量在复杂交互的背景下，可能产生异质性和依赖性，这样如何区分空间依赖性和空间异质性就变得更为棘手。② 综上所述，当前标准计量经济学所提供的方法并不充分，我们有必要利用更加切实可行的计量方法来解决空间计量中的问题。

总而言之，为了更好地阐述有关定义，笔者将结合一些具有代表性的，能够针对空间依赖性和空间异质性的研究方法，在区域科学模型中引入更多合理的有关设定、估计、假设检验和预测的方法。

二 空间计量学和空间统计学

空间计量学和空间统计学之间的差异并不明显，对所采用的方法进行分类更多取决于研究者的个人偏好。

我们可以从《区域科学》杂志上 Haining（1986b）和 Anselin（1986b）的观点中提取一种分类方法。他们的讨论主要围绕空间统计中有关数据驱动的方向和空间计量学中模型驱动的方法，这些方法

---

① 一个相似的概念就是空间背景变异，Casetti（1972，1986）把其作为空间扩展方法的一个成因。可是，这个方法主要针对空间中参数变化这一特殊形式。空间异质性这一概念用在这儿更贴切，因为它还包括其他变化形式，如异方差和函数变化。

② 在空间点模式分析中，一个常见的问题就是分析实际传染与表面传染，并且该问题被广泛研究，比如，Getis，Boots（1978）；Diggle（1983）；Upton，Fingleton（1985）。

与地理学研究中的一个主要部分有关，即针对给定的数据集，提取、识别并且估计空间结构或空间过程。然而，更现实的分类方法可能基于研究者的个人愿意，他们会把相关研究称为空间统计学或空间计量学。

空间统计学的代表性著作或文章有 Cliff 和 Ord（1973，1981），Bartlett（1975），Bennett（1979），Griffith（1980，1987），Ripley（1981），Wartenberg（1985），Upton 和 Fingleton（1985），Wrigley（1979），Gaile 和 Wilmott（1984）。

空间计量学文章倾向于从特定的理论或者模型入手，并且将关注点集中在由空间效应所引发的估计、设定和检验问题上，比如，Hordijk（1974，1979），Hordijk 和 Paelinck（1976），Hordijk 和 Nijkamp（1977），Arora 和 Brown（1977），Blommestein（1983），Blommestein 和 Nijkamp（1986），Anselin（1980，1987a），Foster 和 Gorr（1986），Bartels 和 Ketellapper（1979），Bahrenberg，Fischer 和 Nijkamp（1984），Nijkamp，Leitner 和 Wrigley（1985）。

相较而言，空间计量学通常涉及城市和其他区域经济模型，空间统计学研究侧重于生物学和地理学中的一些客观现象（如点模式分析和克里金差值等），因此它与区域科学研究并不直接相关。

总体而言，尽管这两个研究领域都涉及多种方法和问题，但是它们之间的差别并不明显。为了避免出现术语上的困惑，笔者接下来将统一采用"空间计量学"来表达。[①]

第二节　空间效应

空间效应是空间计量学作为一个单独领域而存在的根本原因。正如前文所述，空间依赖性和空间异质性是区域科学中有关数据和模型的两

---

① 详见 Haining（1986b）和 Anselin（1986b）的更多评论。

个方面，它们值得从方法论角度予以特别关注，现在笔者利用更加专业详细的术语来解释它们。

一　空间依赖性

在应用科学的大多数实证研究中所获得的观测数据是按空间或者时间和空间顺序来排列的，可以用绝对位置、坐标或者基于特定距离度量的相对位置来表示。换句话说，我们可以按空间观测单位组织这些数据[①]。

空间依赖性经常会出现在由行政单位收集的涉及相关地理空间经济活动的人口就业数据等中。空间依赖性也会出现在由人工构造的，以栅格单元形式出现的坐标系之中，如数字化地理信息系统。当我们在确定位置或测量距离时，这些数据就会被结构化，这样可以方便我们对任意空间进行测度，例如，对特定工业集群活动进行测量（即确定多维剖面空间中的一点），或者通过取得观测对象在政策空间中的位置来确定国家或利益集团的相关信息以满足使用者的需求。

地方规划机构通常会使用这类数据，因为这些规划机构需要进行有关就业、人口和住房预测以及社会经济影响的分析，例如，在进行区域工业结构的研究时，可能需要利用一个州（县）的制造商普查数据；在进行住房市场分析时，可能需要利用为期十年的人口普查数据。我们可以利用若干相邻州（县）的数据来估计较小区域的计量模型，同时弥补时间序列在长度上的不足。

正如前一节所述，我们可以将空间依赖性看作一个方法论问题，即空间依赖性可被视为空间上的某一质点与其他质点间存在的关系，这种关系可以通过函数表达式说明。存在空间依赖性需要具备两个条件：一个条件是明确在邻接空间单元中观测到的测量误差及误差的乘积；另一

[①] 按空间观测单位组织数据并非空间计量学特有，因此本书不会进行讨论。相关问题可以借助标准计量方法得到有效解决，其他复杂问题的解决需要借助更加特殊的方法论工具。

个条件是在基础区域科学和人文地理学中，存在具有空间交互作用的现象。

对于第一个条件，笔者通过一个简单的例子说明测量误差如何产生空间依赖性。

从实践中接触到的很多情况来看，研究者收集到的数据通常以整合形式出现。因此，研究对象的空间范围与空间观测单元的划分不仅几乎不存在对应关系，还可能产生测量误差。此外，这也可能造成空间单元在边界处产生溢出。为此，空间观测单元 i 的误差很有可能与其临近单元 j 的误差产生联系，并且这种由测量误差导致的空间溢出就是造成空间依赖性出现的重要原因之一。

在回归背景下，空间依赖性很容易导致非球面干扰和变量误差等问题出现（如图 2-1 所示）。其中，所考虑变量的真实空间范围是区域 A、B、C，观测对象于 1 级和 2 级中聚合。观测变量 Y_1 包括整个 Y_A 区域和部分 Y_B 区域，观测变量 Y_2 包括整个 Y_C 区域和 Y_B 区域的剩余部分：

$$Y_1 = Y_A + \lambda \cdot Y_B$$
$$Y_2 = Y_C + (1 - \lambda) \cdot Y_B$$

在评估加权参数 λ 时，对观测对象进行聚合很可能产生测量误差，因为该加权参数既是 Y_1 的参数，也是 Y_2 的参数。最终，这些测量误差都会以空间依赖性的相关形式呈现。

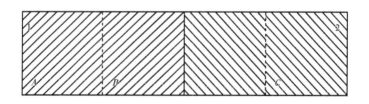

图 2-1 空间依赖性和聚合性

　　对于第二个条件，促使空间依赖性产生的因素更为常见。它作为构建人类行为的解释变量，遵循空间的重要性原则。区域科学和人文地理学的本质是研究位置和距离问题，其间还会在空间和时间上产生许多相互依赖的问题。空间交互理论、离散过程和空间层次结构组成一个理论框架，并且该框架可用于构建空间中不同位置的质点及相关现象间的依赖关系，因此，在某一质点所观测到的事物，往往也会由空间系统中其他点上发生的事情决定（或部分决定）。这一现象可以在空间演进中得到解释，如：

$$y_i = f(y_1, y_2, \cdots, y_N)$$

　　其中，变量 y 的每个观测对象 $i \in S$（S 是包含所有空间观察单元的集合）都会通过函数表达式 f 与系统中其他空间单元中的变量相关联。

　　在相关实证情况中，这种关于空间依赖性的简单表达式并不是非常实用，它可能会导致空间系统无法识别，并且产生比观测对象（N）还要多的参数（可能是 $N^2 - N$）。通过在函数表达式 f 中加入特定的结构，并且这些结构能够限制空间过程中所含空间依赖性的一系列特征，这样就可以方便我们对空间依赖性进行实证估计和检验，同时这也是空间计量学中有关模型设定和估计方法的基础，在下一部分，笔者会进一步讨论。

　　在处理第二种空间效应——空间异质性之前，笔者认为非常有必要重申两种用于处理涉及空间依赖性问题的建模方法间的差异性。一种方法是先从理论出发，假设先验空间依赖性的结构，并且该结构存在于标准模型的设定之中，接着我们再将该结构用于统计数据分析。另一种方法是从数据出发，尝试通过一系列指示符号来推断适用于空间依赖性的模型设定，比如自相关和互相关统计等。由于第二种方法是探索性数据分析和空间时间序列分析的基础，因此本书不会详细讨论[①]。

---

　　① Bennett（1979）给出了许多处理方法，读者感兴趣的话可以参考。

二 空间异质性

在涉及区域科学和经济地理学的文献中，有相当多的证据表明空间效应缺乏一致性。这可能是由许多因素造成的，比如中央与地方之间的等级制度，发达和落后地区的存在，城市发展中的复古效应等，这些都会影响建模策略，并且我们会由此考虑每个位置（或地区）的特定功能。在实证研究中，研究者可以利用可变参数、随机效应或者结构变化上的多种形式（如转换回归）来解决空间异质性问题。

另外，由于许多空间现象缺乏结构平稳性，观测对象的空间单元也会出现异质性，例如，人口普查区有许多不同的区域和形状、城市相关地区中有不对等的人口分布情况和收入等级、不同区域存在不同的技术发展层级。就某种程度而言，涉及空间异质性的各种情况都会反映在测量误差（遗漏变量，函数错误指定）之中，它们还可能会导致出现异方差。

我们可以在结合横截面数据与时间序列数据的回归背景下了解空间异质性，它通常可用如下表达式表示：

$$y_{it} = f_{it}(x_{it}, \beta_{it}, \varepsilon_{it})$$

其中，i 表示所观测对象的一个空间单元；t 表示时间段；f_{it} 是一个表示时间和空间的函数关系式，主要解释因变量 y_{it}（或者因变量向量）与自变量向量 x_{it} 间的关系；β_{it} 为参数向量，ε_{it} 为误差向量。当然，目前还不能使用该表达式，因为实际参数远比观测对象多得多。为了进行有效估计和推断，并且确保模型的可辨识性，我们需要在原先的表达式中加入许多限制条件。换言之，为了有效识别参数和函数形式，我们必须在数据可用的前提下，将模型中的地区特性剔除。在实际工作中，数据缺乏现象十分严重，所以我们必须对模型进行适当简化。当空间异质性与空间依赖性相结合时，问题会变得更加复杂，因此最好提早做准备。

　　空间计量学对于解决空间异质性问题的独特贡献在于，它从区域科学中有关空间结构和空间交互作用的理论出发，将它们作为各种模型的限制条件和再参数化的基础。与空间依赖性的相关情况一样，这种理论为选择模型和完成模型设定提供了出发点，并且有助于解决原本棘手的实证问题。

第三章 空间效应的规范表达

为了方便后续章节的阅读，笔者先在本章介绍一些一般性术语，包括空间连通性的概念，在计量经济学研究中反映空间效应的主要工具：空间权重矩阵和空间滞后算子。此外，笔者还将简要讨论一些与在不同方法中使用的空间概念伴随而生的复杂问题。

第一节 空间邻接性的规范表达

在空间计量学中，一个至关重要的操作性问题就是如何利用专业的表达方式来解释模型中的空间依赖结构。空间分析与时间序列分析的情况相反，时间序列分析中关于滞后变量的概念相当明确，而在空间分析中则会变得相当复杂。目前空间滞后这一概念在二维中被定义得极为随意，如果将它延伸到更高阶的滞后，则会出现更多问题。尽管现在有很多关于这方面的术语和方法，但尚未有文献系统地讲解如何处理空间依赖问题。

在本节剩余部分，笔者将介绍与空间连接的表达形式相关的各种概念，虽然关于这个问题的相关文献已十分丰富，但是笔者会重点讨论在后面章节中出现的关于模型设定和估计问题的一些方便的表达方式。[①] 在开始讲解前，本章始终假设观测对象是由一个个空间单元组成的，它可以是规则或不规则栅格上的点，也可以是地图上的某块区域。

[①] 讨论简短的深层次原因是空间关联问题已经在 Cliff, Ord（1981）与 Upton, Fingleton（1985）的文章中得到广泛关注。因此，笔者将把精力集中在那些受到的关注不多并且不同于先前文章所论述的问题上。

一 空间相邻

空间依赖意味着需要确定空间系统中有哪些单元会对特定单元产生影响。从表达形式上说，这种影响可以利用邻域和邻近拓扑概念来表示。

考虑一个包含 N 个空间单元的系统 S，其中 $i = 1, 2, \cdots, N$，变量 x 为这些空间单元的观测值。在栅格化过程和随机域模型中，空间单元 i 的一系列邻近点都可以定义成单元 j 的集合，即 x_j 包含于以 x_i 为条件概率组成的函数表达式中，其他位置都以 x 为条件。[①] 所有与 i 相邻的地区组成集合 J：

$$P[x_i \mid x] = P[x_i \mid x_J]$$

其中，x_J 是 x_j 的观测向量，$\forall j \in J$，x 是包含系统中所有 x 值的向量。若不做严格要求，则对于 i 而言，邻近地区 j 的集合也可写成：

$$\{j \mid P[x_i] \neq P[x_i \mid x_j]\}$$

或者，x_i 的边际条件概率不等于非边际条件概率。需要注意的是，这些定义都不包含两个空间单元相对位置的信息，而只是通过条件概率来解释相互间的影响。

为了更好地解释邻域在空间中的含义，同时也为了呼应第五章中讨论的空间随机过程的概念，笔者建议使用如下定义形式：

$$\{j \mid P[x_i] \neq P[x_i \mid x_j], d_{ij} < \varepsilon_i\}$$

其中，d_{ij} 为空间结构中 i 与 j 间的距离，ε_i 是每个空间单元 i 重要的分界点。d_{ij} 的距离度量是空间中最基本的度量，它可能为欧几里得、曼哈顿区块或闵可夫斯基距离中的一种。

通过将统计依赖（相关量值）与空间的概念（距离和相对位置）相结合，可以利用邻域的替代概念在空间数据集中引入其他结构。尽管这

① 更严谨的讨论可参见 Besag（1974），Bartlett（1978）和 Haining（1979）。

一定义未排除达不到距离标准且无法对条件概率 x_i 施加影响的空间单元 j，但是它们也未被认为是最近邻域。然而，它们可以包含于高阶邻域中，这也意味着 j 会通过其他空间单元对 i 产生影响。而仅基于条件概率的定义则不允许一阶和高阶邻域之间存在这种区别。

每个空间单元邻接的元素组成的集合都可以通过图形或网络结构来呈现，这正是笔者接下来要讨论的邻接矩阵。

二 空间邻接矩阵

对空间依赖的初始测量（准确地来说是空间自回归）是由 Moran（1948）和 Geary（1954）基于空间二元连续性概念提出的。根据这个概念，空间结构下的邻域可以用数值 $0 \sim 1$ 来表示，如果两个空间单元拥有一个共同的非零长度边界，则它们被认为是空间相邻的，用数值 1 来表示。

连续性的定义通常是假设该地区存在于地图之上，并且区域间的边界是可以识别的。但是对于由不规则空间单元组成的区域，这样假设未免太过草率。倘若空间单元是指常规栅格或不规则排列点的集合，那么连续性就不唯一。

比如，从图 3-1 中的规则栅格和相关中心质点来看，我们能够通过不同方式来考虑小单元格 a 与周围单元格间的共同边界。它可以与标记为 c 的邻接小单元格拥有共同边界。此外，它还可以与标记为 c 的邻接小单元格拥有共同顶点，或者结合这两个概念来使用。与国际象棋比赛类比，这些情况被称为"车相邻"、"象相邻"和"后相邻"。[1]

空间单元由这些质点组成，如城市等级序列中的各个城市，这些点在系统上有规则或不规则的间隔。连续性的含义可以从由连接点组成的网络（或图形）中的最短路径的概念中导出，如图 3-1 中虚线构成的网络，如果网络中的节点彼此之间的距离在给定的最大（或最短路径）距离之中，则将它视为邻域。例如，在图 3-1 中，节点 B 落在

---

[1] 更多的讨论可参见 Upton 和 Fingleton（1985：Chapter 3）。

以 A 为质心、d 为半径的区域内，则可以认为在这段特定的临界距离中，它们是邻接的。①

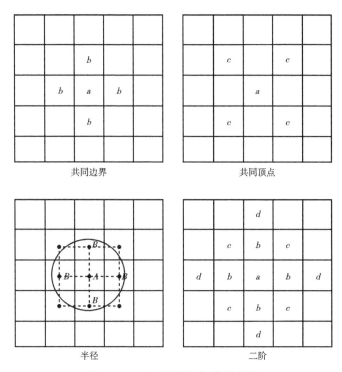

图 3-1 规则栅格中的连续性

此外还可以考虑由各种空间镶嵌产生的边界来确定邻接性。这些镶嵌由空间系统的区域划分为多边形或者单元格，这些多边形或单元格与系统的形式、质点的位置相关。② 因此，空间单元的原始呈现方式是通过

① 将系统中所有质点联系起来从而获得最短的路径，这不是定义连续性的唯一方法，Gabriel 提出的邻接概念可以作为替代概念使用。根据这个概念，两点应该被认为是邻接的，如果系统中其他所有的质点都在圆圈以外，则圆周上的质点都是处于对立面的（也可称之为最小二乘邻接准则）。更多细节可参见 Matula 和 Sokal（1980）。

② 空间镶嵌最著名的类型就是泰森多边形（或者称狄氏镶嵌、维诺多边形），它是由连接不规则间隔的垂直平分线构成的（具体内容可见 Ripley，1981：38-44；Amrhein，Guevara，Griffith，1983；Upton，Fingleton，1985：96-104）。这些多边形经常关系到空间区域市场的概念界定，可以用于获取连续性的测量方法。比如，在图 3-1 中，方形栅格单元围绕它们的中心（由虚线连接的质点）组成狄氏镶嵌。其他镶嵌图形有德劳内三角化（双重狄氏镶嵌）和应用于区域科学中非直接相关的许多马赛克图形。

质点来代替地图上的多边形（或区域），这些质点也可以通过寻常的方式来决定其邻接性。

以类似的方式，我们可以考虑几个相邻阶。这通过递归的方式来实现，方法是在空间单元一阶与第（$k-1$）阶连续空间单位相邻并且尚未与较小阶数相邻时，定义 k 阶连续性。在方形栅格系统中，这对应所需考虑空间单元周围的一系列同心带。例如，在图 3-1 中，根据距离标准，标记为 c 和 d 的单元格与 a 是二阶连续，因为它们与 b 一阶连续。

与对图形或者网络分析所采取的方法相似，所得到的空间结构以邻接矩阵或连续矩阵的形式表达。在这个矩阵中，每个空间单元都通过行和列表示，在每一行中，非零列元素代表邻接空间单元。比如在连续性的定义下，图 3-1 中心的九个小单元格分别对应表 3-1 中的 9×9 的矩阵（小单元格按从左往右、从上至下的顺序编号）。按照惯例，单元格不与自身相连接，否则可能会导致零对角线元素出现。

表 3-1 基于栅格化数据的二元邻接矩阵

0	1	0	1	0	0	0	0	0
1	0	1	0	1	0	0	0	0
0	1	0	0	0	1	0	0	0
1	0	0	0	1	0	1	0	0
0	1	0	1	0	1	0	1	0
0	0	1	0	1	0	0	0	1
0	0	0	1	0	0	0	1	0
0	0	0	0	1	0	1	0	1
0	0	0	0	0	1	0	1	0

很显然，很多方式无法将二元连续性转化为一个理想的特征形式。此外，简单连续性仅表示在一个模型中受到限制的空间互动程度，并且它对一些拓扑变换不敏感。从某种意义上说，相同的连续性矩阵可以展现空间单元的许多不同排列。[1]

———————————

[1] 详见 Cliff 和 Ord（1973：10）。

三 一般空间权重矩阵

Cliff 和 Ord（1973，1981）拓展了二元连续性的初始概念，包括对两个空间单元间可能存在相互作用的测量。该方法可以用空间权重矩阵 W 来表示，或者称它为 Cliff – Ord 权重矩阵。确定矩阵 W_{ij} 中的因素设定是否合理，是空间计量学中较困难解决且颇有争议的问题。

Cliff 和 Ord 最初的建议是将测量距离（逆向距离或负指数距离）和两个空间单元之间公共边界的相对距离结合使用，可从某种意义上说，所考虑的其他单元会占用边界的总长度。因此，除非两个空间都拥有完全相同的边界长度，否则所得的权重将不对称，其表达式为：

$$W_{ij} = \left[d_{ij} \right]^{-a} \cdot \left[\beta_{ij} \right]^{b}$$

其中，d_{ij} 表示空间单元 i 与空间单元 j 间的距离，β_{ij} 表示空间单元 i 的内部边界占单元 j 公共部分的比例，a 和 b 都是参数。

与此相类似，Dacey（1968）认为应该考虑空间单元中相对区域的权重：

$$W_{ij} = d_{ij} \cdot \alpha_{i} \cdot \beta_{ij}$$

其中，d_{ij} 是一个二元邻接变量，α_{i} 表示单元 i 占整个系统中所有空间单元的比例，β_{ij} 是上文测量边界时所使用的变量。

这些权重都与地图上空间单元的物理特征紧密相关。当采用二元连续性测量时，如果空间单元包含许多质点，那么它们的有效性就会被削弱，因为大多边界长度和区域概念是人为设想出来的，并且由特殊的镶嵌算法决定。当范围内的空间互动现象完全由经济变量等因素决定时，它们之间的相互作用会变得毫无意义，因为这些因素与自然地图上空间边界的构造无关。

因此，多位学者建议将权重运用到与特定现象联系更为紧密的研究中。比如，Bodson 和 Peeters（1975）提出了基本可达权重算法

（在 0 ~ 1 校准），它能在逻辑函数的基础上考虑区域之间多个连通渠道所带来的影响，比如普通公路、高速公路和其他连通方式，其表达式为：

$$W_{ij} = \sum_j k_j \cdot \{ a / [1 + b \cdot \exp(-c_j d_{ij})] \}$$

其中，k_j 表示连通方式 j 的相对重要性；距离 d_{ij} 将空间单元分开，使其总和超过连通方式 j。a、b 和 c_j 都是待估参数。

在区域科学的大多数应用中，权重矩阵是基于距离关系和样本连续性的结合。这个距离涉及大多数基本意义，可以基于旅行时间、基本距离（Isard，1969），或源自多维尺度分析（Gatrell，1979）。在大多数空间分析的社会学应用中，权重矩阵是由社会网络理论的概念决定的。[①]

一个重要的问题来自权重中参数的合并。通常而言，这些权重会被认为是外生的，参数值是先验确定的，或者是在其他空间分析的步骤中确定的。[②] 这也给估计和结果解释带来了问题。尤其是它可能导致出现虚假关系间的推论，因为估计的有效性建立在权重能够正确反映空间结构的前提之上。更为重要的是，这可能导致出现循环推理。如果分析者希望在数据中发现有效性，就必须在数据分析执行前进行假设。在接下来的章节中，笔者会回到这个重要的问题并进行讨论。

总体而言，在空间计量经济分析中应使用哪种类型的权重矩阵尚无

---

① 关于相关概述和应用可参见 Pool, Kochen（1978）；Burt（1980）；White, Burton, Dow（1981）；Loftin, Ward（1983）；Doreian（1974，1980，1981，1982）；Doreian, Teuter, Wang（1984）。

② Kooijman（1976）给出的方法是权重先验选择的一个例外。在这里，空间自相关的另一种替代检验统计量是根据邻接权重函数的约束最大化过程构造的，其与被广泛运用到地质科学的克里金技术有些相似。关于克里金方法的概述可以参见 Matheron（1971）；Clark（1979）；Ripley（1981：44 - 50）；Nipper, Streit（1982）。Hanham, Hohn, Bohland（1984）在分析人口现象时运用了这种方法。然而，克里金的大多数应用主要体现在自然科学中，没有更多相关文献表明该方法可被用在区域科学的不同类型问题上。因此，这个方法在本书中不会被进一步讨论，有兴趣的读者可以参考以上列明的文献资源。

共识。Arora 和 Brown（1977），Hordijk（1979）建议运用中性权重来处理含有误差项的空间模型，他们认为中性就是二元连续性。然而，Hordijk（1979）主张在空间计量模型的设定函数中（即误差项除外）使用基本权重矩阵，并且应提前明确相关影响因素。

Anselin（1980，1984a）认为，需要谨慎选择纳入空间权重矩阵的空间依赖结构，并且要与空间互动理论中的基本概念相关联，如可达性和潜在性概念。在与模型驱动的空间计量经济学方法相一致时，权重矩阵必须与空间依赖结构的理论化概念有直接关系，而不是单单反映空间模式中的特殊描述。

当权重矩阵被用于假设检验中时，此要求就不会那么严苛。由于零假设是空间独立的一种情况，为了使检验的威力最大化，权重矩阵应该与空间依赖性替代假设相关联。但是即使在权重矩阵指定不当的情况下，对拒绝原假设的保守解释也只能意味着缺乏独立性，而不是特定类型的依赖性。尽管检验的威力会受影响，但得到虚假结论的可能性没有设定线性函数所预设的这么大。

最后应该注意的是，与时间序列分析平行且经常被使用的简单二元邻接权重的论点并没有真正成立。实际上，从严格的统计角度来看，必要的假设及其对允许范围内空间结构的影响是非常有限的。如 Hooper 和 Hewings（1981）所述，形式上的要求只能适用于少数规则点阵结构，这些点阵结构与应用区域科学中的实证分析几乎没有相关性。这个问题将在第五章第一节中详细讨论，其将正式考虑空间随机过程。

四 空间滞后算子

在空间计量模型检验中使用空间权重矩阵的最终目标是，将空间中某一点的变量与系统中其他空间单元中有关该变量的观测值联系起来。在时间序列中，这是通过使用滞后算子来实现的，该算子将变量移位一个或多个时间周期（比如，Box，Jenkins，1976；Dhrymes，1981），其表达式为：

$$y_{t-k} = L^k y$$

该式将变量 y 从时间段 t 返回 k 个周期，以作为滞后算子 L 的 k 次幂。

因为空间中有许多方向会发生变化，所以在空间中所遇到的问题没有以上表达直接。例如，在图 $3-2$ 的规则栅格结构中，变量为 k，观测区域为 i, j，它们可以依照简单的邻接标准路径来改变。

用国际象棋车的连续性标准表现为：

$$x_{i-1,j}; x_{i,j-1}; x_{i+1,j}; x_{i,j+1}$$

用国际象棋主教的连续性标准表现为：

$$x_{i-1,j-1}; x_{i+1,j-1}; x_{i+1,j+1}; x_{i-1,j+1}$$

对于国际象棋中皇后的连续性展现形式，可能区域的数量会增加至 8 个。

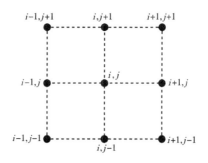

图 $3-2$　规则栅格中的空间滞后

在大多数应用场合中，不存在很强的先验动机引导相关依赖方向的选择，当观测对象的空间组成不规则时，此问题就会变得更加复杂，因为这样会出现无数方向偏移，且早于任何有意义的分析。很明显，与所有移动位置相关联的参数数量很快将受限，并且会排除任何有意义的分析。此外，除非数据集非常大且以常规方式构造，否则剩余的自由度将不足以有效估计这些参数。

通过考虑给定邻接单元的所有值的加权总和，而不是单独计算每一个单元的值，可以解决此问题。具体方法是将所讨论的观察值乘以空间权重矩阵的相关权重来获得总和项，其表达式为：

$$L^s x_i = \sum_j w_{ij} \cdot x_j, \forall j \in J_i$$

其中，L^s 是 s 阶邻接变量的滞后算子，j 是 i 中的属于 s 阶邻接变量的观测对象的指数，w_{ij} 是空间权重。在矩阵符号中，向量 x 包含系统中的所有观测值，对于 s 阶邻接变量，它可以表示为：

$$L^s x = W_s x$$

很明显，它会导致空间滞后变量的结果与时间序列分析中的结果不一致，但是和分布式滞后变量的概念相似。在这种情况下，构造滞后变量时所使用的权重是给定的，正如可以在分布式滞后估计中加入特定的时间路径一样。权重和统计关联度量（例如，相关系数或回归系数）都会产生非线性问题。然而，通过固定先验权重可以将它转变为一个更易于控制的线性问题，但具有施加潜在错误结构的风险。

可以从潜在或可达性的概念构造中限制较少的空间滞后变量，其表示为：

$$f_i = \sum_j q(d_{ij}, \theta) \cdot x_j$$

其中，f_i 是 t 的可能性，q 是距离 d_{ij} 的函数，表示 i 与其他空间单元 j 间的距离，θ 将一个向量的系数参数化。[①] 因为表达式是非线性的，所以这会导致估计和假设检验变得更加复杂。

运用在空间滞后中的实际权重矩阵 W 通常会标准化，如将每行数据归一化处理。尽管这里没有任何数理统计要求，但在许多情况下，它有助于解释模型系数。另外，标准矩阵通常是非对称的，这对估计和检验

---

① 可以考虑大范围的函数表达式。Weibull（1976）概述了一个不言自明的方法，它会限制函数具体表现形式的选择。同时也可参见 Anselin（1980：Chapter 8）进行的更广泛的讨论。

过程的数值复杂度会产生影响。

权重矩阵的标准化不应该自动执行。实际上，当权重基于一个逆向距离函数或者类似的距离衰减概念，并且该权重具有丰富的经济意义时，对行进行缩放并使其权重归一化后可能会减少该权重的经济意义。

通过权重矩阵揭示的空间相互作用并不总是具有丰富的经济意义。比如，当简单连续性成为权重的基础时，缩放可以表示邻接空间单元的简单平均值。换言之，如果有 M 个邻接单元，那么滞后变量是相关变量 x_j 之和的 $1/M$ 倍。在空间交互项中，这揭示了相邻区域间存在竞争：相邻区域越少，它们对中心单元的个体影响越强。很显然，这种特定的空间相互作用观点在经济背景下并不总是有意义。

五 空间滞后算子的循环性和冗余性

与时间序列分析中时间滞后的情况相似，空间滞后的概念可以拓展至更高阶。然而，在空间背景下更高阶涉及不同的邻接类型，而不是更长的滞后。而且，空间滞后的概念仅对二元邻接矩阵具有精确的含义。

如前所述，邻接矩阵可以解释为网络中的链接结构。比如，一阶连续性矩阵显示图中存在的长度为 1 的所有路径。在网络术语中，高阶连续性对应较长的路径。这可以通过给第一阶加上邻接矩阵实现，由此得到的连接矩阵显示了路径长度等于幂的节点之间的各种连接。更准确地说，幂矩阵的非对角线因素表示系统中每两个单元间的联系路径的总体数量。由于路径的存在等同于连续性的概念，这为构造更高阶空间权重矩阵提供了一种简单的方法。

Blommestein（1985）指出这个过程很可能会导致循环路线或者冗余路径出现。这意味着邻接矩阵的幂包括路径已经部分地包含在较低阶的邻接矩阵中。所以对这些链接不加批判的解释可能会导致重复计算，这种冗余会对估计和推断产生影响。因此，在将幂矩阵用于构造空间滞后变量之前，应修正幂矩阵以减少循环路径。

为了说明这个问题，可以考虑表 3-2 和表 3-3 中的矩阵，它们对应

3×3 规则栅格的一阶连续性矩阵的二次幂和三次幂。行中的非零元素分别指向长度为 2 和 3 的链接。当忽略可能存在的循环路径时，这些元素将被分配给相应的连续性。

表 3 – 2　二元邻接二次幂矩阵

0	0	1	0	2	0	1	0	0
0	0	0	2	0	2	0	1	0
1	0	0	0	2	0	0	0	1
0	2	0	0	0	1	0	2	0
2	0	2	0	0	0	2	0	2
0	2	0	1	0	0	0	2	0
1	0	0	0	2	0	0	0	1
0	1	0	2	0	2	0	0	0
0	0	1	0	2	0	1	0	0

表 3 – 3　二元邻接三次幂矩阵

0	5	0	5	0	3	0	3	0
5	0	5	0	8	0	3	0	3
0	5	0	3	0	5	0	3	0
5	0	3	0	8	0	5	0	3
0	8	0	8	0	8	0	8	0
3	0	5	0	8	0	3	0	5
0	3	0	5	0	3	0	5	0
3	0	3	0	8	0	5	0	5
0	3	0	3	0	5	0	5	0

　　行中的值给出了可供选择的路径数，沿着这些路径可以获得行和列单元格之间的链接。比如，在表 3 – 2 的第一行中，第五个元素（2）显示可以沿两条不同的路径（5 - 2 - 1 和 5 - 4 - 1）获得单元 1 和单元 5 之间的两步链接。但是出于构造空间连续性矩阵的目的，这些特殊的信息就不能被纳入考虑范围，因为幂矩阵中的非零值都会被设置为 1。同样按

照惯例，所有对角线元素都将被忽略并设置为0。

在三次幂矩阵中，冗余性会变得十分明显，它的第一行与一阶邻接矩阵的第一行相比：两者都会有2~4个相同的元素。从连续性的严格定义来看，这个链接并不能认为具有三阶连续性，因为相应的单元格已经是较低（一阶）连续的。尽管这看起来有悖常理，但是应该明确，在网络中存在许多路径可以使节点二直接接触节点一，同时也可以在第三步中通过另外一个节点来接触（比如，2-5-4-1）。但是为了设定和估计含有空间依赖性的计量经济模型，冗余性基本是不受欢迎的。[①]

与二元邻接变量的情况相反，基于一般权重的高阶滞后在链接的不同空间模式方面往往没有一个明确的解释。为此，权重矩阵可以更有效地被解释为简化形式。同时权重矩阵基于区域科学理论的见解，总结了许多系统中的空间（或者时间—空间）互动。当情况需要简化为几种交互模式时，可以将它们作为独立的空间滞后变量，如 Brandsma 和 Ketellapper（1979a）。这将避免在时间序列分析中给人留下更高阶滞后会具有相似性的印象。同时这应被认为是人为的拒绝，因为这些印象往往会产生误导。[②]

第二节 空间效应规范表达中空间概念的相关问题

在本节中，笔者将简要讲解一些由缺乏统一的空间数据组织结构而导致的问题。与时间序列分析的情况相反，时间序列有关时间轴的选择相当明确，在空间中，多种空间权重矩阵与不同等级的空间聚合会产生一些有关空间计量学在方法论上的问题。

首要问题涉及可塑性面积单元，这似乎使人们对空间效应统计度量的普遍性产生疑问。另一个问题是缺乏用于选择空间权重矩阵的统一标

[①] 更精确的估计效应将详细地反映在 Blommestein（1985）中。

[②] Anselin（1986b）更深层次地讨论了这个观点。

准。由于估计量和检验的性质将部分取决于这些权重中包含的空间依赖性形式，因此用专业术语来表示该矩阵很重要。

一　可变区域单元问题

在应用区域科学中，很大一部分的计量分析建立在所收集的数据基础之上，这些数据往往来自不规则或任意边界的空间单元。尽管如此，研究者通常还是利用空间的基本概念来对许多模型及其政策的意义进行解释。这也暗示着存在一些独特可识别的空间结构，它们往往具有独立的统计特性，而且与以空间单位组织数据的方式无关。可惜的是，现实问题往往没有那么简单。

可塑性面积单元问题涉及横截面数据的统计方法。这会使空间单元组成方式敏感。尤其是整合程度和目标地区（即邻接区域的结合）的空间组成部分会影响各种用于测量联系方法的规模，比如空间自回归系数和回归模型中的参数。

可塑性面积单元问题不是一个旧问题，它通常是计量经济学中所涉及的微观和宏观聚合问题，以及社会学涉及的生态悖论问题。它对空间分析的影响引起了地理学家和区域科学家的注意，比如 Openshaw 和 Taylor（1979，1981）发表的文章中涉及相关问题。在带有争议性标题的《一百万左右的相关系数》一文中，他们对基于艾奥瓦州的空间结构模拟获得了系列区域数据，解释了一种空间自回归方法（一阶邻接中的莫兰系数 I）会随着区域数据的聚合程度变化而变化。[1] 这样的推理可以延伸到衡量区域依赖性自身，显示空间依赖会因空间权重矩阵的选择不同而发生变化。因为得到的统计指标可以表明从强关联到不存在关联，所以在质疑这样进行空间分析的有效性时，可塑性面积单元问题看起来更加严重。[2]

---

[1]　聚合的等级从 99 个县到 6 个区。

[2]　也可详见 Johnston（1984）和 Openshaw（1984）的评论。

　　然而，通过进一步检验会发现，可塑性面积单元问题其实是计量经济学中两个相似问题的结合：聚合问题和识别问题。

　　可塑性面积单元问题的首要方面涉及空间单元的聚合。众所周知，它只有在观测单元是同质时才会具有意义。如果不是这种情况，则应该在各种聚合方案中考虑固有的异质性和结构不稳定性。换言之，除非数据中存在一个同质化的空间演变过程，否则任何聚合都会产生误导。[1]因此，可塑性面积单元问题应该被作为一个特定的问题来考虑，它关系到空间异质性的表现形式，而不单独作为一个由数据的空间组织决定的衍生问题。

　　另一个需要考虑的方面就是空间依赖结构的合理识别。如前所述，通常空间联系的分析是将一个变量与它的空间滞后的另一方相关联。后者会被构造为系统中观测对象的线性组合。通常，两者间的联系是通过关联系数或者回归系数来表现的。比如，变量 y 与 $\rho W y$ 有关，其中，ρ 代表空间自回归系数，W 代表一个空间权重矩阵。面积单位的有关文献表明，ρ 会随 W 的变化而变化，因此空间联系的测量方法是不确定的。

　　从计量经济学角度来看，因为数据汇总中缺乏足够的信息让我们对空间中的同时互动进行全面设定，所以可塑性面积单元问题可被视作一个识别问题。在某种意义上，空间联系的线性公式可以被看作一个联立线性方程组的特殊案例，每个等式都只有一个观测对象：

$$y_i = \sum_j \beta_{ij} y_j, \forall\, i \in S$$

　　很明显，至少需要对一些模型参数加入限制条件，才能使其得以识别。这些限制条件可以有关模型系数或者误差结构。[2] 如上所述，在计量分析中最常见的方法就是运用一个空间滞后变量并借此减少实证问题，

---

[1] 这个问题与区域科学文献中提出的问题相似，也就是大家所知道的"区域同质化问题"。对于近年来的概要，如 Johnson（1975），Schulze（1977，1987）和 Lin（1985），这个问题将在第十章第一节被进一步讨论。

[2] 在计量经济学中有关识别问题的概要可参见 Fisher（1966）和 Hausman（1984）。

将其变为对一个参数 ρ 的估计：

$$y_i = \rho \sum_j W_{ij} y_j$$

由此可见，对不同权重 W_{ij} 的选择可能会导致对 ρ 的不同估计。

在探索性数据分析中，ρ 的不确定性似乎是一个主要问题。因为数据中的结构不足以获得一个合理的空间模型。在这里所运用的模型驱动方法中，一个先验（理论）原因决定了可识别限制条件的特有表现形式，这与运用在联立方程组中的方法相似。随后可以通过模型设定检验和模型选择的步骤来比较竞争规范。

考虑到选择适当的约束条件（权重）来解释空间模型的重要性，接下来还应该将权重矩阵的一些固有特性纳入考虑范围之中。

二　空间权重矩阵的性质

空间关联的测量方法与关联矩阵选择之间错综复杂的关系会影响估计和检验统计的特性。从单纯的方法论角度来看，学会将这些技巧的属性与空间连通或者将其与可能会在数据中出现的固定空间依赖联系在一起，是非常重要的。更为重要的是，在设计蒙特卡罗模拟实验时，要学会衡量在模仿现实的实证背景下检验和估计的属性。

在具有有限或者无限维度的规则正方形或者长方形栅格结构中，几何问题会允许多种结果简化。因此，我们能很好地理解空间联系的结构并且可以用优雅的数学术语来总结。[1] 可惜的是，这些简化结果对于在实证工作中经常遇到的不规则空间构造问题而言，几乎没有任何用处。到目前为止，仍没有一些确切的结果出现。

地理学的有关文献主要处理不规则空间构造问题，但它们的分析仅限于二元邻接矩阵，出发点是该矩阵等价于网络中的连通矩阵，并通过图论的有关概念和方法来分析该网络结构。有关网络大小的因子（比如

---

① 更多例子和细节可详见 Whittle（1954），Bartlett（1975）和 Griffith（1987）。

观测对象的数量）经常被用于描述固定空间结构、每个空间单元链接点的平均数量、形状的指标以及邻接矩阵的主要特征值（最重要）。许多研究者发现，后者已经充分总结了网络空间结构的几个特征。[1]

更有趣的发现是，基本空间权重矩阵至今都还未在网络空间结构中进行研究。要想研究富有成效，其中一条途径就是利用输入—输出模型中相互关联性的汇总测量方法来进行某种类比。实际上，一个正方形输入—输出模型中的技术系数矩阵表现出与空间权重矩阵在形式上的相似性。因此，整体相互关联的度量是基于直接系数（也被称为技术方法）的，并且看起来同样适用于总结反映在空间权重矩阵中的整体联系性。这些例子都是关于非零系数的百分比、行列之和、Yan 和 Ames 指数以及信息论（Shannon 公式）中的测量方法。[2] 对这些空间分析测量方法的运用值得进一步关注。

---

[1] 由于对这些几何因素的广泛讨论与本书的主要关注点无关，因此感兴趣的读者可以参考有关文献以获得更多详细的方法。这个问题的主要观点可参见 Garrison, Marble (1964)；Gould (1967)；Tinkler (1972)。更多关于使用主要特征值和关联特征值表征空间构造的讨论可参见 Boots (1982, 1984, 1985)；Boots, Tinkler (1983)；Griffith (1984)。Gatrell (1977) 也讨论了在二元映射中的信息内容的问题性。

[2] Yan 和 Ames 指数包括确定邻接矩阵（将权重矩阵转成布尔矩阵）中的每个因素以及在不同阶数下归零化采用的幂次。一个相关矩阵（赋予网络中路径长度指标）构成各种汇总指数的基础，比如行、列和所有值。一个相似的方法包括使用权重矩阵并且考虑在阶中需要使用的幂次，才能使矩阵中的元素变得低于预先设定的正值。细节和更多概要可参见 Hamilton, Jensen (1983)；Szyrmer (1985)。

第四章　空间计量模型的分类

文献中提出并通过实证案例证明了大量的空间过程模型设定，给人们的印象是每种特定模型都必须有自己的方法论框架。幸运的是，有一些结构可以参考或使用计量经济学中的方法与原理，并将相同的方法运用到按显著特征分组的模型中。

为了组织该讨论并为第二部分的估计方法奠定基础，在本章中，笔者提出了一些可以对空间计量模型进行分类的思路。与本书其他部分一样，分类仅限于线性回归模型。因此，本章不会考虑平常熟悉的空间多元模型。这些多元空间自回归和相关性分析的例子可参见 Hubert，Golledge 和 Costanzo（1981），Hubert 和 Golledge（1982a，1982b），Hubert（1985），Hubert 等（1985），Wartenberg（1985），Griffith（1978）的空间方差分析；Folmer 和 van der Knaap（1981），Folmer 和 Nijkamp（1984），Folmer（1986）有关空间 LISREL 模型的讨论。

首先，笔者将重点介绍一些基本分类，并且讨论可以指导分类的几个标准。接下来在本章其余部分，笔者会更详细地讲解两种分类方法：一种分类涉及为横截面数据设计的空间模型；另一种分类则关于时空模型。

第一节　模型的一般性分类

在第二章中，笔者认为空间计量经济学的主要特征是考虑空间效应的方式。当然，这个前提假设空间已经以某种方式形式化了。通常，对空间权重矩阵的应用表明空间模型可以被运用到许多实证环境中，但前提是权重能够正确表达空间依赖性，并且在模型的设定中考虑空间异质性。

在关于栅格化和随机领域模型的早期文献中，模型的设定大多基于简单最近邻连续性。尽管这些模型同样表现出有趣的形式，但它们在区域科学的实证应用范围有限。因此，本书将不再考虑它们。[①]

一个基本的区别涉及同质化的空间过程和附加条件的空间过程，它会对估计和检验产生重大影响。附加条件模型基于条件概率的设定，然而同质化模型基于联合概率设定。两个模型通常以自回归形式表示，比如处在某一质点上的变量值会与空间系统中其余的变量值相关。

这个同质化模型可以追溯到 Whittle（1954）进行的研究。其中规则栅格的随机领域以栅格坐标中的随机差分方程的形式表示：

$$\sum_s \sum_t \alpha_{m-s, n-t} \cdot y_{j+s, k+t} = \varepsilon_{j,k}$$

其中，$j, k = \ldots, -1, 0, 1, \ldots$，是空间指数，$y$ 是考虑中的变量，α 是参数，ε 是一个独立的正态分布随机变量。[②] 在矩阵概念中，这等价于一阶空间自回归模型：

$$y = \rho \cdot W \cdot y + \varepsilon$$

其中，y 和 ε 是变量的向量和误差项，W 是相应的空间权重矩阵。该模型的估计涉及联合概率分布的设定，并且需要进行非线性优化。

该条件模型最初是由 Besag（1974）提出的，以获取 Whittle 的高度非线性估计程序的替代方法。本质上，它由因变量的条件期望值与其余空间系统（S）的相关值间的线性关系组成：

$$E[y_i \mid y_j \forall j \in S, j \neq i] = \rho \cdot W \cdot y$$

模型的条件结构可能将普通最小二乘用作一种估计方法，前提是数

---

① 比如，可以参见 Whittle（1954）；Besag（1974）；Besag，Moran（1975）；Bartlett（1975）；Haining（1979）。

② 细节可详见 Haining（1979）。

据以特定方式编码。编码本质上包括消除观察值，以便其余因变量是独立的（即不连续）。在几乎没有观测值的情况下，很明显，这不是一个实用的方法。同时，编码方案也不是唯一的，因此，考虑到丢弃的观察结果，对于同一数据集可以获得不同的估计。

Besag（1975，1977），Lele 和 Ord（1986）改进了一种伪最大似然法并将其用于条件模型中，从而避免了对编码方案的需求。但是，由此产生的估计在数学上相当复杂。

条件方法的一个有趣的特征是，有人提出将其作为一种避免与空间权重矩阵设定有关的方法（Haining，1986a）。在实证区域科学中，大多数建模情况早已采用同质化形式来表达。这种形式也更接近标准计量经济学方法。因此，鉴于本书所采用的模型驱动方法与计量技巧，笔者会将重点全部放在同步模型上。[①]

与运用在时间序列分析中的 Box – Jenkins 方法相似，有人建议将自回归过程和移动平均过程结合起来设定空间模型。[②] 在此背景下，空间移动平均模型可表达为：

$$y = \varepsilon + \rho W \varepsilon$$

其中，y 是变量的向量，ε 是独立分布任意项的向量，W 是相应的空间权重矩阵。

移动平均模型对空间过程中的空间交互作用提出了不同的观点，但是它不会提高模型设定的复杂性。实际上，移动平均模型的多数估计和检验结果与自回归设定方式得出的结果相似。[③] 同样大多时空自回归移动平均（STARIMA 模型）的估计和检验结果与简化后的自回归设定结果相

---

① 对于同步和条件建模策略的广泛比较可参见 Haining（1977，1978a，1978b，1979，1984）。其中，最后一个文献提供了很有趣的实证应用，即可用于解决空间定价问题的两种分类模型。
② 详细概要可参见 Bennett（1979）。
③ 关于空间移动平均模型属性的更多讨论详见 Haining（1978c）。

似。[①] 因此，笔者接下来的讨论空间局限于自回归模型的估计和设定方面。

对于区分不同模型结构而言，另一个重要的考虑因素是数据可用性。对于横截面观测而言，数据中没有足够的信息用于提取完整的交互模型，因此必须根据自回归结构对模型进行重新参数化。如果可以忽视横截面和时间序列的组合，那么可以对时间维度的附加条件放松要求。因此，我们需要考虑更多的空间建模情况。

第二节 基于横截面数据的空间线性回归模型的分类

在本节中，笔者会提出通用设定规范，它构成的一个框架可用于分析空间计量中多种特殊的建模情况。但该设定必须建立在某个时间点，且空间单元的横截面观测值处于可得的前提之上。通过对基本方程的参数附加各种条件，可以推导出特定模型。因此，接下来有关估计和设定的方法将以简单的方式找到这些模型的许多结果，并将其作为一般模型推导的特殊情况。

一般从以下表达式出发：

$$
\begin{aligned}
y &= \rho W_1 y + X\beta + \varepsilon \\
\varepsilon &= \lambda W_2 \varepsilon + \mu
\end{aligned}
\tag{4.1}
$$

其中，$\mu \sim N(0, \Omega)$

误差协方差矩阵 Ω 的对角元素可表示为：

$$
\Omega_{ii} = h_i(z\alpha) , \quad h_i > 0
$$

在式（4.1）的设定中，β 是一个 $K \times 1$ 并且与外生变量（即非滞后依赖）相关的参数向量。变量 X 是一个 $N \times K$ 的矩阵，ρ 是空间滞后因变量

---

① 在 STARIMA 模型设定中，关键问题在于如何识别正确的模型结构以及数据中的滞后长度。就像前文指出的那样，数据驱动的方法不会在本书中进行详细讨论。

的系数，λ 是在空间自回归结构中扰动项 ε 的系数。[①]

在具有基本对角线协方差矩阵 Ω 中，μ 分布为标准分布。对角线元素允许异方差作为 $P+1$ 函数的外生变量 z（包括常数项）。函数 P 的参数 α 与非常数项有关，比如 $\alpha = 0$，它满足：

$$h = \sigma^2 \text{（即标准的同方差情况）}$$

两个 $N \times N$ 矩阵 W_1 和 W_2 为标准或者非标准空间权重矩阵，它们分别与因变量和扰动项中的空间自回归过程相关联。[②] 这使这两个过程可以由不同的空间结构驱动，比如 Hordijk（1979）所提及的例子。

总之，这个模型有 $3+K+P$ 个未知参数，用向量可表示为：

$$\theta = [\rho, \beta^{,}, \lambda, \sigma^2, \sigma^{,}]^{,} \tag{4.2}$$

当式（4.2）的子向量设置为 0 时会导致出现一些相似的空间模型结构。尤其是以下情况符合在一些文献中讨论过的四种经典的空间回归模型，如 Hordijk（1979），Anselin（1980，1988a），Bivand（1984）。

对于 $\rho = 0, \lambda = 0, \alpha = 0$（有 $P+2$ 个限制条件），则：

$$y = X\beta + \varepsilon \tag{4.3}$$

经典的线性回归模型没有空间效应，对于 $\lambda = 0, \alpha = 0$（有 $P+1$ 个限制条件），则：

$$y = \rho W_1 y + X\beta + \varepsilon \tag{4.4}$$

对于混合回归空间自回归模型，它包括一些共同的设定因素（如 WX 包含于解释变量中），被作为一个特殊案例。

---

①　注意外生变量有可能包括空间滞后，如 WX。这是空间 Durbin 模型的相关情况，空间共同因素的方法将在本书第八章第二节第二部分和第十三章第三节进行详细探讨。在估计和检验方面，可采用处理其他外生变量的相同方式来处理这些滞后的外生变量，尽管它们可能成为多重共线性的来源。

②　另外，ρ 和权重矩阵的结合可以用一种非线性形式来表达，如 $W(d, \theta)$，其中，d 代表与变量有关的距离（或者可达性）的向量，θ 是参数向量。

对于 $\rho = 0, \alpha = 0$（有 $P+1$ 个限制条件），则：

$$y = X\beta + (I - \lambda W_2)^{-1}\mu \tag{4.5}$$

这是一个有空间自回归分布的线性回归模型。

对于 $\alpha = 0$（有 P 个限制条件），则：

$$y = \rho W_1 y + X\beta + (I - \lambda W_2)^{-1}\mu \tag{4.6}$$

这是一个具有空间自回归扰动的混合回归空间自回归模型。

通过遵循模型中式（4.3）至式（4.6）特定形式（即函数 $h(z\alpha)$）的异方差性可获得另外四个模型设定的表达方式。

尽管可以通过简单的方式纳入空间异质性，但该分类法主要依据空间依赖性的设定方式。实际上，空间异质性最普遍的形式会反映在变化的参数或者随机系数中。由于这通常会导致出现某种形式的异方差，因此可以通过在 $h(z\alpha)$ 中指定适当项来表示这种异质性。大多数特殊情况可以在式（4.1）中考虑。

第三节　基于时空数据的空间线性回归模型的分类

时间维度的引入极大地提高了空间计量模型设定中需考虑问题的复杂性。用更传统的计量经济学术语来说，这就是合并横截面和时间序列数据的情况。将这种建模框架运用在此处，是为了考虑横截面的依赖性和异质性模式。

作为出发点，考虑以下设定可以说明潜在时空依赖性的完整范围和异质性的表现形式：

$$y_{it} = x_{it}\beta_{it} + \varepsilon_{it} \tag{4.7}$$

其中，x_{it} 是空间单元 i 在 t 时刻观测对象的行向量，β_{it} 是时空特定参数的向量，ε_{it} 是误差项。误差项的特点符合以下条件：

$$E\left[\varepsilon_{it}\right] = 0 \qquad\qquad (4.8)$$

$$E\left[\varepsilon_{it} \cdot \varepsilon_{js}\right] \neq 0 \qquad\qquad (4.9)$$

然而式（4.8）是一个相似条件，式（4.9）提供了一个结构以涵盖许多可能的时空依赖性和空间异质性的模式。

比如，$i=j$ 和 $t=s$，这个残差方差可以被认为是邻接（标准情况）或者变化的，即异方差情况。这种变化可以跨越空间（如指数 i），超越时间（如指数 t），甚至还可以超过时间和空间（如指数 t，i）。表达式为：

$$E\left[\varepsilon_{it} \cdot \varepsilon_{it}\right] = \sigma \qquad 恒定方差$$
$$E\left[\varepsilon_{it} \cdot \varepsilon_{it}\right] = \sigma_i \qquad 空间异质性$$
$$E\left[\varepsilon_{it} \cdot \varepsilon_{it}\right] = \sigma_t \qquad 时间异质性$$
$$E\left[\varepsilon_{it} \cdot \varepsilon_{it}\right] = \sigma_{it} \qquad 时空特定方差$$

$i \neq j$ 并且 $t = s$，独立性是一种同期空间联系，有可能在所有时间段内相同，或者对每个 t 而言是特定的，可以表达为：

$$E\left[\varepsilon_{it} \cdot \varepsilon_{jt}\right] = \sigma_{ij}(t) \qquad 同期相关$$

$i = j$ 并且 $t \neq s$，依赖体现在时间领域，另外，所有空间单元保持不变，或者随位置（指数 i）变化而变化，可以表达为：

$$E\left[\varepsilon_{it} \cdot \varepsilon_{is}\right] = \sigma_{ts}(i) \qquad 时间相关$$

当 $i \neq j$ 并且 $t \neq s$，依赖的模式可以同时跨越时间和空间：

$$E\left[\varepsilon_{it} \cdot \varepsilon_{js}\right] = \sigma_{ij}(ts) \qquad 时空相关$$

很明显，正如之前指出的那样，因为缺少自由度去估计每个观测对象，所以式（4.7）并不具有可操作性。这种特定的行为也就是在基本表现形式上加入限制条件以使其符合一些时空建模的情况。

在变异系数方面与式（4.7）完全相反：

$$y_{it} = x_{it}\beta + \varepsilon_{it} \qquad\qquad (4.10)$$

在这里，在时间和空间中的所有观测对象的参数是固定的。当误差项中具有涉及依赖性和异质性的特定模式并且该模式与刚刚所讨论的分类相似时，空间建模的特殊情况就会发生。

当参数 β_{it} 在两个维度（时间和空间）中有一个维度是固定的时，可获得两种类型的模型。在这两种情况下，当误差项在其他维度上相互关联时，就会产生一种看似无关的回归（SUR）情况。

系数在空间中会发生变化，但随着时间的不断推移，当误差项同期相关时会出现一个相似的例子，如 Zellner（1962）：

$$y_{it} = x_{it}\beta_i + \varepsilon_{it} \tag{4.11}$$

并且：

$$E[\varepsilon_{it} \cdot \varepsilon_{jt}] = \sigma_{ij}$$

另外，残余自回归（对于每个位置 i 在时间的维度）也可被推导出来，如果满足：

$$E[\varepsilon_{it} \cdot \varepsilon_{is}] = \sigma_{ts}$$

此外，在每个时间段系数都是确定的情况下，随着空间的变化，当误差项在时间中是相关联时，就可以获得一种不同于 Zellner 类型的情况。它通常被认为是空间（SUR）的表达式：

$$y_{it} = x_{it}\beta_t + \varepsilon_{it} \tag{4.12}$$

并且：

$$E[\varepsilon_{it} \cdot \varepsilon_{is}] = \sigma_{ts}$$

每个时间段的横截面的空间残差相关表现形式遵循：

$$E[\varepsilon_{it} \cdot \varepsilon_{jt}] = \sigma_{ij}$$

在以上设定中，在 X 中加入空间滞后因变量或者时间滞后因变量都会产生更复杂的模型。类似地，可以通过使误差方差在式（4.11）中随时间变化且在式（4.12）中随空间单位不同而引入异方差性。一个特殊的设定问题是，如何在误差项中对空间或者时间依赖的基本表现形式与特定参数做出选择。比如，在空间计量经济学环境中，运用式（4.11）可以以一般协方差 σ_{ij} 的基本形式表达同期相关性，或者将其参数化为：

$$\varepsilon = \rho W \varepsilon + \mu$$

对每个时间段而言，ε 是空间中的误差项向量。

与需要重新参数化的纯横截面情况相反，在时空中，可以根据其他考虑在非结构化和结构化形式之间进行选择。

当异质性以随机变异系数或者误差分量模型表达时，就会导致误差协方差的表达形式特殊化。在前者中，变异系数 β_{it} 通常表达为：

$$\beta_{it} = \beta + \mu_{it}$$

在这里，β 是系数的平均值。

误差项允许空间（i）、时间（t）或者时空发生变化。因此，在假设函数 μ_{it} 中，误差依赖的多种模式和误差异质性可以被涵盖在上文所概述的基本结构中。

一种相似的情况存在于含有误差（或者变异）分量的方法中，单个误差 ε_{it} 被视为由空间、时间和时空组成，其可以表示为：

$$\varepsilon_{it} = \mu_i + \lambda_t + \varphi_{it}$$

再一次需要说明的是，关于这三个变量的相关性或独立性的假设会导致出现变异误差的特殊表现形式。这些在本节所概述的一般性设定中已经涵盖。

第五章 空间随机过程：术语和一般性质

在第一章中我们通俗地讨论了用于空间计量经济学模型的估计和设定形式的数学与统计背景。即使这一章很抽象，笔者仍然会继续采用随意方法技巧而非不标准的方法技巧来表述。因为对许多相关定义、定理和证明的深度讨论已经超出本书的范围，加之相关的理论文献实在过于丰富，所以本章的一个主要目的就是对这些已经在许多资源中呈现的重要结果进行汇总。

理论计量经济学文献中的一些最新发现强调将其应用到与空间效应处理方法相关的一般情况中。即使没有考虑到空间应用，这些抽象结果也构成了空间模型中各种估计过程和规范检验的标准属性的基础。在这方面，依赖理论和异质化随机过程会显得尤为重要。

本章由三个部分组成。第一部分介绍了空间随机过程的定义以及简要讨论了一些重要的特性。第二部分概述了估计和推断渐近方法的一些基本概念，这些概念涉及空间和时空过程。第三部分对概念适当性进行重要检验，比如，在实践中接触到空间建模情况的收敛性和渐近性。

第一节 空间随机过程的性质

一 定义

随机过程是一种形式化的概念，用于指定以某种常规方式组织的随机变量的集合或序列。[①] 更准确地说，如果一个随机变量 x 可以与一个指数变量 i 相关联，并且该指数变量属于基本 p 维空间 R^p，则：

$$\{x_i, i \in I\}$$

这是一个随机效应过程。范围 I 是指数参数所有可能值的集合，可以是任何常规维度空间，可以是离散的，也可以是连续的。空间随机过程是特殊情况，其中指数与所处空间中的位置有关。[②]

这一系列随机变量的特征是定义明确的联合概率密度或分布。当此密度为正常值时，许多简化结果成立，此过程称为高斯。

当随机过程中的任何有限子集 x_i 的联合分布函数已知时，就将完全指定随机过程。这需要在 $x_i, \forall i$ 的合理给定的空间范围（即随机变量所有可能值的集合）和指数范围之间建立一组完全指定的依赖关系。[③]

空间随机过程的概念与在实证工作中所采用的传统随机抽样方法有很大的区别。事实上，在空间的不同质点处，观测值的依赖性会被假设在未知的基础过程中生成，且该过程的特定表现形式是通过先验确定的，

---

① 随机变量可被定义为理论函数的一个集合，它是关于不确定时间结果的实数。事实上，对于给定的概率空间 (Ω, γ, P)，其中样本空间被定义为 Ω（不确定时间的所有可能结果 ω 的集合）、布尔代数或者 σ 代数 γ（一组完全相加的集合）和概率变量 P，随机变量 ω 是区域 Ω 和相反区域实线的函数，可表达为：$A_r = \{\omega : x(\omega) \leq r\} \in \gamma, \forall r \in \mathfrak{R}$（其中 $\mathfrak{R}$ 是一组实数集）。这种关于概率的公式和测量方法对于数理统计中所有最新的处理方式而言，都是非常普遍的。尤其是，布尔代数或者 σ 代数概念的使用允许样本空间的子集的序列无限。这成为计量经济学关于渐近理论主要结果的基础。更准确地说，一个布尔代数或者 σ 代数 γ 是集合的一类，其中：第一，样本空间 $\Omega \in \gamma$；第二，如果样本空间的子集属于 γ，那么对它的补充也属于 γ；第三，如果 $A_1, A_2, \ldots$ 是一个无限的集合序列，$A_i \in \gamma$，那么它们的（无限）集合也是 γ 中的一个元素（这将布尔代数的概念或者布尔集合领域拓展到无限大样本空间）。对于特定的 σ 代数（即有组织的事件子集）来说，随机变量和随机变量的函数都被认为是可以测量的。关于这些概念更丰富和严谨的讨论可以参见 Wilks（1962）；Mood, Graybill, Boes（1974）；Chung（1974）；Pfeiffer（1978）；Billingsley（1985）。

② Smith（1980）认为它是一个 p 维随机域，其范围被视为 p 维欧氏空间。一些可替代的观点和相似的定义可参见 Bartlett（1975）；Haining（1977, 1979）。

③ 更多关于随机过程的概念讨论可参见 Karlin, Taylor（1975）；Box, Jenkins（1976）；Bartlett（1978）；Bennett（1979）。

大概是因为它建立在大量的理论背景下。相反，在随机样本案例中，观测单元间的任何依赖性都具有不受欢迎的特征，并且需要借助样本单元的独立性来从其成员的子集中推断出关于人口的信息。

二 平稳性和各向同性

随机过程中关于处理空间数据的方法意味着：基本上只有一个观测对象是可用的，即空间或者时空中的随机变量分配值。由于这不是一种可操作性的情况，因此需要在允许范围内的依赖度和异质性中加入一些约束条件。本质上，为了推断基础过程的某些特征，需要假定某种程度的稳定性。大多数情况下通过向平稳性、遍历性和各向同性中加入相应的要求来实现。

当一个固定随机过程已经达到统计平衡状态时，就可以假定生成机制在空间和时间上均等地工作。换言之，对于观测对象（同质化）中的任何子集来说，潜在的联合分布都可被认为是相同的，这意味着对矩阵有很多限制，例如，恒定均值和恒定有限方差。

用更加正式的术语来说，严格的平稳性可以被定义为任何有限子集，表达式为：

$$\{x_i, x_j, \ldots, x_n\}$$

来自随机过程：

$$\{x_i, i \in I\}$$

作为子集都有相同的联合分布：

$$\{x_{i+s}, x_{j+s}, \ldots, x_{n+s}\}$$

对于任何 s，在时间、空间或者时空中呈现的转换都是均匀的。

在一个时间序列的背景下，转移的概念很简单。固定性揭示了任何 x_i 的分布在任何时间点上都相同，它们的值和方差都是固定和有限的，并且 x_i 和 x_j 的协方差不取决于一个特定的时间段，而仅取决于时间的偏移

（时间滞后）。平稳性是一个较弱的概念，在大多数应用中使用的是协方差，在这种情况下，仅在两个阶的时刻需要时间独立性。

时间序列分析中的平稳性要求使用由时间移动指数化的自协方差和自相关函数，以用于辅助识别和估计模型，就像由 Box 和 Jenkins（1976）开创的著名方法。

此外，为了能够识别潜在的随机过程，确保理想的渐近性质能够存在，就必须对依赖范围进行一些调整，如经常使用对遍历性要求的限制条件，可以确保就平均角度而言，能够将两个事件限制在各自独立的过程中。[①]

正如先前在空间权重矩阵的讨论中所指出的那样，在空间分析中均匀的位移概念会更加复杂。从严格意义上说，当随机变量在点子集上的任何联合分布只取决于不同区域的相对位置时，该空间过程是被禁止的，它们的相对方向（角度）和相应距离确定。因为在二维（或者多个）空间中，方向依旧会带来许多不同的情况（可能超过 360 度旋转），各向同性的严格概念通常也会被加入其中。对于各向同性的过程，联合分布只取决于位置间的距离，与方向无关。

另外，通过将这些要求定义为一阶和二阶矩阵，可以定义弱的或者协方差空间平稳性和各向同性。因此，对于弱的空间静止过程，在两个不同的位置上的随机变量之间的协方差仅取决于位置之间的距离和相对于坐标系的方向。对于一个各向同性过程，这些时间矩阵只取决于两个位置间的距离。与时间序列的情况相似，对空间自变量和自相关函数的

---

① 在时间序列的背景下，遍历性要求包括对序列记忆的限制，并且将其归结为渐近独立的形式。更准确地说，独立性存在于两个事件之间。一个事件表示为 F，另一个事件是可以保持变化的方法 G，记为经过 s 步转换成的位移 S，表示为 $S'(G)$。转换的范围从最小可能点（如一个时间段）到全样本规模的 N。正式地说，渐近独立性可以表示为：

$$\lim_{N \to \infty} N^{-1} \sum_s P[\, F \cap S'(G)\,] = P(F) \cap P(G)$$

关于这个问题更严谨的讨论可参见 Doob（1953）；Karlin，Taylor（1975）；White（1984）等。

分析（以空间移位为指数）可以为模型识别和估计奠定基础。[①]

Hooper 和 Hewings（1981）指出，这种类比仅限于空间过程的某种限制类型。如果没有严格限制的假设，就没有空间滞后的概念可以为平稳性概念以及空间自相关函数的使用提供严谨的解释。因此，在时间序列分析中类似于 Box - Jenkins 的方法对空间数据（和时空数据）有意义的处理仅限于这些特殊过程。可惜的是，为获得具有明确定义的自相关属性，必须高度限制该空间过程的结构。此外，空间固定性和各向同性对于应用区域科学中所接触到的不同数据类型和空间构造相当不现实。但是该问题不限于空间过程，同时也与时域相关。比如，White 和 Domowitz（1984）在经济时间序列分析中，对研究人员不假思索地使用平稳性假设这一做法持反对意见，并就此展开了许多讨论。

三　局部协变随机域

构造空间随机过程的另一种方法是限制依赖程度，以便可以进行有意义的估计和假设检验。在发展空间样本的中心极限背景下（也可参见第五章第二节第三部分），Smith（1980）提出了规则局部协变随机域的概念。

在本质上，局部协变随机域的概念保证了空间相互作用（对于同质化单元）会在给定范围内（邻近区域）强烈发生，而当空间单元相距足够远时则消失。这揭示了一个邻接性的特定表现形式，类似于第三章第一节中考虑的定义。另外，如果在时间矩阵中施加规律性条件，就会使异质性的程度受到限制。

在形式上，Smith 遵循均匀非退化性和李雅普诺夫有界性这两大要求，定义了一个规则随机领域 Ω 以作为一个空间随机过程，可以表示为：

$$\sigma^2(\omega_i) \geqslant \delta \qquad （均匀非退化性）$$

[①]　更早的讨论可参见 Granger（1969）；Berry（1971）。关于这个问题的最新概要可参见 Bennett（1979）；Cliff, Ord（1981）；Ripley（1981）。

$$E(\mid \omega_i - \mu_i \mid^{2+d}) \leqslant \beta \qquad （李雅普诺夫有界性）$$

一方面，第一种条件要求提高均值的最小偏差程度（即所有方差均为正值且大于某些小值），第二种条件限制了方差的程度（绝对值不高于 2 的方差不该大于某个正值 β）。

通过使用适当的度量方法来表达两个观测空间单元之间的距离，局部协方差的要求被定义为两种假设、邻近协方差与远程独立性的结合。第一种假设断定两个空间单元是足够相近的（即它们间的距离小于给定的正值），即存在正的协方差：

$$E[w_i \cdot w_j] > 0, d_{ij} < \varepsilon$$

另一方面，当空间单元（区域）被一个比 ε 还长的距离分隔时，不允许任何依赖性存在。这是远距离独立性的要求。[1]

由此产生的结构会形成正式的框架，在该框架内可以推断出标准统计特性。作为空间构造的基础，距离度量的重要性与空间相互作用理论的重要性相似。尽管这暗含了一定程度的各向同性，但在基本空间中，可借助距离定义的灵活性来规避这个限制。此外，局部协变随机域的概念不限于栅格中，可以被用到空间单元的任何组成部分中，这些组成部分可以定义规则距离矩阵。另外，对于应用空间模型来说，对正协方差的要求和需要假设的同质性程度可能仍然过于严格。[2]

四　混合序列

混合序列的概念促使构成最强有力的框架以处理空间过程中的依赖性和异质性问题。尽管它通常被用于处理时间依赖性和横截面单元异质

[1]　直观来看，远程独立这个概念与时间序列背景下的遍历性的概念较为相似。Smith（1980：303）介绍了一个关于分散空间抽样方案的概念，为保证空间构造，其中没有单个区域（单个空间单元的聚合）含有任意多的点。

[2]　Smith（1980）指出，一些可能的拓展也会允许负协方差的存在。然而，这些更适合第五章第一节第四部分所讨论的混合过程。

性问题，但其中所涉及的基本原理可以通过一种相当简单的方法延伸到空间依赖中。

直观地看，混合概念的起点是两种信息集合间的差异，这些信息集是样本空间（正式来说，是 σ 代数、σ 领域或者布尔领域）的子集，它们被距离 m 划分为一个个有合适定义的矩阵。在时间序列背景下，这通常表现为两个 σ 代数，称为 G' 和 H'，其中 G' 代表过去所有的信息，即从 $-\infty$ 到给定的时间 n；H' 代表未来的所有数据，从时间 $n+m$（m 代表距离）到 $+\infty$。在空间中，两大信息集合可以被认为是非常基本的表现形式，并且属于由给定距离所划分的不同区域或者空间单元的聚合。混合系数提供了一种方式去测量两种信息集合或者 σ 代数间的依赖性。

在这种形式上，可以引入信息集合间依赖性的两种测量方法：一种是相对测量（Φ 混合），另一种是绝对测量（α 混合）。正式来说，事件 G 和 H 分别属于信息集 G' 和 H'：

$$\Phi(G,H) \equiv \sup\{G \in G', H \in H', P(G) > 0\} \, |P(H \mid G) - P(H)|$$
$$\alpha(G,H) \equiv \sup\{G \in G', H \in H'\} \, |P(G \cap H) - P(G) \cdot P(H)|$$

很明显，如果 G 和 H 都是独立的，那么它们的联合概率等于边际概率的乘积，并且条件概率等于非条件边际概率，因此 Φ 和 α 都会变成 0。当 Φ 和 α 系数都与信息集合（m）的距离测量方法相关时，就会引入关于两种缺乏独立性的信息集合间的标准测量方法。Φ 混合和 α 混合系数的概念通常表达为：

$$\Phi(m) \equiv \sup_n \Phi[B(-\infty, n), B(n+m, +\infty)]$$
$$\alpha(m) \equiv \sup_n \alpha[B(-\infty, n), B(n+m, +\infty)]$$

$B(-\infty, n)$ 和 $B(n+m, +\infty)$ 分别代表两种由距离 m 划分的信息集合。如果混合系数接近 0，则信息集合间的距离 m 就会增加到无限大，此时一种随机过程会被称为 α 混合（或者强混合）与 Φ 混合（或者均匀混合）：

$$\alpha \text{ 混合}: \alpha(m) \to 0, m \to \infty$$
$$\Phi \text{ 混合}: \Phi(m) \to 0, m \to \infty$$

尽管一个特定随机过程所揭示的混合度还不是很明显，但这一概念可以通过引入时间限制条件间的连接来使其便于操作、使用，并得到一个缺乏独立性（混合）和可允许异质性（时间矩限制条件）的明确的权衡比，它们是许多实际收敛性质和中心极限定理的基础。

直观来看，过程记忆的减少，即依赖性迅速降低而距离增加，会允许更多的异质性存在（限制条件只针对较小的时间矩阵）。另外，当给定范围内的依赖性提高时，对更高阶时间矩阵的限制条件也更为严格，它限制了异质性的程度。从某种意义上说，混合序列的概念与固定性和遍历性的概念相似，但是依赖性和异质性间的明确权衡比也允许对更广泛的过程进行建模，并形成更现实的假设和限制。①

如果空间单位可以通过定义良好的距离来组织，那么将这个一般概念扩展到空间过程是非常简单的。直白地说，时间轴上的距离与空间上的距离有直接的相似之处。只要随着距离增加对空间的依赖性有规律地降低，就可以得出混合条件的类比。这表明空间权重矩阵应该反映距离衰退模型，其中，与之前一样，权重矩阵是用于总结空间交互作用的模式，如 Weibull（1976）提出的方法，基于形式可及性概念的权重矩阵将满足这一要求。

由于空间相关性可以随着距离的增加以平滑的方式降低，因此对于 Smith（1980）提出的远程独立这一概念而言，混合系数的方法可以被认为是一种更具有基本意义的框架，它允许在空间中采用更多处理异质性的正式方法。

---

① 在计量时间序列和面板数据中，有关混合序列的各种概念间的相关性讨论可参见 Domowitz，White（1982）；White（1984）；White，Domowitz（1984）。较早之前，更多正式的讨论可参见 Rosenblatt（1956）；Ibragimov，Linnik（1971）。Smith（1980：313）在对空间过程中的中心极限定理进行正式证明时，提出了 α 混合的概念，但是在分析距离平滑变化的意义时，其没有实现对这个概念的完美阐释。在 Anselin（1984b，1986a）中，混合序列这一概念被当作一种动机，可将计量经济学中对时间序列分析的步骤拓展到空间领域。

第二节 渐近的空间过程

由于空间数据集中缺乏独立性，因此无法应用许多基于独立随机抽样原理的传统理论。取而代之的是，估算量和检验统计量的属性推导需要考虑渐近性，即当空间、时间或时空中的观测数量以常规方式增加到无穷大时所能获得的有效近似值。直观来说，由样本依赖性导致的信息丢失可以通过增加数据集来补偿。从广义上讲，较大数据集中的信息将与较小的独立观察值集中的信息可比，但前提是依赖范围不与观察数成正比。

统计属性的测量与检验过程中的渐近法基于这样的观点：在小样本中无法理解的特定统计信息（作为数据的函数）的行为可以通过其他随机变量（或常量）来近似以便于理解。近似通常会使用正态分布或者其他与正态分布相接近的分布形式，如 χ^2 分布。当数据集朝无穷大增加时，就会发生这种近似。可是这一近似需要大量的数据，所以在实际有限的样本中，这一近似可能无法提供很好的指导。

中心极限定理提供了一种形式化的结构和条件。在这种结构和条件下，具有未知基本分布的随机变量（如观测对象的函数，包括计算得出的平均值和交叉值）可以用具有已知均值和方差的非正态变量来逼近极限4同轮次命题检验，其中关于一个总体的推论是通过使用正常变量获得的，总体的推论就好像它是实际的有限样本统计量一样。但是很明显，这并不总是合适的。

由于渐近方法是大多数空间计量经济学的核心，因此接下来笔者将简要介绍一些基本概念，它们对于理解估计的性质和空间过程分析中的检验统计而言非常重要。

一 渐近收敛

渐近收敛的概念决定了一系列随机变量接近某个极限的方式。其中，概率收敛和分布收敛这两种概念尤为重要，两者都是对不确定性范围的限制概念的扩展。当一系列随机变量接近常数值或者其他随机变量时，可使用第一种概念；当分布与序列中的随机变量相关联并且接近另一个分布函数时，可以使用第二种概念。

从简单的定义来看，概率收敛是极限的一种情况。一系列随机变量中的单个随机变量会与给定的常数项、实数值或者其他随机变量相差很小的概率。形式上，如果一系列随机变量 x_i 依概率收敛于 x，那么对于所有 $\varepsilon > 0$ 而言都有：

$$\lim_{i \to \infty} P[\,|\,x_i - x\,| > \varepsilon\,] = 0$$

极限 x 被称为极限概率或者 x_i 的收敛极限。这一概念在估计方面尤为重要，其中最重要的属性就是一致性，即测量对象收敛极限等于总体参数。

一个用于中心极限定理并且对收敛性做出更严格要求的概念是收敛性基本上要确保 x_i 与 x 之差的极限概率为 0，则：

$$P\left[\lim_{i \to \infty} |\,x_i - x\,| > \varepsilon\right] = 0$$

这两个概念间的差异是相当抽象的。就本质而言，对于所有大的 i，若想证明收敛性，则必须确保 x_i 与 x 之间较小正差的联合分布概率为 0。而对于概率收敛，这一要求只适用于每一个单独的事件，因此这是一个较弱概念。[1]

分布收敛发生在当分布与序列中的随机变量相关联时，对于所有相关联的随机变量而言，它会变得与一个特定分布函数无限接近。用正式的术语表达，就是对分布函数 $F_i(x)$ 中的所有 x 和每个 $\varepsilon > 0$ 而言，如果

---

[1]　因为收敛性这个概念关系到序列和它的极限间距离的测量方法，所以许多可能的定义取决于所使用的距离的概念。一个著名的例子就是随机变量向量的二次平均收敛性。关于这个问题的大量并且严谨的处理方法可参见 Theil（1971：Chapter 8）；Serfling（1980：Chapter 1）；Greenberg，Webster（1983：Chapter 1）；Amemiya（1985：Chapter 3）。

存在一个（大的）N，则：

$$| F_i(x) - F(x) | < \varepsilon \qquad \forall i > N$$

在 F 的所有邻接质点中，x_i 可以说成相对 x 的分布收敛，$F(x)$ 可以称为 x_i 的极限分布。[①] 这种极限分布可以用于构建各种假说的渐近检验。

二　大数定律

对于不同类型的潜在随机过程而言，大数定律提供了一些标准条件，这些条件可以使一系列随机变量的平均值收敛于它的期望值。这些条件构成了各种估计量和检验的收敛性的基础，可以根据观测值的平均值和加权平均值来构建。最常见的大数定律是用于处理独立的同一分布变量，这几乎与空间计量学无关。更有趣的是，最近一些依赖异质化过程的结果基于先前章节中所讨论的混合序列概念。

大数定律的标准结果应该像 McLeish（1975）所证明的那样，但是 White（1984：47）给出了一个应用性更强的推断。这表明：当混合序列以函数形式界定时间矩阵时，几乎可以确定该序列的平均值收敛于期望值。更准确来说，若想确定收敛性，则必须符合以下条件：

$$E | x_i |^{r+d} < D < \infty$$

在 $d > 0$ 和 $\forall i$ 中，r 与混合系数直接相关。[②] White（1984），White

---

① 极限分布的均值被称为渐近期望值 x_i。然而，这与 $plim$ 均值 x_i 并不是完全相同的。更多细节可参见先前注释所列举的参考文献。

② 在 White（1984）中，混合系数通常可以被定义为一个包含实数 r 的函数，其中 $1 \leqslant r \leqslant \infty$。对于 Φ 混合，如果 $\Phi(m)$ 的最高阶为 m^{-k}，其中 $k > r/(2r-1)$，那么 $\Phi(m)$ 皆被认为等于 $r/(2r-1)$（序列 $\{x_N\}$ 是在最高阶 N^k 或者 $O(N^k)$ 上，如果存在一个实数 M，则 $N^{-k} \cdot | x_N | \leqslant M, \forall N$。同时，如果 $r > 1$ 并且 $\alpha(m)$ 的最高阶为 m^{-k}，那么对于 $k > r/(r-1)$，$\alpha(m)$ 可以是 $r/(r-1)$。对依赖性和异质性的权衡可以用 r 表示，代表时间矩阵的条件和混合系数之间的关系。当序列中出现更多依赖性时需要使用更高阶条件（大 r）。

和 Domowitz（1984）解释了在含有滞后因变量、序列相关项和异方差误差项的模型最小二乘估计法中运用这些抽象因素的条件。[①]

三　空间过程的中心极限定理

中心极限定理为推导估计量和检验统计量的极限分布奠定了基础。同样，更熟悉的结果与独立且分布均匀的随机变量有关，这在空间计量经济学中很少引起关注。然而，最近的一些发现拓展了多种情况的结果，即潜在过程可以是依赖和异质化的。

一般而言，中心极限定理与观测值之和有关，而观测值之和又是估计量的组成部分，由变量和误差项的交叉乘积之和组成。在回归背景下，这些交叉乘积通常以 $X'\varepsilon$ 的形式表示，X 是解释变量观测对象的向量，ε 是随机误差项。一开始，这些交叉乘积的性质取决于对潜在分布 ε 的假设，深入研究后发现：中心极限定理最主要的贡献是得到了渐近分布结果，并且不需要指定确切的潜在分布，而只需要在依赖性和异质性程度中加入一定的基本限制条件。

更正式地说，对于随机变量 x_i 的某一序列，存在：

$z_N = (1/N) \cdot \sum_i x_i$ 　　　作为平均数（对于 N 个观测对象而言）

$\mu_N = E[z_N]$ 　　　作为平均数的期望值

$\sigma_N^2/N = \mathrm{var}[z_N]$ 　　　作为平均数的方差

中心极限定理解释了在 x_i 的依赖性、异质性和时间矩阵中所给定的限制条件的性质，但是对潜在分布没有特定的假设，如：

$$N^{1/2}(z_N - \mu_N)/\sigma_N$$

其是标准正态方差的渐近分布。

[①]　关于形式特征的更多处理方法已经超出本书的讨论范围。感兴趣的读者可以参考一些严谨和全面的讨论，如 White（1984）和其中所引用的文献，也可以参考 Domowitz, White（1982）；White, Domowitz（1984）。

当然，为了使这些定理可操作，必须针对所考虑的每种情况推导出期望值和方差的特定表达式。正如本章第一节第三部分所述，Smith（1980）将基本中心极限结果扩展到特定形式的空间过程，即规则局部协变随机域。Serfling（1980），White 和 Domowitz（1984）所得的其他结果产生了混合过程的中心极限定理，其中包括非常普遍的依赖性和异质性。

这些中心极限的存在使过程足够普遍进而能够容纳空间分析中为大多数人感兴趣的模型，为估计和检验渐近性提供坚实可靠的基础。当然，这种普遍性是以渐近为代价的。由于有限样本结果通常不适用于包含大量空间依赖性和（或）异质性的情况，因此学会衡量极限和无穷概念对于应用区域科学中通常遇到的数据情况意味着可以知道什么是非常重要的。接下来，笔者将简要谈谈这个问题。

第三节　统计方法与空间及时空数据的关系：更深一步的考察

空间和时空中的观测单元在组织与使用数据时引发一些基本问题，即统计模型应用的适当性。这里要特别强调两个问题：（1）空间数据需达到何种程度才能符合构成样本或整体人口的标准；（2）空间中收敛于无限大数据集的概念以及该概念对统计推断的影响。

在地理学文献中，样本与人口的关系已经受到关注，如 Summerfield（1983），Openshaw（1984），Johnston（1984）。另外，学界忽略了关于使用相关渐近框架的主要问题。两个问题都与空间依赖性和异质性影响信息数量的程度密切相关，这些信息都可以从给定数据集中提取。现在笔者将依次来讨论这些问题。

一　空间样本或空间整体

就本书而言，在空间计量学中通常考虑的模型是在回归分析框架内构建的。两个主要目标分别是推理和预测。前者侧重于通过经验证据证实理论关系的程度，即参数估计和假设检验。后者侧重点是通过使用凭经验建立的关系预测未经测量的观测单元的数值，即预测未来数值或者空间中的插值。

很明显，理论知识中不完善的部分和对所关注变量的不精确测量都是引入随机误差项的坚实论据。进一步说，随机过程方法证实了样本分析中的感兴趣变量与潜在未知总体特征的不同。基于此，空间计量方法论应该被认为与空间数据分析相关。

一种相反的观点认为横截面数据集不会构成单个样本，而构成空间整体，因此只能使用一种描述性方法，例如 Summerfield（1983）。尽管这种观点看似具有直观的吸引力，但它实际上混淆了许多问题。

之所以出现这种混乱，部分原因是空间依赖性和空间异质性强加了限制条件。尤其是当异质性使每个空间单元都有自己的特征时，横截面分析将不再提供足够的信息来提取这些特征。但这一情况无法说明计量经济学的方法论是无效的，而暗示这些计量方法需要更多的数据（如时空数据）去丰富实证应用。

同样，空间依赖性导致传统随机抽样方法具有不恰当性，但不会使估计和假设检验失效。相反，我们应将关注点放在思考一个无限大的样本需达到何种程度才能被应用于所处的观察背景中。这个问题的本质是数据集中的信息能否在复杂的模型中实现兼容。很明显，如果无法兼容的话，则需要更多的数据予以支撑而不是重新定义一种经济计量和统计方法。

二 空间和时空的渐近性

当数据用于横截面或者不规则的空间单元时，比如县、州或者省时，渐近概念并不总是很清楚。这恰好与规则的有限栅格结构的情况相反。就本质而言，观测对象的空间单元应该是能够代表整体的大样本，单元的数量也应该能够尽可能地借助一种常规的方法以达到无限。

很明显，在区域科学的实证中所使用数据的类型并不是很快就能明晰的。

例如，对于在给定区域集（例如一个州的所有县）利用多区域计量经济模型这一情况，所包含的区域可能具有一些特征，这些特征使它们与更大的区域区分开来。这一实证情况很容易导致样本参差不齐。在极端情况下，如果每个区域都有自己的特征（自己的变量、自己的参数值或者自己的函数表达形式），那么在进行有意义的统计推断之前，显然需要构建多种特征。这同样适用于样本中的各区域存在潜在空间依赖性的情况。

有两种方法可以解决此问题。

第一，可以引入许多时间段的信息，假设在涉及空间异质性和空间依赖性的模式会随时间保持恒定的情况下，允许对其进行识别和估计。这是多区域计量经济模型的常用方法，因此，估计量和检验形式性质基于数据中的时间维度。同样，依赖性和异质性的确切性质可以不加说明。

第二，异质性本身可以被构造为空间的一个特定函数（即根据空间变量而重新参数化），对此，正在考虑中的数据集可以被认为是一个有代表性的样本。在这种情况下，州（县）人口等变量会捕捉到各单元之间存在的异质性。接下来统计性质可能完全基于横截面维度，但前提是样本可以潜在地拓展到包括无限多个相似的县。

当空间依赖性存在时，情况就更复杂了。实质上，样本中的依赖模式应该被假定为：能够代表邻接空间单元中一个假设无限大的集合的模式。这就要求空间依赖性必须足够普遍，这样才能将其应用于无限大的数据集合中。当依赖性根据表现良好的距离度量时，这可能不会是一个问题。相反，将一个一阶邻接的特别概念拓展到一个无限大不规则的空间结构时，这一行为并不是非常有意义的。空间依赖的大致范围同时也揭示了样本外区域的观测对象，但是如果距离足够近的话，则也可影响所包括的区域，那么这对估计和测试也会产生影响。这导致出现空间分析的边界值问题，第十一章第二节将进行更加详细的讨论。

　　为了理解这一章中关于空间过程的形式特性的观点，在对不规则空间数据集进行空间计量分析之前，必须强调需要谨慎。首先评估所提出模型的复杂性与数据的局限性的兼容情况。对于许多有趣的模型来说，横截面数据集中根本没有足够的信息来进行有意义的分析，因此需要使用时空数据。其次，如果数据集属于本章讨论的形式要求的数据集，那么计量经济学方法论将建立在严格的概率基础之上。

第二部分
估计和假设检验

第六章　空间过程模型的最大似然估计

在这一章中，笔者会讲解最大似然原理如何被用在空间过程模型的估计和假设检验中。该模型会遵循第四章中所提及的横截面分类法。同时笔者会在第十章讨论时空公式。

各种空间模型的最大似然估计已在文献中引起了广泛关注。比如，在一些空间统计文章的结尾就讨论了许多模型的标准推导方法，如 Cliff 和 Ord（1981），Ripley（1981），Upton 与 Fingleton（1985）。为了避免重复，笔者不会详细介绍相关著名派生词。本章的重点是一些在其他地方较少被关注的问题和模型公式。

具体来说，笔者会沿用在第四章中所使用过的综合模型来说明一般似然法的推导。文献中所讨论过的大多数模型作为特例被包含在相关公式中。同时，笔者也会将大部分重心放在最大似然背景下涉及假设检验的基本方法，包括沃德（Wald）检验、似然比原理和拉格朗日乘数检验。尤其是后者在文献中没有被过多关注。因为所有推导都用矩阵符号表示，所以附录中总结了一些涉及利用矩阵微积分得到的有用结果。

首先笔者简要讲解空间过程模型中普通最小二乘法估计的局限性。

第一节　普通最小二乘法在空间过程模型
估计中的局限性

许多空间自回归模型中的空间依赖与我们熟悉的时间依赖有很多相

似性。因此，在具有滞后因变量和（或）序列残差的相关模型中，我们希望最小二乘估计的性质可以使其直接转换成空间模型。然而，事实并非如此。由于空间中的依赖性具有二维或多维属性，因此相关模型与空间模型间缺乏直接的类比性。接下来，笔者将针对空间滞后因变量以及回归残差中空间自相关的相关情况说明这一性质。

一 存在空间滞后因变量时的 OLS

在计量经济学中，众所周知的结果是，即使存在滞后因变量，只要误差项未显示序列相关性，OLS 估计量仍可保持一致。因此，即使估计量中小样本的性质会受到影响（即不再是无偏），它也可以作为渐近推断的基础。

对于空间自回归模型而言，不论误差项具有何种属性，该结果均无法成立。

对于接下来要讨论的纯一阶空间自回归模型：

$$y = \rho \cdot W \cdot y + \varepsilon \tag{6.1}$$

其中，W 是一个常见的空间权重矩阵，ρ 是一个空间自回归系数，y 表示偏离平均值，ε 表示独立同分布的误差项。即使这个模型相当简单，但是它体现了在 OLS 估计中，空间滞后因变量可能产生的所有效应，因此它在使用时不失基本性。

对 ρ 的 OLS 估计，可以用 r 表示为：

$$r = \left(y_L{}' y_L\right)^{-1} y_L{}' y \tag{6.2}$$

其中，$y_L = Wy$，可以作为空间滞后因变量。

用式（6.2）中的总体参数替换式（6.1）中关于 y 的表达式，则：

$$r = \rho + \left(y_L{}' y_L\right)^{-1} y_L{}' \varepsilon$$

与时间序列的情况相似，第二项的期望值并不等于 0，因此 OLS 估计是有偏的。[①]

渐近地，OLS 估计量的一致性取决于以下两个条件：

$$plim\ N^{-1}(y_L'y_L) = Q，一个有限非奇异矩阵$$
$$plim\ N^{-1}(y_L'\varepsilon) = 0$$

尽管可以对 ρ 值和空间权重矩阵的结构施加适当的约束来满足第一个条件，但是在空间情况下第二个条件不成立。事实上：

$$plim\ N^{-1}(y_L'\varepsilon) = plim\ N^{-1}\varepsilon'W(I-\rho W)^{-1}\varepsilon$$

该空间权重矩阵采用这种表现方式会导致误差项为二次形式。因此，除了在 $\rho = 0$ 这一常见情况外，该表达式的 $plim$ 不会等于 0。

因此，无论误差项的性质如何，OLS 估计都会使空间模型的参数有偏并且不一致。

二　存在空间残差自相关时的 OLS

空间残差自相关对于 OLS 估计性质的影响更符合时间序列的结果。由于扰动方差矩阵的非对角结构，参数估计仍会是无偏的，但是无效。

我们可以认为空间模型是线性回归模型的一个特例，该回归模型的误差项具有基本的参数化方差矩阵。因此，可以运用 OLS 和 GLS 的常见性质。然而，在该空间情况下，空间依赖的多方向性将限制 EGLS（广义最小二乘估计）过程的类型，并会出现估计一致。特别是适用在序列自相关和异方差情况下使用的两步 EGLS 程序。

基于先前章节讨论的结果，如果将其运用在含有回归残差的空间自回归结构中，那么就无法运用最小二乘法获得对自回归参数的一致估计。

---

① 与时间序列情况一样，这由逆项的复杂随机性所致。每个观测点通常包含 $y's$ 函数（因此是 ε）等元素，以作为函数的结果，其不会与 ε 相关联。此外，如果在时间序列 $E[y_L'\varepsilon] = 0$ 中没有序列残差相关项，那么在空间中就不会存在这种情况。事实上，在空间模型 $E[y_L'\varepsilon] = E\{[W \cdot (I-\rho W)^{-1}\varepsilon]'\varepsilon\}$ 中，只有一项为 0，即 $\rho = 0$。

因此，类似于著名的科克伦·奥克特（Cochrane Orcutt）程序就不适用于简单的空间模拟。[1]

笔者将在第八章中详细地探讨此问题。

第二节　最大似然估计

考虑到空间依赖性模型中最小二乘估计量的不适当性，最大似然方法成为关注的焦点。Whittle（1954）和 Mead（1967）使用最大似然法并将其用于推导空间自回归和空间移动平均模型，Cliff 和 Ord（1973），Ord（1975），Hepple（1976），Hordijk 和 Paelinck（1976），Haining（1978a，1978c，1978d），Brandsma 和 Ketellapper（1979a），Anselin（1980），Doreian（1982），Cook 和 Pocock（1983），Blommestein（1985），以及其他一些人也曾使用这一方法。[2]

接下来，笔者会概要介绍通用模型的 ML 估计量及相关渐近方差矩阵的推导。该模型包括空间滞后因变量、扰动项中的空间自回归，即特定形式的异方差。在进行详细推导前，笔者首先简要说明基本模型中 ML 估计量的标准属性。

一　存在空间滞后因变量时 ML 估计量的性质

通常假设最大似然估计量的渐近性适用于具有空间滞后因变量的模型，并且无须太多考虑。然而事实并非如此，在 Bates 和 White（1985），Heijmans 和 Magnus（1986a，1986b，1986c）的研究中已经推导出当 ML 估计量用于依赖观测对象时，它所应具有的一致性、有效性和渐近正态

① 这与 Hordijk（1974）早些的一些结论形成对比。关于这一点，Anselin（1981）进行了更为严谨的论证。

② 正如本章引言中所指出的那样，Cliff 和 Ord（1981）、Ripley（1981）、Upton 和 Fingleton（1985）已经详细讨论过这些方法。同时也可参见 Anselin（1980）关于该问题的详细描述，其中包括对空间自回归模型的最大似然估计的推导。

性等标准条件。

一般来说，这些条件[1]都可以归结于以下要求：在考虑范围的参数值具有对数似然函数值（即非退化对数似然函数值）；对数似然函数值具有连续可微性（对于二阶或者三阶而言，并且是用于实值邻域中的参数值）；各种偏导数的有界性；存在正定性和（或）协方差矩阵的非奇异性；各种二次形式的有限性。[2]

在空间依赖性和空间异质性的设定中，存在一个非常重要的原则，就是：参数的数量应该是固定的，并且与观测对象的数量无关。这是为了避免所谓的偶数参数问题，这也是时空模型中经常出现的一个问题。比如，渐近性处于横截面维度的背景时，不允许存在每个空间单元都拥有一个独立参数来解释自身特征（如虚拟变量）的情况。类似地，如果每个观测对象的空间依赖性都具有自身的距离衰减参数，那么模型就会变得不适用。在实证情况中，由于缺乏自由度，无法满足要求的情况会经常发生。

对于这里所要考虑的空间模型来说，当由自回归系数和权重矩阵共同表示的空间相互作用的结构是非爆炸性时，通常许多条件能够得到满足。形式上，可以通过研究与每个模型相关的雅可比（Jacobian）行列式的性质来评估，比如在简单空间自回归公式中的行列式 $(I - \rho W)$。[3] 笔者会在第六章第二节第三部分详细讨论这个问题。

从实证角度看，在进行深入分析后会发现，在条件未得到满足时，问题表现得更加明显，如非线性优化不收敛、奇异或者出现负定方差矩阵以及数值的上溢或下溢（例如，0除以无限大的值）。

---

① 关于对该问题先前标准的处理方法可参见 Silvey（1961）；Bar-Shalom（1971）；Bhat（1974）；Crowder（1976），这些都基于条件概率框架。然而，只有在最近的文章中才考虑相同性质的情况。该情况与具有滞后因变量和基本误差方差框架的计量模型最为相关。同时也可参见本书第五章中的相关内容。

② 对于假定正态分布情况，更严谨的提法可以参见 Heijmans 和 Magnus（1986c）。这里所呈现的条件可以作为标准框架的组成部分，在框架内可以对所考虑的空间自回归模型进行 ML 估计。

③ 在这里以及本章剩余的部分中，符号 det 代表矩阵的行列式。也可以使用符号"｜ ｜"进行简化。

二 误差项中包含空间效应的线性回归模型的 ML 估计量的性质

在扰动项中，可以将具有空间效应的线性模型视为一般非测量误差协方差矩阵的模型的特例。该模型公式在计量经济学文献中被给予相当大的关注。这个协方差矩阵通常是未知的，并且可用有限参数项表示。在空间模型中，这些通常是指自回归参数、距离衰减参数或与指定异方差形式的变量相关联的系数。

当扰动方差矩阵已知时，熟悉的 GLS 估计就是 BLUE（最优线性无偏估计），同时也是最大似然估计。然而在更现实的情况中，当误差方差的参数基于估计量时，得到的 EGLS（或者可行 GLS）的性质不会立刻显现。计量经济学文献中的研究结果，如 Magnus（1978），Rothenberg（1984a）和 Andrews（1986）表明：在基本条件下，ML 估计量（也可以是其他 EGLS 方法的估计量）能够实现期望属性，如一致性、渐近有效性和渐近正态性。而且在大多数人感兴趣的情况下，对模型常规参数（通常用 β 来表示）中的最终估计值也是无偏的。

规律性的条件与先前章节讨论的条件类似，主要用于保证具有表现良好的似然函数和正定性误差协方差矩阵。对于空间模型而言，这些条件基本上是由空间权重矩阵中的非爆炸性相互作用结构满足的，并且还可以在误差协方差矩阵的对角线元素（即异方差函数中的系数）中施加非负性约束。

三 似然函数和基本模型的雅可比

在第四章第二节中，一般空间过程模型的设定形式为：

$$y = \rho W_1 y + X\beta + \varepsilon \tag{6.3}$$

$$\varepsilon = \lambda W_2 \varepsilon + \mu \tag{6.4}$$

$$\mu \sim N(0, \Omega) \tag{6.5}$$

并且误差协方差矩阵 Ω 的对角线元素可以表示为：

$$\Omega_{ii} = h_i(z\alpha) \qquad h_i > 0 \qquad\qquad (6.6)$$

总之，模型共有 $3 + K + P$ 个未知参数，用向量表示为：

$$\theta = [\rho, \beta', \lambda, \sigma^2, \alpha']' \qquad\qquad (6.7)$$

该模型也可用非线性形式表达，这便于解释相关结果。笔者会使用以下简化形式：

$$A = I - pW_1$$
$$B = I - \lambda W_2$$

结合式（6.3）和式（6.4），可以表示为：

$$Ay = X\beta + \varepsilon \qquad\qquad (6.8)$$

$$B\varepsilon = \mu \qquad\qquad (6.9)$$

同时，因为误差协方差矩阵是对角的，即：

$$E[\mu\mu'] = \Omega$$

存在一个同方差随机扰动向量 ν，如：

$$\nu = \Omega^{-1/2}\mu \qquad\qquad (6.10)$$

或者，可以替代为：

$$\mu = \Omega^{1/2}\nu \qquad\qquad (6.11)$$

在式（6.9）中的扰动项变为：

$$\varepsilon = B^{-1} \cdot \Omega^{1/2}\nu \qquad\qquad (6.12)$$

可用式（6.8）中给出的表达式替代式（6.12）：

$$Ay = X\beta + B^{-1} \cdot \Omega^{1/2}\nu$$

或者，可以替代为：

$$\Omega^{-1/2} \cdot B \cdot (Ay - X\beta) = \nu \qquad (6.13)$$

在非线性表现形式中（即在参数中的非线性），ν 是标准正态和独立误差项的向量。因此，式（6.13）符合非线性模型直接形式的基本表达：

$$f(y, X, \theta) = \nu$$

其中，f 是一个由 y、X 和参数 θ 向量组成的基本非线性函数，ν 是一个误差项。

尽管误差项 ν 有一个表现良好的联合分布，但是该分布无法通过观测得出，并且似然函数必须基于 y。因此，有必要引入雅可比行列式的概念，它允许通过式（6.13）的函数关系表达，从得出误差项 ν 的联合分布中导出 y 的联合分布。

雅可比可使随机变量 ν 的向量转换成随机变量 y 的向量：

$$J = \det(\partial \nu / \partial y)$$

通过使用式（6.13），可变成：

$$|\Omega^{-1/2} \cdot B \cdot A| = |\Omega^{-1/2}| \cdot |B| \cdot |A| \qquad (6.14)$$

基于误差项 ν 的一个联合标准正态分布，并且通过使用式（6.14）可获得观测对象 y 的联合向量的对数似然函数：

$$L = -(N/2) \cdot \ln(\pi) - (1/2) \cdot \ln|\Omega| + \ln|B| + \ln|A| - (1/2)\nu'\nu \qquad (6.15)$$

并且：

$$\nu'\nu = (Ay - X\beta)' B' \Omega^{-1} B \cdot (Ay - X\beta) \qquad (6.16)$$

其可作为正确转化后的误差项的平方和。

式（6.15）中似然函数的最大化等于平方（变换后）误差之和的最小化，并对雅可比行列式进行校正。该校正在 A 和 B 的空间项中进行，使最小二乘估计量不等于 ML 估计量。两个估计量之间的差异在很大程度上取决于两个决定因素的大小。尤其是对于标准权重矩阵 W_1 或 W_2，或

者 $\rho \rightarrow +1$ 与 $\lambda \rightarrow +1$ ，这时，该调整会变得无限大。[1]

如果对数似然函数的基本部分包括误差项的二次形式，那么这可能导致优化问题出现。式（6.15）中的决定因素 $|\Omega|$、$|A|$ 和 $|B|$ 可能也会在这方面引起问题。事实上，只有在对数似然函数的规律性条件能够得到满足时，ML 估计的渐近性才会成立。在当前情况下，A 和 B 都可能导致出现特定参数值的爆炸行为，并且 Ω 可能无法正定。[2]

因此必须确保雅可比满足以下基本条件：

$$|\Omega^{-1/2} \cdot A \cdot B| > 0 \qquad (6.17)$$

它由部分条件满足：[3]

$$|I - \rho \cdot W_1| > 0 \qquad (6.18)$$

$$|I - \lambda \cdot W_2| > 0 \qquad (6.19)$$

$$h_i(z\alpha) > 0, \forall i \qquad (6.20)$$

限制条件在随机系数模型（也可参见第九章第四节第一部分）中常见。式（6.18）和式（6.19）可以对空间自回归系数的值采取限制。对于标准化的权重矩阵，这通常意味着参数应该小于 1。[4]

四　一般模型中 ML 估计的一阶条件

通过参数向量求对数似然函数即式（6.15）的偏导，即可获得式

---

[1] 在一阶空间自回归模型 $y = \rho W + \varepsilon$ 中的雅可比是 $\det(I - \rho W)$。Griffith（1980）和 Ord（1981）已经详细解释了它的性质，并说明了规则晶格结构中的相关权重矩阵的特性。

[2] 基于有关标准权重矩阵的基本模型设定，参数化后的 A、B 和 Ω 会产生表现良好的推导。然而，对于更多的基本设定，如把非线性距离衰减函数作为空间权重，还应检查满足连续可微对数似然存在所需的条件。

[3] 应该标明式（6.18）至式（6.20）不需要共同成立就可满足式（6.17）。它们已经足够了，但是这过于严格。

[4] Ord（1975）已经根据它们的特征值，推导出如行列式 $|A|$ 和 $|B|$ 的简化形式，更详细地说，这是与 i 中（$1 - \rho \cdot \omega_i$）的乘积，其中 ω_i 是 W 的特征值。因此，规律性条件可以表达为这些特征值。尽管通常认为 $-1 < \rho < 1$，但是 Anselin（1982：1025）中有一个更精确的不等式，即 $-(1/\omega_{\max}) < \rho < +1$，其中，$\omega_{\max}$ 是 W（绝对值）的最大负特征值。

（6.13）中 ML 估计量的一阶条件。这涉及对烦琐但非常简单的矩阵微积分运用，本章附录 1 对此进行了详细讨论。

一阶偏导数的结果向量，即分数向量被设为 0，并且需要对参数值进行求解：

$$d = (\partial L / \partial \theta) = 0$$

d 中的元素有：[①]

$$\partial L / \partial \beta = \nu^{\cdot} (\Omega^{-1/2} \cdot B \cdot X) \tag{6.21}$$

$$\partial L / \partial \rho = - tr A^{-1} W_1 + \nu^{\cdot} \Omega^{-1/2} \cdot B \cdot W_1 \cdot y \tag{6.22}$$

$$\partial L / \partial \lambda = - tr B^{-1} W_2 + \nu^{\cdot} \Omega^{-1/2} \cdot W_2 \cdot (Ay - X\beta) \tag{6.23}$$

$$\partial L / \partial \alpha_p = - (1/2) tr \Omega^{-1} \cdot H_p + (1/2) \nu^{\cdot} \Omega^{-3/2} \cdot H_p \cdot B \cdot (Ay - X\beta) \tag{6.24}$$

显然，该高度非线性方程组没有解析解，需要用数值方法求解。对于通用设定即式（6.13）中包含的特殊空间模型，也就是一阶空间自回归和混合回归自回归模型，以及具有空间自回归误差的线性回归模型，这并不太复杂。事实上，部分一阶条件有解决方法可以被用于构建集中的似然函数，其中只有一个参数是非线性的。[②] 同样，仅存在异方差的情况会导致出现不太复杂的非线性优化问题。[③] 笔者将在第十二章第一节中更加详细地讨论各种最大似然估计量的操作工具。所有估计量和检验的实证案例都会列示在第十二章第二节。

---

① 在以下符号中，tr 代表一个矩阵的迹；α_p 代表向量 α 的第 p 个元素，其中，$p = 0,1,\cdots,P$；H_p 代表元素为 $\partial h / \partial \alpha_p$ 的对角矩阵，其中 h 是函数 $h(z\alpha)$，或者更直白地说是 $(\partial h / \partial s) \cdot z_p$，其中 $s = z\alpha$ 和 z_p 是 z 向量的第 p 个元素。

② 有关该特殊模型的更详细结果可参见 Ord（1975）；Anselin（1980）；Cliff, Ord（1981）；Upton, Fingleton（1985）。

③ 关于随机系数模型的估计可参考特定文献，如 Swamy（1971）；Raj, Ullah（1981）；Amemiya（1985）。

五 一般模型的渐近方差矩阵

在基本的规律性条件下，ML 估计可作为式（6.21）至式（6.24）的解并且是渐近有效的，同时这意味着它们满足由信息矩阵的逆给出对于 Cramer-Rao 方差下界的要求：

$$[I(\theta)]^{-1} = -E[\partial^2 L/\partial\theta\partial\theta^{\cdot}]^{-1}$$

通过对参数向量 θ 中的元素进行二阶微分求导，可以推导出信息矩阵中的元素。并且通过使用式（6.4）和式（6.9）至式（6.12）中给出的扰动项结构可以推导出相关期望值。更详细的推导过程参见本章附录 2。

通过多个参数的组合，可以获得以下结果：

$$I\beta\beta^{\cdot} = X^{\cdot}B^{\cdot}\Omega^{-1}BX \tag{6.25}$$

$$I\beta\rho = (BX)^{\cdot}\Omega^{-1} \cdot B \cdot W_1 \cdot A^{-1} \cdot X\beta \tag{6.26}$$

$$I\beta\lambda = 0 \tag{6.27}$$

$$I\beta\alpha^{\cdot} = 0 \tag{6.28}$$

$$I\rho\rho = tr(W_1 \cdot A^{-1})^2 + tr\Omega \cdot (B \cdot W_1 \cdot A^{-1} \cdot B^{-1})^{\cdot}\Omega^{-1}(B \cdot W_1 \cdot A^{-1} \cdot B^{-1}) +$$
$$(B \cdot W_1 \cdot A^{-1} \cdot X\beta)^{\cdot}\Omega^{-1}(B \cdot W_1 \cdot A^{-1} \cdot X\beta) \tag{6.29}$$

$$I\rho\lambda = tr(W_2 \cdot B^{-1})^{\cdot}\Omega^{-1} \cdot B \cdot W_1 \cdot A^{-1} \cdot B^{-1} \cdot \Omega + trW_2 \cdot W_1 \cdot A^{-1} \cdot B^{-1} \tag{6.30}$$

$$I\rho\alpha_p = tr\Omega^{-1} \cdot H_p \cdot B \cdot W_1 \cdot A^{-1} \cdot B^{-1} \tag{6.31}$$

$$I\lambda\lambda = tr(W_2 \cdot B^{-1})^2 + tr\Omega \cdot (W_2 \cdot B^{-1})^{\cdot}\Omega^{-1} \cdot W_2 \cdot B^{-1} \tag{6.32}$$

$$I\lambda\alpha_p = tr\Omega^{-1} \cdot H_p \cdot W_2 \cdot B^{-1} \tag{6.33}$$

$$I\alpha_p\alpha_q = (1/2)tr\Omega^{-2} \cdot H_p \cdot H_q \tag{6.34}$$

渐近方差矩阵通过将 ML 估计量替换为式（6.25）至式（6.34）中

的参数并采用信息矩阵的逆获得。由于该矩阵的维度是 $3 + K + P$，因此没有合适的解析解。[①]

然后可以将估计的渐近方差矩阵作为各种假设检验的基础。笔者会在下一节中讨论。

第三节　基于最大似然原理的假设检验

从空间过程模型的估计中广泛运用最大似然法这一做法来看，对这些模型参数的大多假设检验出于对渐近的考虑。有三个熟悉的渐近检验原理，即 Wald 检验、似然比检验和拉格朗日乘数检验，前面两个检验在空间计量学中被广泛关注。有时也会涉及拉格朗日乘数检验，但是很少使用它。

空间模型中的大多推断基于 Wald 检验或者似然比检验，就像 Cliff 和 Ord（1973，1981），Brandsma 和 Ketellapper（1979b），Anselin（1980），Upton 和 Fingleton（1985）所强调的那样。Burridge（1980，1981）提出其他检验方法，Anselin（1988a）运用一种基于 LM 原理的综合方法。

与 ML 估计时可广泛运用处理方法相反，许多检验方法的性质并未在空间计量文献中被关注。此外，对于该问题的讨论通常是不精确的，并且它们没有过多考虑在有限样本中检验这些性质。因此在本章中，笔者将更深层次地讨论这个问题。重点将放在对模型参数的一般函数形式的检验假设上。在线性回归模型的误差项中对空间效应的特定处理将在第八章中进行讨论。

---

① 在该文献中，对空间过程模型中参数的渐近方差矩阵的估计没有统一操作。该方差矩阵通常通过样本等价物来估计，而不是必须基于二阶偏导的期望值进行直接推导。此外，有时在许多矩阵的迹中也会引入一些无效简化假设。比如，在 Bivand（1984：32）中，它表明一个空间混合自回归模型 $tr\ (W_1A^{-1})^2 = tr\ (W_1A^{-1})'(W_1A^{-1})$。正如 Anselin（1988a）所阐述的那样，除非权重矩阵是对称的（它们不在 Bivand 的例子中），否则该条件将不成立。更多实证应用的例子可参见第十二章第二节。

一 一般原理

Wald、似然比和拉格朗日乘数检验都是基于最大似然估计中的最佳性质，更确切地说，这些性质来自估计值和估计函数的渐近正态性。[①]

参数 θ 向量的 ML 估计可正式表达为 h，即：

$$N^{1/2}(h - \theta) \to N[0, \lim_{N \to \infty} (I(\theta)/N)^{-1}]$$

在上述分布中，估计值和总体参数间的差异会收敛于一个以零向量作为平均值的正态分布，并且该分布的方差等于信息矩阵的逆。

大多数假设检验可以公式化为对模型参数的函数检验：

$$H_0 : g(\theta) = 0$$
$$H_1 : g(\theta) \neq 0$$

其中，g 是参数向量 θ 中的一个 q 维线性或者非线性矩阵函数。为方便起见，它包括对单个系数的显著性检验。在这种情况下，函数 g 简化为系数向量，在其他位置则用 0 表示。

在一般空间模型中，关注点在于自回归过程的显著性（如 $H_0 : \rho = 0$ 和 $H_0 : \lambda = 0$）、回归参数 β，以及对异方差表现形式的检验（如 $H_0 : \alpha = 0$）。

概括而言，这三种渐近检验方法都基于不受限制的估计，以及满足零假设约束条件（即限制估计）之间距离的不同度量。比如，如果参数 θ 向量被划分为 $\theta' = [\theta'_1 \mid \theta'_2]$，则零假设可以用以下形式表示：

$$H_0 : \theta_1 = 0$$

一个约束估计（θ_R）将包括对 θ_2 的估计，并且将 θ_1 中的所有参数设为 0。非约束估计就是基本的全向量 θ。接下来会对基于完全向量 θ 与约束估计 θ_R 间的测量差距进行检验。直观来看，如果两种结果间的差异

---

① 也可参见第五章第二节的相关讨论，以及先前章节关于 ML 估计性质的处理方法。

不是太大，则该约束条件不成立，因此就会拒绝零假设。

检验约束和非约束估计值间差异的方式也会影响各种检验所需的估计类型。当 Wald 检验需要对完整模型进行估计时，就使用非限制参数。当拉格朗日乘数检验限制系数并形成起点时，必须加入零假设，以便更简单地对模型进行估计。当进行似然比检验时，必须同时进行约束和非约束估计。

若想进一步了解这三种检验方法的突出性质和显著特征，则可以在一些文章中找到更为丰富与严谨的讨论，如 Breusch 和 Pagan（1980），Buse（1982），Engle（1982，1984），Davidson 和 MacKinnon（1983，1984）。

较熟悉的三个步骤无疑涉及 Wald 检验，可以用它的基本表达式表示：

$$W = g' \left[G'VG \right]^{-1} g$$

其中，g' 是 q 乘以 1 向量的值，其结果是当对约束条件进行评估时，所得 ML 参数的估计值。G' 是 $(3 + K + P)$ 乘以由微分偏导 $\partial g'(\theta)/\partial\theta$ 构成的 q 矩阵，用于对参数估计进行评估。V 是一个估计渐近方差矩阵，其维度是 $3 + K + P$。

Wald 统计量以具有自由度为 q 的 χ^2 为渐近分布，其中 q 等于约束条件的数量。由于 Wald 检验的平方根对应标准正态变量，因此它近似等于学生氏—t 变量。在检验模型参数的显著性时，Wald 检验通常（尽管有一些误导）被认为是渐近 t 检验。

似然比检验基于非约束（有 θ）和约束（有 θ_R）模型的对数似然性间的差异，即：

$$LR = 2 \left[L(\theta) - L(\theta_R) \right]$$

其中，L 符合对数似然。似然比检验是自由度为 q 的 χ^2 渐近分布。

拉格朗日乘数检验也就是大家所熟知的得分检验，基于优化方法，或者更准确地说，基于对数似然中拉格朗日函数的优化一阶条件：

$$f = L(\theta) + \eta' g(\theta)$$

其中，f 是一个拉格朗日，L 是对数似然，η' 是拉格朗日乘数向量并且对应 q 个约束条件 $g(\theta)$。该检验自身只能用限制系数形式来表示，即基于简化模型中的估计值：

$$LM = d_R'I\,(\theta_R)^{-1}d_R$$

其中，d_R' 是综合模型的得分向量，$\partial L/\partial \theta$ 求导后为 0，即加入了限制条件。$I(\theta_R)$ 是信息矩阵的一致估计量，估计后也为 0。

拉格朗日乘数检验同时也是自由度为 q 的 χ^2 渐近分布。

在大多数人感兴趣的回归情况下，零假设可以转化为忽略变量问题。换言之，由于参数向量可微分为 $\theta' = [\theta_1' \mid \theta_2']$，$H_0$ 可表达为 $\theta_1 = 0$。在这种情况下，对信息矩阵的运算可简化为 θ 分块中的部分逆，并且求导后，其为 0。此外，在大多数情况下，产生的检验统计为回归残差的简单表达式，通常可以用辅助回归中的 R^2 函数表达式来直接表示。然而事实证明，许多简化结果对于空间模型不适用。

尽管这三种检验在有限样本中的表现不同，但它们都可以被认为渐近等价。笔者会在后文更加详细地讨论这个问题。接下来，笔者讲解如何运用基本原理对空间过程模型的参数进行检验。

二　空间过程模型的 Wald 检验

与应用空间计量工作相关的检验可能涉及各个模型系数的显著性，或对完全参数向量联合显著性的相关检验。以下两种情况的参数限制条件都是线性的，这有利于简化 Wald 检验的表达式。

首先以空间模型中空间自回归参数 ρ 的显著性检验为例。相应的限制条件可以表述为：

$$H_0 : [1\ O'] \cdot [\rho, \beta', \lambda, \sigma^2, \alpha']' = \rho = 0$$

其中，O' 是一个 $2 + K + P$ 行零向量。因此，对 ρ 的限制条件求偏导会变成向量 $[1\ O']$，并且 Wald 检验会减少到：

$$W = r \cdot \{ [1 \ O'] V [1 \ O']' \}^{-1} \cdot r$$
$$= r^2 / v_{11} \sim \chi^2(1)$$

其中，r 是对 ρ 的 ML 估计，v_{11} 是在参数方差矩阵中符合 ρ 的对角线的元素。很明显：

$$r / se_{11} \sim N(0,1)$$

其中，se_{11} 是估计标准偏差。

同样，对通用公式中所有模型参数的联合显著性检验将由估计值的平方和除以它们各自的方差组成。该和是自由度为 $3 + K + P$ 的 χ^2 分布。

由模型参数的线性和非线性组合组成的假设扩展可以直接获得。在所有情况下，Wald 检验都需要对完全无约束模型进行估计。

三　空间过程模型的似然比检验

为了对模型参数的显著性进行最大似然比检验，有两个估计量是必不可少的：一个是估算包括相关系数；另一个是估算排除相关系数（即将其约束值设为 0）。

比如，在一般模型中，对自回归参数 ρ 的显著性进行检验基于完整模型的对数似然，而在没有空间滞后因变量模型中的对数似然可像式（6.15）一样表示为：

$$L(\theta) = -(n/2) \cdot \ln(\pi) + \ln | \Omega^{-1/2} \cdot B \cdot A | - (1/2) \nu' \nu$$

该约束对数似然可表示为：

$$L(\theta_R) = -(n/2) \cdot \ln(\pi) + \ln | \Omega_R^{-1/2} \cdot B_R | - (1/2) v' v$$

其中，$\nu' \nu = (y - X\beta_R)' B_R' \Omega_R^{-1} \cdot B_R \cdot (y - X\beta_R)$。

所得的似然比检验不仅包括残差平方和（$v' v$ 和 $\nu' \nu$）间的基本差异，还包括雅可比行列式之间的差异：

$$L_R = (v' v - \nu' \nu) + 2 \{ \ln | \Omega^{-1/2} BA | - \ln | \Omega_R^{-1/2} \cdot B_R | \}$$

这些系数可以分别评估它们的约束和非约束估计值。所得的检验统计量为自由度为 1 的 χ^2 渐近分布，或者说它的平方根近似于标准正态分布。

可以推导出该模型中的其他参数的相似表达式，其就像基本设定形式中所包含的更加简单的模型。

四　空间过程模型的拉格朗日乘数检验

与 Wald 检验和似然比检验相比，拉格朗日乘数检验无须估计更复杂的模型。对于此处所考虑的一般设定形式而言，最小二乘估计就足够满足大多数感兴趣的空间假设。

更详细地说，可以对基本空间模型中的参数向量进行以下形式的划分：

$$\theta' = \left[\rho\lambda\alpha' \mid \sigma^2\beta' \right]$$

其中，α' 已经归一化，所以共同误差方差 σ^2 可以独立。大多数基本空间零假设关于空间依赖（ρ 和 λ）和空间异方差（α'），比如：

$$H_0 : \left[\rho\lambda\alpha' \right] = 0$$

对于该假设的拉格朗日乘数检验可以表示为：

$$LM = d' I^{11} d \sim \chi^2(2 + P)$$

在该表达式中，d' 是含有式（6.21）至式（6.24）元素中的得分向量，并且在零假设下被评估，即 ρ、λ 和 α 被设定为 0，σ^2 和 β 被设定为它们的最小二乘估计（$\sigma^2 = e'e/N$ 作为 ML 估计）。事实上，在 H_0 假设下，基本模型会简化为简单线性回归，$A = B = I$ 和 $\Omega = \sigma^2 I$。

在许多非空间计量学内容中，信息矩阵会在相关系数中拥有分块对角结构，这有利于对区分逆 I^{11} 进行求导。ρ 与 λ（ρ 和 β）估计产生的协方差会在空间背景下排除空间滞后因变量的存在。结果，逆 I^{11} 的表达式会更加复杂。[①]

---

① 然而，正如 Anselin（1988a）所指出的那样，在零假设下，空间依赖和异方差分量间的分块对角线矩阵成立。

正如 Anselin（1988a）所提及的那样，对涉及空间依赖性和空间异质性的零假设进行拉格朗日乘数检验时，对它进行标准求导会产生更复杂的统计量。它由两部分组成：一个是异方差分量，另一个是空间依赖分量。前者用 Breusch 和 Pagan（1979）统计的符号表示为：

$$(1/2) \cdot f'Z (Z'Z)^{-1} \cdot Z'f \sim \chi^2(P) \qquad (6.35)$$

并且：

$$f_i = (\sigma^{-2} \cdot e_i^2 - 1)$$

其中，e_i 是观测对象 i 的最小平方残差，Z 是 N 乘以（$P+1$）矩阵并包含了 z 个观测向量的 z 向量。

对于空间依赖部分的检验不会在序列自相关和动态设定的标准计量中有直接对应的结果。[1] 它的表现形式能够很好地通过以下简化符号来表示：

$$R_y = e'W_1 \cdot y / \sigma^2$$
$$R_e = e'W_2 \cdot e / \sigma^2$$
$$M = I - X (X'X)^{-1} X'$$
$$T_{ij} = tr\{W_i \cdot W_j + W_i' \cdot W_j\}$$
$$D = \sigma^{-2} \cdot (W_1 X\beta)' M \cdot (W_1 X\beta)$$
$$E = (D + T_{11}) \cdot T_{22} - (T_{12})^2$$

其中，R_y 和 R_e 分别等于 y 中回归系数 W_1 的 N 倍和 e 中回归系数 W_2 的 N 倍。后者是 e 的非标准化莫兰统计。

矩阵 M 是线性回归分析中的基本幂等投影矩阵。[2] D 是 X 上 $W_1 X\beta$ 回归（即原始回归变量的空间滞后预测值回归）的 σ^{-2} 倍。其他表达纯粹是出于简化符号原因而被引入的。

---

[1] 可以参见标准计量方法的概要，如 Breusch，Godfrey（1981）；Pagan，Hall（1983）。
[2] 参见 Cliff，Ord（1981）。在 Anselin（1982）和 Bivand（1984）中也称该系数为 R_{01}。

最终，拉格朗日乘数检验的空间依赖性可以表示为：

$$LM = E^{-1}\{(R_y)^2 \cdot T_{22} - 2 \cdot R_y \cdot R_e \cdot T_{12} + (R_e)^2 \cdot (D + T_{11})\}$$

$$(6.36)$$

并且产生的检验统计近似于自由度为 2 的 χ^2 渐近分布。

在空间权重矩阵 W_1 和 W_2 相同的情况下可以将上述复杂的表达式简化为：

$$T_{11} = T_{12} = T_{22} = T = \mathrm{tr}\{(W^{\cdot} + W) \cdot W\}$$

最终表达式为：

$$D^{-1} \cdot (R_y - R_e)^2 + (1/T)(R_e)^2 \qquad (6.37)$$

在式（6.37）中的第二个元素是对空间残差自回归（像 $\chi^2(1)$ 的渐近分布）的拉格朗日乘数检验，如 Burridge（1980）所提及的那样。

空间依赖性和空间异质性的完整检验统计量是式（6.36）和式（6.35）或者式（6.37）和式（6.35）之和，其渐近分布为 χ^2，自由度为 $2 + P$。由于拉格朗日乘数统计量中异方差和残余空间自回归因素都对应针对特定形式错误所进行的单向检验，因此人们可能会怀疑第一项对应省略变量 Wy 进行的单向检验。然而，事实并非如此。在 Anselin（1988a）中，相应的统计为自由度为 1 的 χ^2 分布，可表示为：

$$(R_y)^2 \cdot (D + T)^{-1} \qquad (6.38)$$

与 Jarque 和 Bera（1980）与 Bera 和 Jarque（1982）对联合异方差与相关序列进行的检验所得的结果相反，对单向检验的加总不能等同于整体检验。由于空间滞后因变量的存在，对 ρ 和 λ 二者的估计存在复杂的相互作用。该相互作用源于因变量中的空间自回归过程和扰动的空间过程之间的结构关系。

式（6.35）至式（6.37）可以成为各种单向检验的基础。这些检验都不需要进行非线性估计，并可在具有一定矩阵处理能力的传统回归软

件包中非常容易实现。第十二章第二节的实证应用提供了可以利用这种
方式构造各种检验模型的完整说明。

此外，这种通用框架可以被用于一些特殊情况，即可以通过将参
数的某些组合设置为零先验，也可以将其合并到估计过程中。在后一
种情况下，估计会变得更加复杂。第八章第一节讨论了两个对空间分
析特别感兴趣的特殊情况，它们主要处理线性回归模型的误差项中的
空间效应。

五 有限样本的考虑因素

Wald、似然比和拉格朗日乘数检验都是渐近等价的。可是在有限样
本中，这些检验方法通常会产生不同的值，而且有时候无法清楚解释它
们之间明显的差异。[1] 在计量经济学中，这个问题已经被广泛关注，尤其
是对线性回归模型中参数的线性约束条件进行检验。

一般而言，统计检验的值符合以下有限样本的不等式：

$$W \geqslant LR \geqslant LM$$

因此，在小数据集中，如果不加批判地使用较大的 Wald 统计值，
则将导致更频繁地拒绝零假设，拉格朗日乘数检验会变得更加保守。
但是这个不等式可能会产生误导，在某种程度上，它可能不会揭示检
验间的效度差异（比如，由于 Wald 检验会多次拒绝原假设，因此它的
检验效度可能更强），而揭示大小的差异（比如显著性水平或者误差类
型 I 的概率）。在进行适当的大小修正后，就没有统一并且检验效度大
的检验。[2]

---

[1] 这是在进行 LM 检验时，对信息矩阵估计所面临的不确定性问题的补充。在大多数情况
下，该矩阵可以通过许多不同的方式估计，如基于期望值或者样本等价物。关于对该问
题的回顾，可以参见 Davidson，MacKinnon（1983）。

[2] 当仅检验单个约束条件时，对大小进行适当修正会使检验之间的效度相等。而对于多个
约束条件而言，该检验结果是不明显的。若想获得更多有关此问题的讨论，可参见本章
所列举的参考文献。

相关学者在经典线性回归模型背景下提出多种校正方法，如 Savin（1976），Berndt 和 Savin（1977），Breusch（1979），Evans 和 Savin（1982a），Rothenberg（1982）。滞后因变量包含在 Evans 和 Savin（1982b）中，而基本非球面分布矩阵由 Rothenberg（1984b）给出。这些校正通常以观测对象的数量和自由度进行，并且大多数基于一个复杂的渐近近似，如 Edgeworth 近似。[①]

尽管这些结果都涉及空间建模形式，比如一般非标量协方差，但在针对基本空间模型实现这种有限样本方法的扩展之前，仍有许多问题需要解决。

总之，当在解释有限样本中的渐近检验所给出的指标时，必须严谨全面。可通过一些相当特别的假设修正，进一步了解结论（至少在定性意义上）的灵敏度。一种方法是对误差方差使用无偏估计，而不是更乐观（更小）的 ML 估计。换言之，可以将 σ^2 估计为 $e'e$ 除以自由度（$N - K$），而非除以（较大）自由度 N。另一种方法是使用 F 统计量表示的显著性水平（其中 q 是约束条件的数量，自由度为 $N - K$），这是关于 LM/q 或者 W/q 的检验，而不与渐近 $\chi^2(q)$ 统计相关联。[②]

这些方法相当简单且易于实现，但是还未解决关于许多检验相对威力的影响问题，并且对空间计量学感兴趣的情况仍有待研究。

---

① 可参见 Sargan（1976）；Phillips（1977，1982）；Serfling（1980）。对于这些步骤中相关性和有用性的批判性观点，可以参见 Taylor（1983）的理论回顾，以及 Kiviet（1985，1986）中提及的广泛的蒙特卡罗模拟。

② 这是基于 $F(q, N - K)$ 统计到 $\chi^2(q)/q$ 分布中的渐近收敛。此外，当零假设只包含一个约束条件时，该显著性水平可以基于一个更保守的学生氏—t 变量（自由度为 $N - K$），而不是标准正态。

附录 1　矩阵微积分中一些有用的结果

在该附录中，笔者会讲解一些矩阵微积分中的有用元素，这些元素对于本章所考虑的一般空间过程模型导出分数矢量和信息矩阵是必需的。

为了便于说明，在本章第二节，笔者根据所需的具体操作安排讨论。更多有关矩阵微积分的讲解可以参见 Neudecker（1969），Rogers（1980），Magnus 和 Neudecker（1985，1986），以及一些计量经济学文章，如 Theil（1971），Pollock（1979），Judge 等（1985）和 Amemiya（1985）。

正在考虑中的对数似然函数可以用式（6.15）表示为：

$$L = -(N/2) \cdot \ln(\pi) - (1/2) \cdot \ln|\Omega| + \ln|B| + \ln|A| - (1/2)\nu'\nu$$

并且：

$$\nu = \Omega^{-1/2}B \cdot (Ay - X\beta)$$

为了推导出参数向量中各元素表达式的一阶偏导数，需要对行列式的自然对数进行求导，以用于处理有关它们参数的 $|\Omega|$、$|A|$ 和 $|B|$。同时，矩阵乘积和二阶偏导数的规则必须被多次应用，以获取关于每个参数的 $\nu'\nu$ 项部分的结果。在信息矩阵推导过程中，需要对用标量矩阵的逆求偏导。

以下列明了许多相应的规则，并在本章第二节中举例说明为得到这些结果所需要进行的推导。

$$
\begin{aligned}
\partial(\rho W_1)/\partial\rho \quad &= W_1 \\
\partial A/\partial\rho \quad &= \partial(I - \rho W_1)/\partial\rho \\
&= \partial I/\partial\rho - \partial(\rho W_1)/\partial\rho \\
&= -W_1
\end{aligned}
$$

$$\partial \ln |A| / \partial \rho \quad = tr A^{-1} \cdot \partial A / \partial \rho$$
$$= tr A^{-1} \cdot (-W_1)$$

$$\partial v / \partial \rho \quad = \partial [\Omega^{-1/2} \cdot B(Ay - X\beta)] / \partial \rho$$
$$= \Omega^{-1/2} \cdot B \cdot [\partial A / \partial \rho] \cdot y$$
$$= \Omega^{-1/2} \cdot B \cdot (-W_1) \cdot y$$

$$\partial v'v / \partial \rho \quad = v'(\partial v / \partial \rho) + (\partial v' / \partial \rho) \cdot v$$
$$= 2v'(\partial v / \partial \rho)$$
$$= 2 \cdot \Omega^{-1/2} \cdot B \cdot (-W_1) \cdot y$$

$$\partial A^{-1} / \partial \rho \quad = -A^{-1} \cdot (\partial A / \partial \rho) \cdot A^{-1}$$
$$= -A^{-1} \cdot (-W_1) \cdot A^{-1}$$
$$= A^{-1} \cdot W_1 \cdot A^{-1}$$

$$\partial tr(A^{-1}W_1) / \partial \rho = tr[\partial A^{-1}W_1 / \partial \rho]$$

附录 2 基本模型中信息矩阵的元素推导

基本模型中信息矩阵的元素推导的第一步已在本章中讨论，其中包括对参数向量 θ 元素中的对数似然的第二部分进行求导。附录 1 产生一个相当简单但单调的并且关于矩阵微积分原理的应用。

对于对角线元素，有：

$$\partial^2 L / \partial\beta\partial\beta' = -X'B'\Omega^{-1}BX$$

$$\partial^2 L / \partial\rho^2 = -tr(A^{-1}W_1A^{-1}W_1) - (BW_1y)'\Omega^{-1}BW_1y$$

$$\partial^2 L / \partial\lambda^2 = -tr(B^{-1}W_2B^{-1}W_2) - [W_2(Ay - X\beta)]'\Omega^{-1}W_2(Ay - X\beta)$$

对于交叉乘积项，有：

$$
\begin{aligned}
\partial^2 L / \partial\beta\partial\rho &= \partial^2 L / \partial\rho\partial\beta' \\
&= -(BX)'\Omega^{-1}BW_1y \\
\partial^2 L / \partial\beta\partial\lambda &= \partial^2 L / \partial\lambda\partial\beta' \\
&= -(BX)'\Omega^{-1}W_2(Ay - Xb) - \nu'\Omega^{-1/2}W_2X \\
\partial^2 L / \partial\beta\partial\alpha_P &= \partial^2 L / \partial\alpha_P\partial\beta' \\
&= -(1/2)(BX)'\Omega^{-2}H_pB(Ay - X\beta) \\
&\quad - (1/2)\nu'\Omega^{-3/2}H_pBX \\
\partial^2 L / \partial\rho\partial\lambda &= \partial^2 L / \partial\lambda\partial\rho \\
&= -[W_2(Ay - X\beta)]'\Omega^{-1}BW_1y - \nu'\Omega^{-1/2}W_2W_1y \\
\partial^2 L / \partial\rho\partial\alpha_p &= \partial^2 L / \partial\alpha_p\partial\rho \\
&= -(1/2)(BW_1y)'\Omega^{-2}H_pB(Ay - X\beta) \\
&\quad - (1/2)\nu'\Omega^{-3/2}H_pBW_1y \\
\partial^2 L / \partial\lambda\partial\alpha_p &= \partial^2 L / \partial\alpha_p\partial\lambda \\
&= -(1/2)[W_2(Ay - X\beta)]'\Omega^{-2}H_pB(Ay - X\beta) \\
&\quad - (1/2)\nu'\Omega^{-3/2}H_pW_2(Ay - X\beta)
\end{aligned}
$$

$$\partial^2 L/\partial\alpha_P\partial\alpha_q = (1/2)tr\Omega^{-2}H_pH_q - (1/2)tr\Omega^{-1}H_{pq}$$
$$- (1/4)[B(Ay - X\beta)]'\Omega^{-3}H_qH_pB(Ay - X\beta)$$
$$- (3/4)\nu'\Omega^{-5/2}H_qH_pB(Ay - X\beta)$$
$$+ (1/2)\nu'\Omega^{-3/2}H_{pq}B(Ay - X\beta)$$

为了获得期望值，可以使用下面有关误差项之间的定义和关系：

$$\varepsilon = Ay - X\beta$$
$$\mu = B(Ay - X\beta) = B\varepsilon$$
$$\nu = \Omega^{-1/2}B(Ay - X\beta) = \Omega^{-1/2}\mu = \Omega^{-1/2}B\varepsilon$$

就期望值而言，它会遵循：

$$E[\varepsilon] = E[\mu] = E[\nu] = 0$$
$$E[\varepsilon\varepsilon] = B^{-1}\Omega B'^{-1}$$
$$E[\mu\mu'] = \Omega$$
$$E[\nu\nu'] = I$$

并且对于 y：

$$y = A^{-1}X\beta + A^{-1}B^{-1}\Omega^{1/2}\nu = A^{-1}X\beta + A^{-1}B^{-1}\mu$$
$$E[y] = A^{-1}X\beta$$
$$E[yy'] = (A^{-1}X\beta)(A^{-1}X\beta)' + A^{-1}B^{-1}\Omega B'^{-1}A'^{-1}$$

在求偏导上运用这些性质，再加上合理的迹运算符，将得出式（6.25）至式（6.34）所给出的信息矩阵的元素，比如，正被考虑的 $-E[\partial^2 L/\partial\rho^2]$。第一项是非随机的，并且没有问题。第二项中引入了迹的运算，因此 y 中的二次形式表达式同时也是标量。结果为：

$$E[(BW_1y)'\Omega^{-1}(BW_1y)] = E[tr(BW_1y)'\Omega^{-1}(BW_1y)]$$
$$= E[tr(W_1'B'\Omega^{-1}BW_1)(yy')]$$
$$= tr\{(W_1'B'\Omega^{-1}BW_1) \cdot E[yy']\}$$

通过将结果替换为该表达式中的 $E[yy']$，可以以一种直接的方式获得最终结果。

第七章　空间过程模型的其他估计方法

迄今为止，在空间过程模型中，估计和假设检验的最大似然方法是众所周知的方法框架。此外，在大多数空间计量文献中，最大似然法是唯一被考虑和利用的方法，然而我们可以提出一些替代方法来避免发生与 ML 估计相关的一些问题。具体来说，非线性优化和限制性参数框架的数值复杂性是本章所要讨论的技巧方法，笔者试图以更令人满意的方式来处理这些问题。

本章将详细讲述三种替代方法：工具变量估计、贝叶斯方法、稳健估计方法。尽管这些方法已经在标准计量经济学中得到广泛应用，但它们在空间模型中的应用相当有限。因此在接下来的讨论中，笔者会在空间背景下特别强调这些方法的相关概念及相关内容。鉴于这些方法在空间计量中的运用经验有限，笔者将概述一些有关迄今为止尚未完全被解决的问题的研究方向。

第一节　空间过程模型中的工具变量估计

就许多方面而言，工具变量估计方法与最大似然法有着相似的渐近性质，并且在数值上更容易获得。尽管具有这些吸引人的特性，但几乎没能将工具变量估计方法应用于空间模型。

空间计量文献中所讨论的工具变量估计方法非常少。Haining（1978a）和 Bivand（1984）认为它是一种用于纯一阶空间自回归设定中的估计方法。然而，该方法并未在其他研究中得到实际应用。此外，本章所讨论的一阶自回归规范在实证工作中的运用也相当受限。[①]

Anselin（1980，1984a）描述了更为基本的框架并且进行了实证阐述。该框架侧重于在具有空间滞后因变量的模型中有效地实现对工具变量的估计。在不包含潜在异方差的前提下，所考虑的模型是第四章中通用形式的特殊情况。

在本章中，笔者将详细地讨论在空间建模中运用工具变量（IV）方法的后果。由于 Cliff 和 Ord（1981）与 Upton 和 Fingleton（1985）并未解释该方法的类型，因此对于空间计量学家来说这可能不太重要。笔者将在核心问题上详细阐述一般方法论问题，同时概述 IV 方法在特殊空间方面的应用。

本节包含三个部分。首先笔者会概述工具变量方法背后的基本原理，以及在具有空间滞后因变量的模型下，工具变量方法的属性和限制。其次，笔者会考虑两种空间混合自回归模型的应用问题：一种设定形式是具有常规误差项，另一种设定形成则包括扰动项中的空间依赖性。最后，介绍对含有空间滞后因变量和空间自回归误差项的模型的估计。

一　一般原理

正如第六章第一节第一部分指出的那样，在空间滞后因变量模型中进行 OLS 估计之所以会失败，主要是因为空间变量和误差项具有相关性（关于期望值与渐近性）。与时间序列相关情况相反，这种相关性与误差项的性质无关。该情况类似于联立方程组中的参数估计，其中内生变量和误差项的依赖性是使 OLS 估计缺乏一致性的根源所在。

直观来看，该工具变量方法基于一系列工具 Q 的存在，它们与原始变量 $Z = [y_L, X]$ 强烈相关，但是与误差项渐近不相关：

[①] Hordijk 和 Nijkamp（1977，1978）建议在时空环境下使用工具变量估计法。但是他们在实际操作该方法时只涉及时间领域。同时 Fisher（1971）也提到该方法，尽管他没有在空间应用中使用该方法。

$$plim(1/N)Q^{'}\varepsilon = 0 \tag{7.1}$$

并且：

$$plim(1/N)Q^{'}Z = M_{QZ} \tag{7.2}$$

一个非奇异有限矩阵为：

$$y = [y_L, X]\theta + \varepsilon = Z\theta + \varepsilon \tag{7.3}$$

在式（7.3）的两边同时乘以（1/N）倍的工具矩阵 $Q^{'}$，可得：

$$(1/N)Q^{'}y = (1/N)Q^{'}Z\theta + (1/N)Q^{'}\varepsilon$$

运用式（7.1）、式（7.2）所假定的渐近性质，利用该表达式可以求解参数 θ，这会产生工具变量估计 θ_{IV}。因此，它可以表示为：

$$plim(1/N)Q^{'}y = plim(1/N)Q^{'}Z\theta + 0$$

对于 θ 的估计遵循：

$$\theta_{IV} = [Q^{'}Z]^{-1}Q^{'}y \tag{7.4}$$

假设矩阵 $Q^{'}Z$ 是可逆的，然而，在大多数人感兴趣的情况下，工具（Q）的数量远比模型中参数的数量多，因此无法定义。

更为严谨的方法是基于工具变量估计的矩阵解释方法，它通常被视为一个基本优化问题。[①] 特别地，IV 估计量会被认为是等式方程中的解，可表示为：

$$Q^{'}(y - Z\theta) = 0$$

通常情况下，Q 的维度比 Z 大（即工具比变量多），并且不存在特定的方法。因此，与估计时运用最小二乘法相似，该问题可以公式化为从 0 开始的最小化二次距离，用符号 S 表示为：

$$\min\varphi(\theta) = (y - Z\theta)^{'}Q \cdot S \cdot Q^{'}(y - Z\theta)$$

---

① 有关这些问题详细而严谨的处理方法，可以参见 Sargan（1958）；Gallant，Jorgenson（1979）；Hansen（1982）；Bowden，Turkington（1984）；White（1984）。

具有吸引性质的 S 的一个特殊选择是 $S = (Q'Q)^{-1}$ ，它产生以下最小化问题：

$$\min \varphi(\theta) = (y - Z\theta)' Q \cdot (Q'Q)^{-1} \cdot Q'(y - Z\theta)$$

该优化问题的解是 IV 估计量，即 θ_{IV}：

$$\theta_{IV} = (Z'P_Q Z)^{-1} \cdot Z'P_Q \cdot y \tag{7.5}$$

同时：

$$P_Q = Q \cdot (Q'Q)^{-1} \cdot Q' \tag{7.6}$$

作为幂等投影矩阵，在 Q 与 Z 拥有相同列维度的特殊情况下，式 (7.4) 的结果会更加熟悉。待估参数的渐近协方差可以表示为：

$$\mathrm{var}(\theta_{IV}) = \sigma^2 \left[M_{ZQ} \cdot (M_{QQ})^{-1} \cdot M_{QZ} \right]^{-1}$$

并且作为有限样本方程，则：

$$\mathrm{var}(\theta_{IV}) = \sigma^2 \left[Z'P_Q Z \right]^{-1}$$

其中误差协方差可以被估计为：

$$\sigma^2 = (y - Z\theta_{IV})' (y - Z\theta_{IV}) / N$$

其中，M 是有限常数的渐近非奇异矩阵，可定义为有关工具和变量交叉乘积的极限形式。其表达式为：

$$M_{ZQ} = plim(1/N) Z'Q$$
$$M_{QQ} = plim(1/N) Q'Q$$
$$M_{QZ} = plim(1/N) Q'Z$$

这些条件加上 $plim(1/N) Q'\varepsilon = 0$ ，都能确保 IV 估计具有一致性和渐近正态性，只要 $\{Z, Q, \varepsilon\}$ 是一个正确的混合序列。[1]

_____

[1] 在多种情况下，有关渐近正态性的标准条件可以详细参见 White (1984)。

从计算方面讲，式（7.5）相当于是对等式方程组中的参数进行更为熟悉的二阶段最小二乘（2SLS）估计。事实上，这是因为投影矩阵 P_Q 是幂等的：

$$Z' P_Q Z = Z' P_Q' P_Q Z$$

仔细检验后会发现，$P_Q Z$ 可以等于在含有 Q 个工具的 Z 中每个回归变量的预测值矩阵。通常可以表示为：

$$P_Q Z = Q \cdot \{(Q'Q)^{-1} Q Z\}$$

括号中的各项是 Z 对 Q 回归时进行的 OLS 估计。因此，Z_p 可以作为 Z 的预测值，第 IV 估计量即式（7.5）也可以表示为：

$$h_{IV} = \left[Z_p' Z_p \right]^{-1} Z_p' y$$

或者等价来看，由于该投影矩阵具有幂等性，则：

$$h_{IV} = \left[Z_p' Z \right]^{-1} Z_p' y$$

这是熟悉的 2SLS 估计。它相当于是从一组固定外生工具的辅助回归中获得解释变量预测值的 OLS 值。

二 含有空间滞后因变量的模型的估计

如果可以找到一组适当的工具，则可以直接对具有空间滞后因变量的模型实施上一节中概述的方法。此外，也可借助标准回归软件包进行估计，而不必采用 ML 估计中所需要的特定数值优化程序。

从狭义上讲，仅将空间滞后变量视为问题出现的原因，但 IV 方法更适用于一般公式。尤其是它可以非常容易地扩展到其他解释变量中，或者等式方程组中的内生性变量可能是随机的。

IV 估计量的性质只能是渐近的。尽管具有一致性，但它终究不是最有效的估计量。它的效度在很大程度上取决于对工具的正确选择。而且渐近正态性不会延续到具有良好定义的有限样本分布中，因此在实际数据集中进行推断可能会出现问题。[①]

此外，工具的选取是主要问题。从原则上看，该选择应该基于理论性框架。然而，在实践中却没有正式的框架指导，并且工具的选择在很大程度上是临时性的。[②]

在理想情况下，这些工具应该与原始变量密切相关，并且与误差项渐近不相关。尽管基本上没有指导完成工具选择的原则，但是可以很容易地判断它的基本要求，比如借助典型相关方法。[③] 也可以采用相似的方法对工具的数量进行选择。尽管就渐近角度而言，工具的数量并不重要，但在有限样本等受限的情况下，很可能会出现多重线性问题以及需要考虑自由度的问题。

工具和误差项之间渐近不相关的要求很难评估。在简单情况下，如果工具由拟合值组成，则可以通过分析了解相关性。当问题变得更加复杂时，可以用规范检验来评估工具的外生性，比如 Wu – Hausman 方法。由于这些检验可以直接被用到模型中，因此在此不再赘述。[④]

在实践中，很少有关于空间滞后变量的工具选择建议。由于其他变量（X）大概可以充当自身的工具，因此注意力通常集中在空间变量上。

Haining（1978a）建议在一阶空间自回归模型背景下，对前一段时间的因变量进行一系列观察。这意味着时空数据集合具有有效性，因此它既不非常实用，也无法有效使用数据。实际上，在这种情况下，纯粹采用横截面方法很容易导致信息丢失。Anselin（1980）对基本空间自回归

---

① 在计量经济学中，该问题已经得到大量关注，尤其是那些在联立方程组中运用 2SLS 估计的文章。尽管相关文献众多，但是这些问题变得越来越复杂，并且目前还未出现清楚并被广泛接受的解决方法。可以参考一些概要，如 Phillips（1980）；Mariano（1982）；Magdalinos（1985）。

② 比如，在 Bowden 和 Turkington（1984：85）中，有关工具正确选择的讨论可以归纳为："……有效工具选择的最好方式是进行一个相当特别的假设，使用已知被拟合模型的结构性质。"

③ 有关最小化工具的详细讨论以及典型相关在该方面所起的作用的详情可参见 Bowden, Turkington（1984）。

④ 读者可参见标准计量经济学文献，如 Wu（1973，1974）；Hausman（1978，1984）；Hwang（1981）；Spencer，Berk（1981）；Holly（1982）；Ruud（1984）。

模型提出很多建议。比如，依赖值在非空间回归预测后作为可接受的工具。① 或者，可以使用模型中外生变量的空间滞后，尽管这可能导致出现多重共线性问题。通常，外生变量的任何组合（无论是否在空间上滞后）都可能给出令人满意的结果。②

许多外生性检验也可以用于评估由空间滞后因变量造成的问题的严重性。在某些情况下，该效应可能无法确保能够使用第 IV 种方法（或者 ML 方法）。尽管是一致的，但在小样本中，IV 估计值在均方误差方面的效度可能次于 OLS。在所谓的 k 阶或者收缩估计量中，可以对有偏 OLS 估计中潜在较小 MSE 与 IV 估计值进行权衡。一般而言，它们是由两个估计量间的加权平均值构成的，其中权重以某种最佳方式获得。③ 在某些情况下，这些估计量可能会产生优异的表现。这种方法在空间环境中的应用应该很简单，尽管在这种情况下其性能还有待考察。

将 IV 估计量用于空间模型时，所出现的最后一个具有实际重要性的问题是潜在结果可能暗示了空间依赖性的爆炸性模式。事实上，对空间自回归参数的估计是不受限制的，并且可能多于一个，这表明缺乏稳定性（对于标准权重矩阵而言）。在 OLS 估计中也可能出现相同的结果。通常而言，在每次迭代中，强制稳定性的约束条件保持不变，这样可以避免通过使用数值优化来获得 ML 估计。较大的参数值可能表明工具选择不当（导致出现无效率估计），也可能表明模型设定错误。

三　含有空间滞后因变量和空间自回归误差项的模型的估计

因变量和误差项中都具有空间依赖性的模型，这类似于时间序列分析（和分布滞后）中的设定，最早提倡使用 IV 估计法，比如，Liviatan（1963）和 Wallis（1967）。④ 然而，时间序列中各个步骤能够运用空间模

① 正式地说，该工具是 Wy_p，其中 $y_p = X(X'X)^{-1}X'y$。
② Anselin（1984a）讲解了该方法，即住宅价值的空间自回归模型。为进一步进行实证说明，也可以参考第十二章第三节第三部分的结果。
③ 更多细节可以参见 Theil（1971）；Bowden，Turkington（1984）。
④ 最新的评估可以参见 Hendry，Srba（1977）。

型的程度相当有限。

比如，考虑以下设定：

$$y_t = \rho y_{t-1} + X_t\beta + \varepsilon_t \tag{7.7}$$

$$\varepsilon_t = \lambda\varepsilon_{t-1} + \mu_t \tag{7.8}$$

形式上等效于空间模型：

$$y = \rho W_1 y + X\beta + \varepsilon \tag{7.9}$$

$$\varepsilon = \lambda W_2\varepsilon + \mu \tag{7.10}$$

采用式（7.7）、式（7.8）的第 IV 种标准方法需要考虑调整观测值中扰动项的非球面性质：[①]

$$\theta_{IVG} = [Z'Q(Q'\Omega Q)^{-1}Q'Z]^{-1} \cdot Z'Q(Q'\Omega Q)^{-1}Q'y \tag{7.11}$$

其中，方差系数的估计值为：

$$\mathrm{var}\theta_{IVG} = [Z'Q(Q'\Omega Q)^{-1}Q'Z]^{-1} \tag{7.12}$$

为了在实践中进行相关估计，就必须获得对误差协方差矩阵 Ω 的一致性估计，或者对 Ω 依赖的参数进行一致性估计。在时间序列中，这基于二阶段或者迭代方法。就像 Wallis 的三遍最小二乘法一样，误差模型的参数如式（7.8）中的 λ，由 OLS 根据模型第一阶段 IV 估计的残差而得。由于 OLS 是式（7.8）中 λ 的一致估计量，只要误差 μ 不是自相关，该方法就具有直观的吸引力。但是在空间模型中，如第六章第一节所述，这些属性不再成立。此外，尚不清楚对残差的 IV 方法是否必然会产生一致估计。

因此，对于式（7.9）至式（7.10）而言，基于第一阶段残差的迭代 IV 方法可能不是很有效。另一种替代方法是使用设定非线性形式，其中

[①] 式（7.11）至式（7.12）的估计法也被称为该模型的模拟 OLS。同时也存在对第 IV 种估计法的 GLS 模拟，其中每一个交叉积都由 Ω^{-1} 加权。详情可以参见 Bowden, Turkington（1984：Chapter 3）。因为两种方法间的差异与空间模型并不相关，所以这里不会进一步讲解该问题。

包含经典的误差项。从形式上看，正如第六章第一节所示：

$$\varepsilon = (I - \lambda W_2)^{-1}\mu$$

并且有：

$$y = \rho W_1 y + X\beta + (I - \lambda W_2)^{-1}\mu$$
$$(I - \lambda W_2)y = (I - \lambda W_2)\rho W_1 y + (I - \lambda W_2)X\beta + \mu$$

或者：

$$y = \rho W_1 y + \lambda W_2 y - \lambda\rho W_2 W_1 y + X\beta - \lambda W_2 X\beta + \mu \qquad (7.13)$$

或者：

$$y = \alpha_1 W_1 y + \alpha_2 W_2 y - \alpha_3 W_2 W_1 y + X\beta_1 - W_2 X\beta_2 + \mu \qquad (7.14)$$

其中系数受到以下条件限制：

$$\alpha_1 . \alpha_2 = \alpha_3$$
$$\beta_2 . / \beta_1 = -\alpha_2$$

"./"代表元素与元素相除，因此第二个等式暗示具有 K 个限制条件。

可以通过线性或者非线性 IV 来估计式（7.13）的参数。在线性方法中，最具有可行性的策略是忽略估计中参数的限制条件。然后可以使用 Wald 或拉格朗日乘数检验的 IV 模拟（即使用 IV 方差估计作为逆信息矩阵的等效项）来检验这些非线性约束。如果这些限制条件被拒绝，则说明模型设定是错误的。

或者，线性方法可以被用于第一阶段以获得要在第二次迭代中使用的有关 λ 的一致性估计。第二次迭代可能基于标准估计量即式（7.11），其中 λ 将被用于估计误差协方差 Ω。[①] 但是当两个权重矩阵相同时，式（7.13）可能会面临识别性问题。

---

① 也可以参见第八章第二节第二部分中有关回归模型空间误差的处理方法，以及第十三章第三节有关空间杜宾模型中的相似方法。

在这种情况下，该模型会变成：

$$y = (\rho + \lambda) Wy - \lambda\rho W^2 y + X\beta - \lambda WX\beta + \mu$$
$$y = \alpha_1 Wy - \alpha_2 W^2 y + X\beta_1 - WX\beta_2 + \mu$$

可以从中获得对 ρ 的两种不同的估计。[①] 在这种情况下，才更有把握利用上述提到的两阶段方法。

这种非线性方法包括利用数值化技巧进行最小化，它的二次形式为：

$$g(Z,\theta)' Q (Q'Q)^{-1} Q' g(Z,\theta)$$

同时：

$$g(Z,\theta) = y - \rho W_1 y - \lambda W_2 y + \lambda\rho W_2 W_1 y - X\beta + \lambda W_2 X\beta$$
$$\theta' = [\rho\lambda\beta']$$

当两个权重矩阵相同时，这种设定形式也会产生识别性问题。

很明显，空间模型的分析比它对应的时间序列分析更为复杂。尽管工具变量法提供了有用的估计框架，但在应用区域科学背景下，它基于有限样本中的性质相当不明确并且依旧有待考察。

总而言之，IV 方法的主要吸引力包括它的数值简单性以及在计量经济理论下可以直接进行整合。如第七章第三节所述，它还提供了一种简单的方法以将稳健性估计引入空间计量中。

它的主要缺点可能是对爆炸空间自回归系数的估计、存在选择工具的实现问题，以及在有限样本中缺乏易于理解的性质。

第二节　空间过程模型中的贝叶斯估计

在空间建模的贝叶斯方法中，数据分析被视为正式决策过程中的一

---

① 这不是第 IV 种方法独有的问题，而是模型设定的结果。同一问题会使第四章中对通用模型的数值优化变得复杂。可参见 Anselin（1980：Chapter 6）中有关该问题的详细讲解以及实证分析。

部分，该过程涉及假设的构建、参数的估计以及模型的选择。从哲学差异角度看，传统方法基于主观概率论。这会导致对模型及其参数的先验假设与序列估计过程相融合，从而使稳健性问题以及有限样本性质问题得到更加细致的处理。

在统计和计量经济学中，标准贝叶斯文献所得到的结果是广泛的。[1]可区域科学和地理学的许多相关应用并未反映这一点。尽管从诸如空间权重矩阵的选择、空间预测以及差值问题来看，贝叶斯方法似乎是首选，但是在现实背景下，对这一方法的使用仍会产生复杂的分析性和数值问题。这很可能导致这些方法在对区域科学的实证中未被充分推广和应用。[2]

基于此，贝叶斯方法在空间过程模型估计中的应用受到限制。Hepple（1979）和 Anselin（1980，1982）提出了将时间序列分析结果直接推广到一阶空间自回归模型和具有空间自相关误差的回归模型的方法。

一 一阶自回归模型的贝叶斯推断

贝叶斯框架下的统计推断基于模型参数分布的先验信息与数据集中所包含的信息组合。通常而言，当缺乏准确可用的假设时，先验分布会被认为是分散的或非信息性的。数据集中的信息也会通过似然函数表示。

通过贝叶斯概率定理可以实现对先验分布和似然性的求和。具体而言，模型中所包括的信息可以表示为变量和参数 $h(\theta, y)$ 的联合分布或密度函数。就条件概率而言，它可以等价于：

$$h(\theta, y) = f(y \mid \theta) \cdot g(\theta) = g(\theta \mid y) \cdot f(y)$$

---

① 有关概述可以参见 Box, Tiao（1973）；Fienberg, Zellner（1975）；Zellner（1971, 1980, 1984, 1985）。

② March 和 Batty（1975），Odland（1978）讨论了空间交互分析和城市建模的一些应用。

其中，f 是关于数据的分布，g 是关于参数的分布。在贝叶斯术语中，$g(\theta \mid y)$ 是一个后验密度，即观察到数据后有关参数的信息。类似地，$g(\theta)$ 是一个先验密度，即在观测数据之前有关参数的信息（假设，先验条件）。贝叶斯定理提供了一个标准方式，通过观测数据以及从似然函数 $f(y \mid \theta)$ 中利用一个参数找到另一个参数。它可表示为：

$$g(\theta \mid y) = f(y \mid \theta) \cdot g(\theta) / f(y)$$

为了实施这个方法，必须定义模型参数的先验密度，并假设导致出现潜在可能性的基本分布。在一阶空间自回归模型中，y 表示距离均值的偏差：

$$y = \rho W y + \varepsilon$$

通常的方法就是假设误差项具有潜在的正态分布。因此，和似然函数一样（忽略常数），可以表示为：

$$L \propto |I - \rho W| \cdot \sigma^{-N} \cdot \exp\{-(2\sigma^2)^{-1} \cdot y'(I - \rho W)'(I - \rho W)y\}$$

$$(7.15)$$

模型中的两个参数分别为自回归系数 ρ 和误差方差 σ^2。采用计量经济学中的标准方法，这些参数的扩散先验密度可以表示为：

$$P(\sigma)6 \propto \sigma^{-1} \qquad\qquad 0 < \sigma < +\infty$$
$$P(\sigma) \propto \text{constant} \qquad -1 < \rho < +1$$

假设 σ 和 ρ 是独立的，则参数的联合先验密度的结果可表示为：

$$P(\rho, \sigma) \propto \sigma^{-1} \tag{7.16}$$

可以直接用贝叶斯定理推导出模型参数的联合后验分布，即式（7.16）乘以式（7.15）：

$$P(\rho, \sigma \mid y) \propto |I - \rho W| \cdot \sigma^{-(N+1)} \cdot \exp\{-(2\sigma^2)^{-1} y'(I - \rho W)'(I - \rho W)y\}$$

$$(7.17)$$

在剔除干扰参数 σ 后，可以基于式（7.17）的性质推导出参数 ρ。

由此产生的边际后验分布形式为：[1]

$$P(\rho \mid y) \propto |I - \rho W| \cdot \{y'(I - \rho W)'(I - \rho W)y\}^{-N/2} \qquad (7.18)$$

可以通过在 ρ 从 -1 至 1 范围内对式（7.18）进行积分来确保式（7.18）是密度适当函数的归一化常数。一旦取得该常数，就可以推导出该后验概率以及参数在特定范围内的确切概率。比如，使用归一化常数 Q，该后验分布的平均值可以写成：

$$\rho_p = Q_{-1} \int^{+1} \rho \cdot |I - \rho W| \cdot \{y'(I - \rho W)'(I - \rho W)y\}^{-N/2} d\rho$$

对于一个二次损失函数，后验密度的平均值可以表示为最佳点估计或者最小期望损失估计（MELO 估计）。在大样本中，后验密度的似然部分会消除扩散先验的影响，并且 MELO 估计将趋向于 ML 估计。但是，在一些样本中，这些估计将是不同的。与渐近的 ML 估计相比，贝叶斯方法允许对有限样本概率进行精确评估。[2]

二　含有空间自回归误差项的线性模型的贝叶斯推断

上一节所使用的基本相似原理也可被用到具有空间自相关误差的线性回归模型之中。该方法是对 Zellner 和 Tiao（1964）开发的时间序列情况的扩展，但在两个方面有所不同：一是在空间背景下，雅可比 $|I - \lambda W|$ 变得更加复杂；二是在空间情况下，初始值的问题变得更加复杂，还会导致出现一般边界值问题。

如前所述，假设模型参数的扩散先验密度为：

$$P(\lambda) \propto \text{constant} \qquad\qquad -1 < \lambda < +1$$
$$P(\beta) \propto \text{constant} \qquad\qquad |\beta| < \infty$$
$$P(\sigma) \propto \sigma^{-1} \qquad\qquad\quad 0 < \sigma < +\infty$$

---

[1]　该方法是基于 Zellner（1971）所给的例子进行的拓展。详细的推导过程可以参见 Anselin（1982：1025 – 1026）。

[2]　将贝叶斯 MELO 估计量中小样本的性质与其他方法进行广泛比较，是基于 Anselin（1980，1982）所给出的蒙特卡罗模拟。

其中，结合独立性假设，所产生的先验密度为：

$$P(\lambda,\sigma,\beta) \propto \sigma^{-1}$$

该模型的似然函数形式为（忽略常数值）：

$$L \propto |I - \lambda W| \cdot \sigma^{-N} \cdot \exp\{-(1/2\sigma^2)(y - X\beta)'(I - \lambda W)'(I - \lambda W)(y - X\beta)\}$$

因此，直接用贝叶斯定理得到模型参数的后验密度：

$$P(\lambda,\sigma,\beta) \propto |I - \lambda W| \cdot \sigma^{-N} \cdot \exp\{-(1/2\sigma^2)(y - X\beta)'(I - \lambda W)(y - X\beta)\}$$

$$(7.19)$$

通常而言，该误差的标准偏差 σ 被认为是一个干扰值并且能够通过积分得出，由此产生了 λ 和 β 的联合后验密度：[①]

$$P(\lambda,\beta) \propto |I - \lambda W| \cdot \{(y - X\beta)'(I - \lambda W)'(I - \lambda W)(y - X\beta)\}^{-N/2}$$

$$(7.20)$$

对于参数组合而言，式（7.20）构成了针对参数组合推导各种边际和联合后验分布的起点。与上一节中的方法类似，可以在系数容许值的区间内进行积分进而得到归一化常数，以确保结果是正确的密度函数。实际上，许多积分需要基于数值化技巧，这会将贝叶斯方法限制在相当简单的模型上。然而，随着计算机技术不断发展，这些对数值积分范围的限制可能变得无关紧要。

如本节简介中所指出的那样，在空间计量学中，许多估计问题尚未运用贝叶斯方法。但是将建模过程中的各个步骤严谨地整合到整个决策框架中，可以为在处理空间建模过程中所形成的一些棘手问题提供强大的基础。特别是从方法论角度来看，对于在空间权重矩阵选择过程中形成的关于先验假设严谨性的问题，采用贝叶斯方法似乎是卓有成效的。但是目前该领域仍然需要进行大量的研究。

---

① 详细的推导过程基于倒伽马—2 密度的性质，并且可以在 Anselin（1980；Chapter 5）中找到。

第三节　空间过程模型中的稳健性估计

与前两节讨论的方法相比，稳健性方法已经在空间分析中得到很好的运用。空间自相关的非参数检验，以及基于随机化和置换技术的检验统计数据解释构成了相关文献的重要部分。一个熟悉的例子就是 Cliff 和 Ord（1973）根据 Hope（1968）和 Edgington（1969，1980）的置换原理对空间自相关中的莫兰检验所做出的解释。Sen 和 Soot（1977），Tjostheim（1978），Glick（1982），Hubert 和 Golledge（1982a）的相关研究也举例说明如何在空间检验中使用该种非参数化方法。[1]

最近，在区域科学和地理学中，对于稳健性方法进行实证分析的重要性的认识水平得到了提高，如 Costanzo（1983）和 Knudsen（1987）。[2] 这反映在最新发展的统计方法应用中，如 Stetzer（1982a），Folmer 和 Fischer（1984）以及 Folmer（1986）在空间建模过程中所使用的自助抽样法和刀切法。

在本节中，笔者会简要地讲解一种特别的稳健性方法——自助抽样法，可以利用该法在空间过程模型中进行统计推断。尽管这种方法越来越被人们所熟知，但对其空间依赖性（以及较小程度的空间异质性）影响的考虑并未引起太多关注。在简短地回顾这个方法后，接下来笔者将详细讲解空间依赖性对自助抽样法实施的影响。

除了自助抽样法（以及相关的刀切法）外，计量经济学中还运用过其他许多稳健性方法。[3] 大多数方法旨在减轻分布性假设（正态分布）或者函数形式中潜在错误设定因素的影响。稳健性方法的例子主要关于有

---

① 可以参见 Hubert, Golledge, Costanzo（1981）；Hubert, Golledge（1982a）；Hubert, Golledge, Costanzo, Gale（1985）；Hubert（1985）。

② Gould（1970，1981）较早地对在地理学和区域科学问题研究中使用该参数方法的非关键性应用这一做法提出反对意见。

③ 有关回顾可以参见 Huber（1972，1981）；Mosteller, Tukey（1977）；Koenker（1982）。

界影响估计、伪和准最大似然估计。① 直到现在，这些方法都尚未被广泛运用于空间分析中，这可能部分是由于它们主要依赖独立性假设。日益增长的稳健性估计方法在空间依赖性和空间异质性下的应用拓展和范围依旧有待研究。

一　回归模型中的自助抽样法：基本原理

自助抽样法和相关刀切法都是重新采样方法的例子，它们在统计学和计量经济学中受到越来越多的关注。这些方法背后的原理是把使用人工创建的重新取样数据集中所呈现的随机性作为统计推断的基础。这会形成替代参数估计、进行偏差和方差的度量以及伪显著性水平和置信区间的构建。②

如果使用自助法，则需要对大量的数据集进行一系列估算，这些数据集是通过从原始观测值中进行随机抽样（替换）获得的。因此，伪数据中可能包括不止一个相同的观测对象，也可能完全不包含在伪数据中。通常而言，在基本抽样方案中，每个观测对象被分配到的概率是相同的（如果有 N 个观测对象，则每个观测对象被抽取的概率为 $1/N$）。最终，伪数据集被认为是独立且同一分布的（i.i.d）。当然也可能有更为复杂的方法，比如采取 i.i.d 假设与指定密度函数，如正态（即一个平滑的自助抽样法）相混合的方法。

针对伪数据的每次重复抽样计算感兴趣的统计量，将它的经验频率分布运用到对参数、偏差和方差估计的推导之中。比如，从给定数据集 x 进行 R 次重复的随机抽样，这样将得到伪数据集 $x_1, x_2, \cdots, x_R$。对于每一

---

① 更多例子可以参见 Koenker（1982）的回顾。Belsley，Kuh，Welsch（1980）；Welsch（1980）；Krasker（1980）；Krasker，Welsch（1982，1985）都对边界影响估计进行了分析。可以在 White（1982a，1982b）及 Gourieroux，Monfort 和 Trognon（1984a，1984b）中找到伪最大似然估计的背景。Baxter（1985）也给出了空间交互建模的应用。

② 有关自助抽样法和刀切法原理和标准性质的大量概要可以参见 Miller（1974）；Efron（1979a，1979b）；Efron（1982）；Efron，Gong（1983）。关于回归分析和计量经济学应用的特定问题在 Freedman（1981）；Bickel，Freedman（1983）；Freedman，Peters（1984a，1984b）中被讨论。

个伪数据集，都可以获得感兴趣参数的有关估计值 $\theta = f(x)$（即作为统计量，可以将它当作观测对象的函数），即 $\theta_1, \theta_2, \cdots, \theta_R$。对参数进行的自助抽样估计值变为所有重复抽样下估计值的均值：

$$\theta_B = (1/R) \sum_r \theta_r$$

测得的相关方差可以表示为：[1]

$$\mathrm{var}[\theta_B] = [1/(R-1)] \cdot \sum_r (\theta_r - \theta_B)^2$$

自助抽样估计（来自所有重复抽样）与从原始数据集得出的参数估计值之间的差异度量了对估计值的偏差。

在回归分析中，有两种方法可以进行自助抽样估计：一种基于残差；另一种基于多维度空间下的观测点。在第一种方法中，重新抽样基于一组回归残差，这些残差通常通过 OLS 从第一步估算中获得。正式而言，该人口模型可以表示为：

$$y = X\beta + \varepsilon$$

OLS 残差为：

$$e = y - Xb$$

其中，$b = (X'X)^{-1}X'y$，是 OLS 估计的一个向量。

对残差采用经验分布函数，通常为每个残差分配相等的概率。换言之，每个残差都有相同的概率 $1/N$（对于 N 个观测对象）被用于重新抽样的方案之中。尽管众所周知 OLS 残差是非独立的（即使是对独立的潜在误差项而言），但是针对进行重新抽样的目的，它们也会被认为是独立的。一种替代方法可以是使用独立残差，比如 BLUS 残差，尽管在回归自助抽样的实际操作中很少运用该方法；另一种替代方法包括扩充它们以纠正因模型拟合而导致的低估程度。在基本情况下，经常使用元素

---

[1] 更严谨的处理方法可特别参考 Efron（1982）。

$[N \cdot (N - K)]^{1/2}$ 。对于更复杂的模型而言，其未能给出统一的方法。[①]

一般而言，从一组随机抽样残差（或替换，从而使相同的残差可以出现多次）中可以构造自助抽样重复，结合一阶段的参数估计，可得：

$$y_r = e_r + Xb$$

其中，e_r 是重新抽样残差的向量。b 是一阶段估计并且 X 是固定（外生）变量中的观测矩阵。对该伪数据集 β 通过相同的方法进行估计，以获得完整样本。比如对于 OLS 而言，这会产生：

$$b_r = (X'X)^{-1}X'y_r$$

过程被大量复制（比如 R）后才产生有关 b_r 的经验频率分布。将 β 的自助抽样估计当作该经验分布中的平均值：

$$\beta_B = (1/R) \cdot \sum_r b_r \tag{7.21}$$

其相关方差矩阵为：

$$\text{var}(\beta_B) = [1/(R - 1)] \cdot \sum_r (b_r - \beta_B)(b_r - \beta_B)' \tag{7.22}$$

通过对向量 $[y_i x_i]$ 所展现的 $K + 1$ 维度空间中的 N 个质点进行随机抽样（或替代），可以获得替代方法以用于生成伪数据。在这里，y_i 是依赖变量中的第 i 个观测对象，x_i 是一个维度为 K 的行向量并且等于解释变量中的第 i 个观测对象。每个重新抽样的伪数据集都有一个估计值 b_r，所有 b_r 的完整集合都会构成自助抽样估计 β_B 以及其方差的基础，如式（7.21）、式（7.22）所示。

尽管这两种方法是渐近等价的，但在有限样本中它们通常会产生不同结果。[②]

---

① 详情可参见 Freedman，Peters（1984a，1984b）。

② 在标准情况（i. i. d. 误差）中，有关残差的方法产生的方差矩阵与通常的 OLS 结果等效，而基于观察向量的重新抽样则不然。然而有一些证据表明，对错误的函数设定而言，后者更具稳健性。更多讨论可以参见 Efron（1982）；Efron，Gong（1983）。

回归分析中自助抽样方法的主要贡献体现在有限样本中，为可能无法满足误差项的分布假设情况提供替代方差估计。有证据表明，保守自助抽样估计比在有限样本中采用渐近方差矩阵所产生的方差具有更高程度的可实现性。[1] 刀切法也可以起到相似的作用。在第八章第三节中稳健性残差方差估计背景下，我们可以更加详细地讨论该问题，并且会在第十二章第二节第六部分中进行讨论。

二　包含空间依赖的模型的自助抽样法

在空间依赖模型中，尤其是在具有空间滞后因变量的模型中，实施自助抽样法需要特别考虑两个问题：一个问题是关于是否应该在初始阶段使用估计量，如每个重新抽样的伪数据集合；另一个问题则更加基础，涉及对重新抽样自身的设计，笔者会首先考虑这个问题。

构造伪数据的出发点是观察向量或误差项的独立性。因此，必须确保每个观测点在经验密度上都能够被假设为均等概率。同时，它能够阻止利用随机抽样破坏数据集合的固有结构特征。当存在空间依赖性时，数据质点很明显会变得不独立。

结果，对 N 个观测向量 $[y_i, (W_y)_i, x_i]$ 进行随机抽样意义不大。一种替代方法是采取残差近似，类似于联立方程组中的自助抽样法。

在本章和上一章中考虑的空间过程模型可以被重新构造为具有独立误差的非线性模型。很明显，此种情况是关于简单混合回归与自回归的设定，但是同时也是针对具有空间依赖误差项的模型。因此，需要制定具有以下表达形式模型的重新抽样策略：

$$y = f(y, X, \theta) + \mu$$

其中，μ 是独立误差项的一个向量。详细地说，考虑到混合回归与自回归模型：

---

[1]　Freedman 和 Peters（1984a）认为 SUR 模型就属于这种情况。然而在 Freedman 和 Peters（1984b）联立方程中，这些结果并未重复。

$$y = \rho W y + X\beta + \mu$$

我们可以从残差 u 中获得对误差向量的估计，残差 u 通常是对 ρ 和 β 进行基本估计得到的，可以说成 r 和 b，则：

$$u = y - rWy - Xb$$

与更为传统的回归文献中所采用的自助抽样法相似，可以通过对向量 u 进行随机抽样来生成伪误差项。对于每一个伪误差项，因变量的伪向量都可以写成：

$$y_r = (I - rW)^{-1}(Xb + u_r)$$

其中，X 是固定（外生）变量，并且 r 和 b 是第一轮的估计数。可以通过对 y_r 在 Wy_r 和 X 上的回归进行适当估计，以获得 r_r 和 b_r 估计值。也可利用普通方式对模型系数和它们的相关方差进行自主抽样估计，就像式（7.21）、式（7.22）。对（假设是独立的）误差项进行随机分配可以确保维持数据的空间结构，在其他方法中则不同。

在空间模型中，第二种操作问题是对模型系数估计量的选择。如上一章所述，OLS 显然是不合适的。另一种替代方法就是最大似然。但是，这需要大量计算，因为必须对每个重新抽样的数据集进行相关非线性优化。尽管不理想，但由于工具的选择问题存在，IV 估计法仍然是最切实可行的选择。很明显，在空间计量中，这些问题并未受到大量关注，依旧有许多内容需要研究。

许多重新抽样方法共有的吸引特征就是它们高度强调计算，这只能寄托于新型计算机快速增加的新功能（进行正确运算）。在某种程度上，原始计算可以代替传统方法的完善分析以及严格假设。结果，尽管需要在稳健性和特异性之间进行权衡取舍，但可以减少对人类行为经验研究中有关非实验属性限制条件的约束。这些问题对空间分析的影响仍有待进行更充分的探讨。

第八章 回归误差项中的空间依赖性

区域科学的相关文献曾提及，线性回归模型的误差项中有关空间依赖效应的分析是空间计量学中所需注意的首要问题。早在 20 世纪 70 年代，研究者就开始研究这些问题并给出一些相应的解决方法，如 Fisher（1971），Berry（1971），Cliff 和 Ord（1972），McCamley（1973），Hordijk（1974），Martin（1974），Bodson 和 Peeters（1975），以及 Hordijk 和 Paelinck（1976）。随后对各种估计量和检验统计量的属性做进一步评估，但是相关评估方法迄今为止仍有待研究。同时，空间误差自相关也在标准计量经济学文献中被作为唯一涉及空间推理方面的内容，尽管程度有限，如 Johnston（1984）和 King（1981，1987），但是它已在经典计量经济学文献中得到认可。

在本章中，笔者会更加详细地讲解当误差项中存在空间依赖性时，统计推断所具有的一些突出特征。由于该问题在相关文献中已被大量关注，因此笔者会避免讨论一些大家熟知的内容。取而代之，笔者将更加深入地研究那些不总是被以令人满意的方式处理过的问题。具体而言，笔者将关注非传统情况下的检验、估计量性质的处理方法，以及对尚未被运用到空间模型中的某些可替代步骤进行评估。

本章包括三个部分。在第一、二节中，笔者分别回顾了一些与检验和估计相关的问题。在第三节，笔者会考虑当错误设定的因素出现时，如何对空间效应进行稳健性检验。

第一节　回归误差项中的空间依赖性检验

当回归模型中的扰动项具有空间依赖时，球面误差协方差矩阵的标准假设可能会不成立。取而代之的是该矩阵具有基本形式 $\Omega(\theta)$，通常可以借助涉及少量系数的函数对其进行参数化。在空间计量学中，这些系数与假定会引起相应的空间依赖或与空间结构模式相关联。

在空间依赖形式中最常使用的假设就是空间自回归设定。对于简单的线性回归模型，则：

$$y = X\beta + \varepsilon$$

对于误差向量 ε，它给定了：

$$\varepsilon = \lambda W\varepsilon + \mu \tag{8.1}$$

其中，λ 是空间自回归系数，W 是基本空间权重矩阵，μ 是误差项，满足独立同一分布（i.i.d）的经典假设，并且 σ^2 为恒定方差。[①] 相应的误差方差可以表示为：

$$\Omega = E[\varepsilon \cdot \varepsilon'] = E\{[(I - \lambda W)^{-1}\mu][(I - \lambda W)^{-1}\mu]'\}$$

或者：

$$\sigma^2 \cdot \Omega(\lambda) = \sigma^2 \cdot (I - \lambda W)^{-1} \cdot [(I - \lambda W)^{-1}]'$$

也有许多可供替代的设定，比如 Burridge（1980）中误差的移动平均值，Fisher（1971）和 Pocock，Cook，Shaper（1982）也提出一些并非大家所熟悉的结构。Fisher 建议使用 $\Omega = A^{1/2}W \cdot A^{1/2}$，其中 A 是误差方差的对角线矩阵，W 是一个对称空间权重矩阵。Pocock 和 Cook 将误差项中的

---

① 该模型是第六章第二节中所介绍基本设定的特例，其中 $\rho = 0$ 并且 $\alpha = 0$。

空间依赖性参数化为观测对象间距离的函数相关。[1]

在传统计量经济学文献中，有时候将空间残差的联系性问题认为是调查数据的设计问题，比如 Scott 和 Holt（1982），King 和 Evans（1985，1986）。通常而言，依赖性的表现形式不会涉及空间结构，并且不会承认存在任何距离衰减效应。在形式上，它会以等相关误差项进行考虑。采用标准时间序列方法可以分析区域效应的结果，比如杜宾·沃森检验。

在本章其余部分，笔者会考虑只与空间自回归形式即式（8.1）相关的非球面误差方差矩阵。由于许多检验和估计方法可以通过相当直接的方式拓展并将应用到以其他形式表现的自相关残差中，因此这不会导致普遍性降低。

本节包括四个部分。在第一、二部分，笔者会对标准回归模型中残差自相关的检验进行回顾，即没有空间滞后依赖变量或者异方差。在第三、四部分，笔者会依次讨论这两种特殊情况。

一 基于莫兰 I 统计量的空间自相关残差检验

可以将空间自相关中的莫兰 I 统计直接运用到回归残差中。正式地说，莫兰 I 统计可以表示为：

$$I = [N/S] \cdot \{[e'We]/e'e\} \tag{8.2}$$

其中，e 是 OLS 残差的向量；W 是空间权重矩阵；N 是观测数；S 是标准化因子，等于权重矩阵中所有元素的总和。对于标准化的权重矩阵，如将行元素之和归一，则式（8.2）可以简化为：

$$I = e'We/e'e \tag{8.3}$$

尽管此检验是迄今为止被使用最广泛的方法，但它的解释并不总是

---

① 与时间序列分析类似，这种空间自相关会更加直接地导致使用空间相关。也可以参见 Granger（1969）的一个相似观点。

那么简单。的确，零假设缺乏空间依赖性，不过，备择假设也无法准确表达。直观来看，采用空间权重矩阵来表示引起依赖性的潜在空间交互作用模式，但是潜在随机过程的属性还未明确。通常而言，它会被假定为空间自回归的形式。然而，从数学形式上看，式（8.3）的系数等价于 We 对 e 的 OLS 回归，而不是 e 对 We 的回归，这对应于自回归过程。而且，正如 Burridge（1980）所讲，对于空间自回归模型或者空间移动平均模型而言，莫兰检验与拉格朗日乘数检验是成比例的。

Cliff 和 Ord（1972，1973，1981）建立了带有回归残差的莫兰统计量的渐近分布。[1] 对于经过正确转化的变量而言，该分布是标准正态的。通常这种转换为：

$$z_I = \{I - E[I]\}/\{V[I]^{1/2}\}$$

其中，$E[I]$ 是平均值，$V[I]$ 是莫兰统计的方差，不具有空间依赖的零假设。式（8.3）中所包含的残差使矩阵的表达式复杂化。[2] 如果假设一个潜在的正态分布为误差项，则以下表达式可代表一个基本（非标准化）权重矩阵：

$$E[I] = (N/S) \cdot tr(MW)/(N - K)$$
$$V[I] = (N/S)^2 \cdot \{tr(MWMW') + tr(MW)^2 + [tr(MW)]^2\}/$$
$$(N - K)(N - K + 2) - \{E[I]\}^2$$

其中，W 是一个权重矩阵，N 是观测数，S 是权重矩阵中所有元素之和（N 对于标准化的 W），M 是投影矩阵 $I - X(X'X)^{-1}X'$。

另一种替代的非参数化法对大量残差进行排列计算，会使统计量的

---

[1] Cliff 和 Ord（1972）也提出了有限样本的方法，它与时间序列分析中的 Durbin Watson 界限类似。但是与时间序列背景相反，该边界的基本性是有限的。事实上，每个不同的空间权重矩阵必须重新计算边界的集合。因此，在大多数实证中会运用渐近法。

[2] 对于一个更加详细且更为严谨的推导，读者可以参考 Cliff 和 Ord（1973，1981），Upton 和 Fingleton（1985）。残差回归法和其他变量法间的本质区别在于残差依赖性的程度。事实上，众所周知，OLS 残差与误差项相关，即 $e = M\varepsilon$，其中 M 是幂等投影矩阵 $I - X(X'X)^{-1}X'$。因此，当 ε 是相等的，e 也不会相关。另一种方法就是忽略残差的特殊性质，并且使用随机化框架。Cliff 和 Ord（1981：21）给出了此种情况下莫兰统计的矩阵。

经验频率分布具有伪显著性水平。更准确地说，如果考虑了 N 个不同的排列，则对结果分配的伪显著性水平为 $(K+1)/(N+1)$ 的分布，其中 K 是经验频率分布中通过利用更极端值的数量所观测到的统计数据。该过程具有吸引人的有限样本性质，尤其是当正态性假设无法满足时。此外，在大多数实证研究中，对空间自相关残差进行检验时经常采用这种正态方法。在正态误差假设下，King（1981）认为莫兰检验就是 $\lambda = 0$ 时邻近区域的局部最佳不变性。

未观测到的误差项的不完美估计会使回归残差中的空间依赖分析复杂化。主要困难来自 OLS 残差的自相关性。为了弥补这种缺陷，已经提出其他几种具有估计量协方差矩阵的残差估计法。众所周知的例子就是 BLUS（最佳线性无偏估计量）、RELUS（递归线性无偏估计量）和 LUF（具有固定协方差的线性无偏）残差。

Brandsma 和 Ketellapper（1979b）研究了残差估计量对莫兰检验性质的影响。在多次蒙特卡罗模拟实验中，他们通过使用新西兰 39 个区域和爱尔兰 26 个县的空间构造进行研究后发现：基于 OLS 残差的莫兰检验总体上能够达到最高效度。

二　基于最大似然估计的空间自相关残差检验

正如第六章第三节所详细概述的基本空间过程模型，Wald、似然比和拉格朗日乘数检验都是基于最大似然估计的渐近方法。也可以在该框架内将含有空间自相关残差的检验公式化为基本模型的特殊情况。

与前文所讲的莫兰检验相反，基于 ML 的检验根据特定零假设和备择假设构建。确实，这三种检验都可以被认为是处理遗漏变量问题的不同方法。形式上，零假设和备择假设可设定为：[1]

---

[1]　对许多统计结果而言，备择假设都有可替代的形式。它可以正式表达为 $H_1: \lambda = 0 + \delta$，其中 $\delta \to 0$ 并且含有 $N^{-1/2}$。

$$H_0 : \lambda = 0$$

$$H_1 : \lambda \neq 0$$

含有空间自回归误差项的回归模型是一般空间过程模型的特例，其中参数 $\rho = 0$ 和 $\alpha = 0$。形式上，该模型的似然性可用第六章的概念表示为：

$$L = - (N/2) \cdot \ln(\pi) - (N/2) \cdot \ln(\sigma^2) + \ln|B|$$
$$- (1/2) \cdot \sigma^{-2} \cdot (y - X\beta)'B'B(y - X\beta) \tag{8.4}$$

在零假设情况下，即 $\lambda = 0$，因此同时有 $B = I$，在线性回归模型中，它可以表现为基本似然：

$$L_0 = - (N/2) \cdot \ln(\pi) - (N/2) \cdot \ln(\sigma^2) - (1/2) \cdot \sigma^{-2} \cdot (y - X\beta)'(y - X\beta) \tag{8.5}$$

空间自相关残差的似然比检验基于式（8.4）和式（8.5）间的差异。当对数似然的系数被 ML 估计所取代时，就会产生更加简单集中的似然结果。具体来说，由于任一模型中误差方差的估计值都是 I/N 乘以残差平方的适当加权总和（例如，每个表达式中的最后一项），因此式（8.4）和式（8.5）的最后一项可以简化为常数（$-N/2$）。其余项的直接区别所产生的似然比检验为：

$$LR = N \cdot [\ln(\sigma_0{}^2) - \ln(\sigma_1{}^2)] + 2\ln(I - \lambda W) \sim \chi^2(1) \tag{8.6}$$

其中，$\sigma_0{}^2$ 是零假设（没有空间自相关残差，即简单的回归）下模型的估计残差方差，同时 $\sigma_1{}^2$ 是空间模型的估计残差方差。式（8.6）中的雅可比行列式将该结果与时间数列数据中的序列相关情况区分开来。[①]

为了进行 Wald 检验，需要在整个模型中利用 ML 估计渐近方差矩阵。对于这里所考虑的特殊情况，参见第六章第二节第五部分中的简

---

① 更详细的推导可以参考 Anselin（1980；130 – 132）。

化表达。事实上，所有结果信息矩阵都在回归系数和相关误差参数（σ^2、λ）中的区块对角线上。[1] 误差相关部分由以下 2×2 矩阵组成：

$$\begin{bmatrix} N/2\sigma^4 & \sigma^{-2}\cdot trW\cdot B^{-1} \\ \sigma^{-2}\cdot trW\cdot B^{-1} & tr\,(WB^{-1})^2 + tr\,(WB^{-1})'(WB^{-1}) \end{bmatrix}$$

对于与 λ 相对应的元素，对该矩阵分块求逆可以得到：

$$\mathrm{var}(\lambda) = [t_2 + t_3 - (1/N)\cdot(t_1)^2]^{-1}$$

上式简化写法为：

$$t_1 = trW\cdot B^{-1}$$
$$t_2 = tr\,(WB^{-1})^2$$
$$t_3 = tr\,(WB^{-1})'(WB^{-1})$$

因此，空间自相关残差的 Wald 检验满足：

$$W = \lambda^2\cdot[t_2 + t_3 - (1/N)\cdot(t_1)^2] \sim \chi^2(1) \tag{8.7}$$

其中，系数 λ 被它的 ML 估计值取代。或者，此表达式的平方根可被视为标准正态变量。如前所述，拉格朗日乘数检验只基于零假设下的估计。这样就可以借助 OLS 残差以及权重矩阵迹的条件计算得出易于实现的统计信息。该统计量的形式为：

$$LM = (1/T)\cdot[e'We/\sigma^2]^2 \sim \chi^2(1) \tag{8.8}$$

其中，$T = tr\{(W + W')\cdot W\}$。

这三种基于 ML 的检验是渐近等价的，在有限样本中，它们有所不同，我们对它们在小样本中的表现知之甚少。Brandsma 和 Ketellapper (1979b) 给出了一些有限的证据。他们发现：在荷兰地区，对不规则空间权重矩阵进行蒙特卡罗实验时，相较于莫兰检验，似然比检验表现得

---

[1] 这是 Magnus（1978）基本构架中的特例，而 Breusch（1980）给出了不变性结果。

更差。然而，要想在实证区域科学所感兴趣的情况下得到关于检验效度的基本性结论，就必须进行更大范围的实验。

三 包含空间滞后因变量时的空间自相关残差检验

在本部分以及接下来的部分中，笔者将更仔细地研究两种情况，其中一种是针对空间自相关残差进行单向检验（$H_0:\lambda = 0$）。当其他含有已知错误设定的元素出现时，可以进行单向检验。同时该检验基于拉格朗日乘数原理。

本部分所讲的单向检验与第六章第三节第四部分讨论的单向检验方法不同。在那里，空间过程模型中的其他参数被先验设置为 0（即 $\rho = 0$，$\alpha = 0$）。而在本部分，有些参数被包括在模型估计中，即假定它们为非零数。这样就必须首先考虑在空间滞后因变量下对空间自相关残差的检验。就一般模型的系数而言，这意味着 $\rho \neq 0, \alpha = 0$。

在第六章的注释中的考虑模型为：

$$B \cdot (Ay - X\beta) = \mu \qquad (8.9)$$

同时：

$$E[\mu'\mu] = \Omega = \sigma^2 \cdot I$$

其中，A 和 B 分别关于空间滞后因变量（参数 ρ）和误差项（参数 λ）中的空间依赖。另外，包含于 A 和 B 的权重矩阵 W_1 和 W_2 并不需要是相同的。

根据拉格朗日乘数检验所采用的基本方法、零假设中所包含的参数和其他参数对有效系数向量进行的划分，基于式（8.9）可以得到：

$$\theta = [\lambda \mid \rho\beta'\sigma^2]$$

因此，在 $\lambda = 0$ 的假设下，该设定可以变为：

$$Ay - X\beta = \mu$$

这是具有标准扰动项的空间混合自回归模型。

为了进行 ML 检验，有必要对式（8.9）进行最大似然估计。尽管它需要借助非线性优化来进行估计，但是利用极大似然可以减少到只对一个参数（ρ）进行研究。如第十二章第一节所示，由此产生的优化问题将大大简化，并且可以以直接的方式进行。

在零假设下，拉格朗日乘数检验基于得分向量和分部信息矩阵。通过加入约束条件 $\lambda = 0$，$B = I$ 和 $\Omega = \sigma^2 I$，以在第六章第二节第五部分中找到一般表达式的特殊情况。正如 Anselin（1988a）所推导的，它们为：

$$\partial L / \partial \lambda = \sigma^{-2} \cdot (Ay - X\beta)' W_2 \cdot (Ay - X\beta) \qquad (8.10)$$

并且：

$$I\lambda\lambda = \left[T_{22} - (T_{21A})^2 \cdot \text{var}(\rho) \right]^{-1}$$

上式可简化为：

$$T_{22} = tr\{ W_2 \cdot W_2 + W'_2 W_2 \}$$

$$T_{21A} = tr\{ W_2 \cdot W_1 \cdot A^{-1} + W_2' W_1 \cdot A^{-1} \}$$

并且，$\text{var}(\rho)$ 是在零假设下模型有关 ρ 的估计方差。

由于 $Ay - X\beta$ 是式（8.9）的 ML 残差，因此式（8.10）类似于 N 乘以适当残差中的莫兰系数。

借助之前所使用的基本方法，对于 $H_0: \lambda = 0$ 而言，拉格朗日乘数可表示为：

$$(e'W_2 \cdot e/\sigma^2)^2 \cdot \{ T_{22} - (T_{21A})^2 \cdot \text{var}(\rho) \}^{-1} \sim \chi^2(1) \qquad (8.11)$$

或者等价于：

$$(e'W_2 \cdot e/\sigma^2) \cdot \{ T_{22} - (T_{21A})^2 \cdot \text{var}(\rho) \}^{-1/2} \sim N(0,1)$$

从空间混合自回归模型下 ML 估计的统计结果中可以很容易地计算出该统计量，并可以对叉积的条件和相关的轨迹进行评估。拉格朗日乘数方法可以避免在替代假设下对模型进行复杂的估计，这是一个简单且易于操作的方法，能够解决长期以来未能获得令人满意的方案的问题。[①] 在第十二章第二节第三部分，笔者会通过实证来讲解该检验方法。

四　包含有异方差时的空间自相关残差检验

这里所考虑的第二种特殊情况涉及在提前设定异方差形式的线性回归模型中对空间残差自相关进行检验。当模型考虑到空间异方差的特定表现形式时，空间残差是相关的，但是可能会怀疑残留空间依赖性。空间异质性可能是有关空间变化系数或者随机系数的结果，这将在下一章中详细讨论。这种情况是第六章第三节第四部分中概述的一般方法的特例，但是现在有 $\rho = 0$ 和 $\alpha \neq 0$ 。

在第六章中，可以这样表示所考虑的模型：

$$\Omega^{-1/2} \cdot B \cdot (y - X\beta) = v \tag{8.12}$$

其中：

$$E[vv'] = I$$

Ω 中包含异方差，可以通过提前设定好的变量 Z 的函数来表示。

在 $H_0: \lambda = 0$ 进行拉格朗日乘数检验所需的参数向量的分区为：

$$\theta = [\lambda \mid \beta' \alpha']'$$

因此，在零假设下，式（8.12）可简化为带有异方差的线性回归：

$$\Omega^{-1/2} \cdot (y - X\beta) = v$$

可以借助一些迭代技巧来获得该模型中参数的最大似然估计，或者使用直接的非线性优化方法。[②]

---

① 参见 Cliff，Ord（1981）；Upton，Fingleton（1985）。
② 概要详见 Magnus（1978）；Raj，Ullah（1981）。这些模型中的内容将在第九章第四节中进一步考虑。

如前所述，可以通过对第六章第三节第四部分中给出的表达式施加约束条件 $\lambda = 0, B = I$（并且 $\rho = 0, A = I$）来获得相关得分向量和分部信息矩阵。由此可得：[1]

$$\partial L / \partial \lambda = (y - X\beta)'\Omega^{-1} \cdot W_2 \cdot (y - X\beta) \tag{8.13}$$

并且：

$$I\lambda\lambda = tr\{W_2 \cdot W_1 + \Omega \cdot W_2' \cdot \Omega^{-1} \cdot W_2\} = T$$

同样，可以将得分向量视为 ML 残差中的莫兰表达式，即度量 Ω^{-1} 中 e 和 $W_2 \cdot e$ 的交叉积（由逆对角元素 Ω 加权而得）。

在基本情况下，对于 $H_0 : \lambda = 0$ 的拉格朗日乘数检验有：

$$[e'\Omega^{-1} \cdot W_2 \cdot e]^2 / T \sim \chi^2(1) \tag{8.14}$$

或者等价于：

$$[e'\Omega^{-1} \cdot W_2 \cdot e] \cdot T^{-1/2} \sim N(0,1)$$

其中，e 是残差，T 如上所示。

利用一个交叉积和一个矩阵迹的条件计算，我们可以从式（8.12）ML 估计的结果中直接推断得出该检验统计。在第十二章第二节第七部分，笔者会利用实证方法进行具体讲解。

本节和上一节概述的拉格朗日乘数统计可以提供一个具有吸引力的方法，能够对更复杂的模型进行空间自相关残差检验，因为它们可以从更简单的设定中计算得出。尽管这仍需要进行非线性优化，但是相较于第六章第二节中利用一阶条件进行推导的方法，这里概述的方法可以使问题更加容易解决。此外，这些检验都具有明显的渐近性质。相反，经常使用的特定步骤（如随机假设下的莫兰检验）则不具有这种情况。然而，与所有渐近检验步骤一样，在有限样本情况下，拉格朗日乘数检验

---

[1] 有关详细推导请参见 Anselin（1988a）。

的表现并不需要令人满意，尤其是当潜在假设可能不合适时。这个问题依然有待研究。

第二节　包含空间依赖误差项的估计

到目前为止，具有空间自回归误差的线性回归模型是与横截面板数据应用实证研究最为相关的空间设定模型。事实上，具有空间滞后因变量的模型的范围往往更窄，并且只能将其用在特定空间过程研究中。另外，误差项中的空间依赖性很可能出现在由连续和聚合空间单元所组成的大多数据集中。

在本节中，笔者会对一些有关回归模型中参数估计效应的问题进行简要回顾，并且进一步阐述第六章中所呈现的基本结果。特别地，笔者会回顾 OLS、GLS、EGLS 和 ML 估计步骤的优点。同时，笔者也会评估两种类似于时间序列数据相关性处理的迭代方法，即空间科克伦·奥克特法以及空间杜宾法。

一　OLS、GLS、EGLS 和 ML

正如上述所言，线性回归结果误差项中的空间依赖性会产生形式为 $\sigma^2 \Omega(\lambda)$ 的非球面误差协方差矩阵，其中：

$$\begin{aligned}
\Omega(\lambda) &= (I - \lambda W)^{-1} \left[(I - \lambda W)^{-1} \right]' \\
&= \left[(I - \lambda W)'(I - \lambda W) \right]^{-1}
\end{aligned} \tag{8.15}$$

因此，对模型系数进行 OLS 估计所产生的方差不会表现为 $\sigma^2 (X'X)^{-1}$ 这一基本形式，而是具有参数 λ 的复杂函数。因此，即使 OLS 估计值保持其无偏性，基于基本方差估计的推论也可能产生误导。形式上，该偏差为：

$$E[b - \beta] = E\{(X'X)^{-1}X'\varepsilon\} = 0$$

其相关方差为：

$$E[b - \beta][b - \beta]' = E\{(X'X)^{-1}X'\varepsilon\varepsilon X(X'X)^{-1}\}$$
$$= \sigma^2 \cdot (X'X)^{-1}X'[(I - \lambda W)'(I - \lambda W)]^{-1}X(X'X)^{-1} \quad (8.16)$$

如果误差协方差已知，则最佳线性无偏估计就是 Aitken 广义最小二乘。就式（8.1）而言，它意味着空间依赖（W）的结构以及相关系数（λ）是已知的。实际上，在现实情况下，该模型通常无法成立，除非在人工蒙特卡罗模拟条件下。

GLS 估计包含对 GLS 原理的应用，该原理对 Ω 的参数进行一致估计以代替未知的总体值。在空间模型中，估计的结果为：

$$b_{EGLS} = [X'(I - \lambda W)'(I - \lambda W)X]^{-1}X'(I - \lambda W)'(I - \lambda W)y$$
$$(8.17)$$

这与经适当转换后变量数值的 OLS 估计等价：

$$b_{EGLS} = [X^{*'}X^*]^{-1}X^{*'}y^*$$

同时：

$$X^* = (I - \lambda W)X$$
$$y^* = (I - \lambda W)y$$

并且一致估计可以替代 λ。

相关系数方差矩阵可以表示为：[1]

$$\text{var}(b_{EGLS}) = \sigma^2 \cdot [X'(I - \lambda W)'(I - \lambda W)X]^{-1} \quad (8.18)$$

并且：

$$\sigma^2 = (y - Xb_{EGLS})'(y - Xb_{EGLS})/N \quad (8.19)$$

在实证工作中，我们经常会忽略 EGLS 估计的结果具有渐近性这

---

① 因为方差矩阵是渐近的，所以可以通过将残差平方和除以 N 或者 N—K 来获得对式（8.19）的 σ^2 估计（对于足够大的 N，两者间的差异可以忽略不计）。在有限样本中，后者不太可能对方差的估计过于乐观。

一特点。在有限样本中，我们并未很好地定义 EGLS 估计的分布，同时在均方误差中 EGLS 也未必优于 OLS。此外，EGLS 估计的性质对 $\Omega(\lambda)$ 的正确设定形式非常敏感。在空间模型中，这主要取决于对权重矩阵的选择。

从很多方面来看，ML 估计与 EGLS 方法相似，不同之处在于对误差参数 λ 的估计是明确的，并且通过一致的方式，其被包含于总体推断中。在一定程度上，这也会影响 ML 估计量的小样本性质。

正如 Andrews（1986）严谨表述的那样，在有限样本中，除了基本一致性、渐近正态性和渐近效率外，具有一般误差协方差矩阵 $\Omega(\theta)$ 的线性回归模型的参数估计量都是无偏的。在空间模型中，涉及该结果的相关条件与扰动参数的估计值都涉及误差函数。

具体来说，该误差函数应该是偶函数，从某种意义上说，如果所有误差项都具有相反的符号，则应该对 θ 进行相同的估计。如下文所示，可以利用误差的最小二次形式对模型中的 λ 进行基本估计，很明显，这满足 Andrews 所需要的条件。[1]

作为第六章第二节第四部分中推导的特例，对 β［式（8.18）］和 σ^2［式（8.19）］进行 EGLS 估计所得到的结果也是最大似然的。[2] 将这些变量代入式（8.4）后，可获得仅包含参数的集中似然，它包括参数 λ 和残差 $e = (y - Xb_{EGLS})$：

$$L_C \propto -(N/2) \cdot \ln e'(I - \lambda W)'(I - \lambda W)e + \ln|I - \lambda W| \quad (8.20)$$

以产生残差的 b_{EGLS} 值为条件，有关 λ 的式（8.20）可以通过简单的搜索过程最大化。所得的估计值可用于推导一个新集合 b_{EGLS}，从而产生新的残差。该过程可以不断迭代直到最终收敛于总体最大似然值，如第

---

① 具体来说，这是假设 A.3（Andrews，1986：692）。其他条件与 β 估计量有关，并且通过 ML 方法显然可以满足。

② 详细推导可以参见 Ord（1975）；Hepple（1976）；Anselin（1980，1981）；Cliff，Ord（1981）；Upton，Fingleton（1985）。

十二章第一节所示。

接下来笔者会讲解两种可供替代的迭代过程。

二 迭代方法

与已知的 Cochrane 和 Orcutt（1949）和 Durbin（1960）程序类似，该程序针对时间序列中的误差相关性而开发，Hordijk（1974），Bartels（1979），Anselin（1980，1981）也针对空间模型提出相似的方法。[①]

这些方法旨在简化计算，并避免使用非线性最大似然方法中的多次迭代。

这包括三个步骤。第一步，在线性模型中使用 OLS 估计；第二步，可以利用残差获得对空间自回归系数 λ 的估计；第三步，将其替换为 EGLS 程序。可以重复此过程，直到收敛为止。

最初，Hordijk（1974）在对空间参数进行无偏 OLS 估计时使用这种方法。正如前文所述，由此产生的估计将是不一致的。[②] 当 λ 的估计是基于最大似然算法时，它会等价于整体模型的 ML 估计在第一阶段下所产生的结果。因此，就计算简单性而言，这种方法没有任何用处。

空间杜宾法基于该模型与空间混合自回归模型的等价关系，类似于杜宾针对时间序列情况所提出的方法。形式上与第六章中的一般模型相同，即：

$$y = X\beta + (I - \lambda W)^{-1}\mu$$

或者：

$$y = \lambda W y + X\beta - \lambda W X\beta + \mu \tag{8.21}$$

---

① Martin（1974）提出了一个特定优先区别过程。在该过程中，OLS 被转化为变量 $y^* = y - Wy$ 和 $X^* = X - WX$。对于标准化权重矩阵，隐含值 $\lambda = 1$ 可能会导致空间过程不稳定。除了具有明显的计算简便性外，此调整没有其他特定的性质。

② Hordijk 在实证报告中表明这种方法缺乏收敛性，这可能是由对 λ 的估计缺乏一致性造成的。

其中，μ 是球面协方差矩阵的一个误差项。

在无约束或受约束的过程中，利用最大似然估计或工具变量法对式（8.21）求极限将得出对 λ 和 β 的一致估计。根据 λ 估计值，可以停止估计过程。或者如第十二章第二节第五部分所述，进一步执行 EGLS 估计。

在第十三章第三节中处理公共因子问题时，笔者会进一步分析式（8.21）中的简化形式。值得注意的是，与时间序列情况相反，式（8.21）的估计实际上比式（8.18）至式（8.20）中具有空间依赖误差回归的计算更容易。[①]

基于 ML 或者 IV 估计的方法都具有基本渐近性质。在有限样本中，没有确切结果。事实上，这些特定过程和 OLS 可能表现得令人满意，并且甚至优于偏差和均方差，实际上，如 Anselin（1981）中的一些有限的蒙特卡罗实验所说明的那样，临时程序和 OLS 在偏差和均方差方面可以接受，甚至表现更好。然而，这些结果远不具有一般性，因此需要对各种方法的有限样本性进行更广泛的研究。最大似然法的主要优点在于它允许使用 Wald、似然比和拉格朗日乘数检验，其中可以利用 Rothenberg（1984b）的研究结果来近似地获得有限样本属性。这些结果拓展到特定空间模型的做法仍值得进一步探究。

第三节 稳健性问题

在本节中，笔者将简要考虑空间依赖误差项模型中有关稳健性的推断。目前，空间计量学基本忽略了这些内容。鉴于它们与实证研究相关，笔者回顾（标准）计量经济学文献中的一些最新研究成果，并评估在空间案例中引入这些研究的程度。

首先，笔者处理在空间模型中可能出现的错误设定。具体来说，笔者会

---

① 这是因为在每次迭代中，经过调整的 b_{EGLS} 都会导致 λ 产生新的非线性优化。在式（8.21）中对 λ 和 β 进行联合估计，因为 λ 的值并不依赖对 β 的估计。因此，不需要进行多次非线性搜索，只需进行一次搜索即可。这将在第十二章第一节中进一步说明。

概述如何将异方差—稳健性检验应用于对残差空间自相关情况的研究之中。同时，笔者也会提出一些有关误差协方差矩阵的稳健性估计的建议。

一 存在其他未知形式错误设定下的空间依赖性检验

除了空间自相关残差之外，其他形式的错误设定也会影响许多检验和估计量的性质。在这一方面，较为相关的问题是潜在非正态性、异方差和功能性错误设定。当在实证研究中遇到该问题时，分析者需要判断在每种特定情况下哪些影响可能是最重要的。这涉及在假设（少部分检验）与涵盖所有可能性（多次检验）之间进行权衡。同时，检验过多类型的错误设定模型可能会导致稳健性缺乏（同时会产生误导性安全感），而且进行多类型检验也会降低相应检验的效度。

尽管这个问题在标准计量经济学文献中得到很大的关注，但在空间计量学中，其在很大程度上被忽略了。比如，在时间序列背景下处理序列相关性问题时，Harrison 和 McCabe（1975），Epps 和 Epps（1977）评估了传统德宾沃森（DW）和其他检验对异方差的稳定性的影响。Ghali（1977），Thursby（1981，1982）和 Godfrey（1987）讨论了功能性错误设定形式以及序列相关性的联合效应。

处理该问题的一种方法就是针对多种形式的错误设定进行联合检验。计量经济学文献中典型的例子就是基于 Box-Cox 转换的联合检验，比如，Savin 和 White（1978）针对功能性错误设定和残差自相关进行检验，Lahiri 和 Egy（1981）对功能性错误设定和异方差进行检验。Jarque 和 Bera（1980），Bera 和 Jarque（1982）基于拉格朗日乘数原理提出通用方法。在空间计量中，这种方法在 Anselin（1988a）的拉格朗日乘数检验中得到证明，并且该检验已在上一节中进行了概述。

另一种可替代的方法包括开发能够对其他错误设定形式进行稳健性的检验。空间依赖性和空间异质性问题的有趣之处就是 Davidson 和 MacKinnon（1985a）所提出的异方差稳健性检验。接下来，笔者会讨论其在空间模型中的应用。

二　空间依赖残差的异方差—稳健性检验

在实证过程中很可能产生异方差，尽管其精确形式尚不可知。因此，充其量而言，本章第一节第四部分拉格朗日乘数检验所要求的该影响的功能性设定也就只是推测而已。此外，该设定的错误选择可能会影响拉格朗日乘数检验的效度。

因此，非常有必要在含有异方差的情况下，对空间自相关残差进行检验，并且不需要指定其准确形式。可惜的是，即使是在不具有空间依赖的零假设下，也不能一致地估计未用有限参数表示的异方差矩阵。实际上，矩阵 Ω 由 N 个参数组成，每个参数都是误差方差。由于参数会随着观测对象的增加而增加，因此这会导致出现附带参数问题。

White（1980）取得了有关该方面问题的主要突破，他的研究表明虽然无法取得对 Ω 的一致估计，但对表达式（$X'\Omega X$）和工具变量的相似交叉积的估计可以。Davidson 和 MacKinnon（1985a）提出的关于回归方向的异方差稳健性检验是这一结果的延伸。他们的基本框架包括利用以下步骤对零假设（$\gamma = 0$）进行检验：

$$H_0: y = X\beta + \mu$$
$$H_1: y = X\beta + Z\gamma + \mu$$

其中，Z 是一个 $N \times R$ 的矩阵，γ 是一个 $R \times 1$ 的参数向量，μ 是独立但是含有 $E[(\mu_i)^2] = \sigma_i^2$ 的异方差误差项，并且对所有 i 有界。

这种情况的检验统计为：

$$DM_1 = y'MZ(Z'M\Omega(u)MZ)^{-1}Z'My \sim \chi^2(R)$$

其中，投影矩阵 $M = I - X(X'X)^{-1}X'$，并且 $\Omega(u)$ 是一个含有 OLS 平方残差（在约束模型下，即在 H_0 下）的对角矩阵。[①] 结果表明，该统

---

① Davidson 和 MacKinnon（1985a）考虑了 $\Omega(u)$ 的许多形式，但是此处提到的形式在有限样本中具有更高的效度。

计量可以被认为是 N 减去残差平方和的辅助回归：

$$\iota = U \cdot M \cdot Z\gamma + errors$$

其中，ι 是一个向量，U 是 OLS 残差的对角矩阵。该检验也可以拓展到工具变量估计和非线性情况下。

在该框架内，可以用空间杜宾法来对空间自相关残差进行检验，则：

$$H_0: y = X\beta + \mu \tag{8.22}$$

$$H_1: y = X\beta + \lambda Wy - \lambda WX\beta + \mu \tag{8.23}$$

由于式（8.23）中存在滞后因变量，因此需要考虑使用工具变量进行估计。如果使用工具 Q 的矩阵，以及 Z 作为 $N \times (K+1)$ 的矩阵 $[Wy\ WX]$，就可以使用 IV 形式进行检验，同时 N 减去辅助回归中的残差平方和，则：

$$\iota = UMPZ\gamma + errors$$

ι 和之前一样，U 是 OLS 残差的对角矩阵，并且：

$$M = I - PX(X'PX)^{-1}X'P$$
$$P = Q(Q'Q)^{-1}Q'$$

然而，这里还存在一些问题。目前尚不清楚是否能正确使用 $K+1$ 或者 1 的自由度，因为对 λ 约束意味着 $\lambda\beta$ 的约束。此外，如果使用标准化权重矩阵，那么我们将无法识别 X 和 WX 中两个常数项的分离系数，即 $W\iota = \iota$。因此，如果忽略该方面的问题话，则可能会导致出现程度较高的多重共线性。

一种替代方法是在非线性公式中明确考虑对空间杜宾模型的参数约束条件，该约束条件可通过非线性 IV 来估算：

$$y = f(\beta, \lambda) + \mu$$

作为相关偏导数，则：

$$\partial f / \partial \beta = X - \lambda W X$$

$$\partial f / \partial \lambda = W y - W X \beta$$

直接将 DM 结果扩展到这种程度即可得到检验统计，即:[1]

$$(y - f)' M P F(\lambda) \left[F(\lambda)' P M \Omega(u) M P F(\lambda) \right]^{-1} F(\lambda)' P M(y - f)$$

其中，$(y - f)$ 表示式 (8.22) 中 OLS 的残差。$\Omega(u)$ 是平方残差的对角矩阵。$M = I - P F(\beta) \left[F(\beta)' P F(\beta) \right]^{-1} F(\beta)' P$，是一个投影矩阵；$P X = Q(Q'Q)^{-1} Q'$，其中，$Q$ 是工具矩阵，

另外，$F(\lambda)$ 和 $F(\beta)$ 是偏导数矩阵，在零假设 $\lambda = 0$ 下进行估计。

对于空间模型，这些偏导数可以简化为:

$$F(\beta) = X$$

$$F(\lambda) = W y - W X b$$

其中，b 是 OLS 估计。因此，该辅助回归的表达形式为:

$$\iota = U M P F(\lambda) \gamma + error$$

其中，U 是 OLS 残差的对角矩阵，以及 $M P F(\lambda)$ 是 $P F(\lambda)$ 在 $P F(\beta)$ 回归上的残差，或者是 $P(W y - W X b)$ 在 $P X$ 回归上的残差。该统计量是 N 减去辅助回归中残差平方和，并且它近似于自由度为 1 的 χ^2 渐近分布。这种方法在有限样本中的表现依旧有待研究。

三 稳健性误差协方差矩阵的估计

在存在未知形式的空间依赖残差情况下，另一种推理方法可以基于异方差中所含有的相同渐近结果。但是其应用仅限于规范晶格结构中的空间过程，并且该晶格结构还需具有明确定义的空间自相关函数。如下文所述，与在时间序列背景下开发的稳健方法类似，它取决于滞后长度

---

[1] 详细的推导可以参见 Anselin (1988b)。

表示的空间依赖性的参数化条件。[①]

该异方差情况是基于 White（1980）对 OLS 估计量的协方差矩阵进行渐近估计时所得到的研究结果。这与存在未知形式的异方差情况是一致的。

在这种情况下，标准 OLS 方差为：

$$(X'X)^{-1} X'\Omega X (X'X)^{-1}$$
$$由 (X'X)^{-1} X'SX (X'X)^{-1} 估计$$

其中，S 是平方回归残差的对角矩阵。此外，表达式 $X'\Omega X$ 是 N 个 $K \times K$ 矩阵的估计之和，即 $\sum_i (x_i' u_i) \cdot (u_i x_i)$，其中 u_i 是与观测对象 i 相关联的残差，并且 x_i 是行向量 i 的解释变量。[②]

对序列自相关的拓展包括在给定限制范围的滞后长度内对样本协方差矩阵进行求和，它的表达式为：

$$\sum_s \sum_t (x_i' u_i)(u_{t-s} x_{t-s}) + (x_{t-s}' u_{t-s})(u_t x_t)$$

其中，t 是时间段，$t-s$ 是适当的滞后。原则上，其适用于所有协方差不为 0 的交叉积。然而在实证中，对最大滞后的选择并不是随意的，而关系到允许范围内的依赖程度以及潜在过程中的异质性。[③]

该结果依旧过于理论化，在现实数据情况下，它的实证过程可能不明确。对这种方法的扩展为具有规则结构和明确指定空间自相关函数的空间过程提供了希望。纯粹从形式角度来看，只要基础过程满足各种

---

① 像 Granger（1969）和 Cook，Pocock（1983）一样，可以用距离矩阵函数的参数化来替代严格的约束条件。无论哪种情况，一致性都需要在每个距离等级中进行大量观察。

② 详见 White（1980，1984），例如 Cragg（1983），Hsieh（1983），Nicholls 和 Pagan（1983），Chesher（1984），Robinson（1987）广泛地讨论了将这种方法应用于标准回归以外的问题。这些拓展大多基于 OLS 可以对模型参数进行一致估计的假设。如第六章第一节所示，在空间滞后因变量的设定中，情况并非如此。MacKinnon 和 White（1985），Chesher 和 Jewitt（1987）讨论如何对有限样本进行调整以产生更好的表现。

③ 更严谨的讨论可以参见 White（1984）；White，Domowitz（1984）。Newey 和 West（1987）给出了对实证工具的拓展和相关建议。

（严格的）规律性条件，就可以直接替换空间（或时空）的时间滞后。对于不规则空间构造所定义的过程，该方法似乎不具有太多可行性。

MacKinnon 和 White（1985）曾在具有异方差的情况下运用刀切法估计方差，这为我们提供了一个不同的视角。该估计类似于第七章第三节中讨论的自助法。事实上，最小二乘估计重复了 N 次，每一次都会在数据集中删去一个观测值。可以从以下表达式中获得 OLS 协方差估计：

$$[(n-1)/n] \cdot \sum_i [b(i) - (1/N) \sum_j b(j)][b(i) - (1/N) \sum_j b(j)]'$$

其中，$b(i)$ 是对不含有观测对象 i 的数据集合的估计。[①]

将该方法直接扩展到含有空间依赖的一般误差协方差矩阵看似非常简单。但是在实际数据集合中，有关该方法的性质依旧有待研究。尽管迄今为止尚未获得基本性研究结果，但针对在实证工作中我们所接触的许多数据是非标准的，因此在空间模型中采用可靠的推理方法所能获得的潜在好处是可观的。

---

① 详细信息可参见 Anselin（1988b）。

第九章　空间异质性

区域科学中研究的许多现象以不同的响应函数或者系统变化参数的形式出现，这会导致空间结构不稳定。另外，由使用特定的空间观测单元所造成的测量误差很可能是不均匀的，并且可能会随空间单位的位置、面积或其他特征而变化。

就某种程度而言，我们称与空间结构或者空间过程的结果相关的概念为空间异质性。这包括熟悉的计量经济学问题，比如异方差、随机系数变化以及转换回归。

在本章中，笔者将讨论一些异质性问题，这些问题在空间计量学中特别重要。具体而言，笔者将讲解空间依赖对异质性的标准检验结果所产生的影响，以及文献中所提出的有关类型的空间参数的变化情况。由于使用标准计量技巧时需要考虑异质性的多种特征，因此笔者将重点介绍特殊空间等方面，其余部分主要参考有关文献。

本章包括四个部分。在第一节中，笔者会简单介绍一些与空间异质性相关的基本问题。在第二节中，笔者会更加关注空间自相关对异方差和结构稳定性的影响。在第三节中，笔者会总结并评估 Casetti 的空间拓展方法，并将它作为处理空间变化参数方法的示例。在第四节中，笔者会回顾已提出并考虑了空间异质性的其他方法。

第一节　空间异质性的基本方面

区域科学的实证工作已经以多种方式考虑空间异质性，比如，

Casetti（1972，1986）的空间拓展方法考虑参数随位置的系统性变化；Kau 和 Lee（1977），Johnson 和 Kau（1980），Kau, Lee 和 Sirmans（1986）在城市密度研究中分析空间数据的随机变化；Brueckner（1981，1985，1986）和 Kau, Lee 与 Chen（1983）在实证工作中以转换回归形式解释离散结构变换；Anselin 和 Can（1986）将异方差纳入他们进行的城市分析中。

基本而言，空间异质性有两种显著不同的方面：一种是通过改变函数形式或改变参数来表示结构的不稳定性；[①] 另一种是异方差，它是由遗漏变量或者错误设定其他形式而使误差项具有非恒定方差。忽略任何一方面都会对估计模型的数据有效性产生重大影响：参数估计有偏（只有存在异方差时才出现）、误导显著性水平以及产生非理想预测。

一般而言，空间异质性包括两个不同的方面，这涉及空间不稳定性，即函数形式和参数变异。

可以正式纳入模型的空间异质性程度会受到附带参数问题的限制，即参数会随着观测对象的增加而增加。为了避免这种情况发生，需要利用一些不同的类别或参数来表示异质性。对于具有变化系数的模型，这意味着应该根据少量附加变量（空间拓展方法）系统地确定变化，如随机地以先验分布（例如随机系数）来判断系数的变化。在函数结构不稳定的情况下，可以有效估计的不同对象的数量就会受到自由度因素的限制。

在许多情况下，可以从区域科学理论中推导出空间模型中有关异质性的特定表现形式的有偏设定。此外，区域结构和城市形态理论可以为我们提供机会去观察可能造成异质性的空间数据集合的特征，因为它提

---

① 计量经济学中关于参数不稳定性的问题可以参见 Swamy（1971，1974）；Belsley, Kuh（1973）；Cooley, Prescott（1973，1976）；Rosenberg（1973）；Pagan（1980）；Raj, Ullah（1981）；Chow（1984）。函数不稳定性的表达式可以参见 Quandt（1958，1972，1982）；Goldfeld, Quandt（1973，1976）；Kiefer（1978）；Quandt, Ramsey（1978）；Maddala（1983）。

供了决定空间异质性形态的重要变量。

在空间分析中，一个复杂的问题是对模型的错误设定可能导致出现异方差，如果涉及测量误差（如选择观察空间单元），则可能导致出现空间自相关。因此，重要的是考虑一种类型的错误设定对其他检验和估计的影响。

前一章讨论了异方差条件下误差项的空间自相关检验。本章考虑另一种组合，即空间自相关对异方差性和结构稳定性检验的影响。

第二节　空间依赖下异质性的检验

一些标准计量经济学文献已经开始关注时间序列中序列误差自相关对异质性检验的影响。比如，Epps 和 Epps（1977）发现，Glejser，Goldfeld 和 Quandt 检验的有效性会受到一阶自回归误差项的影响。[1] 类似地，Consigliere（1981）和 Corsi，Pollock，Prakken（1982）发现序列自相关问题会使 Chow 结构稳定性检验结果无效。[2]

这些问题在空间依赖性方面的相似性在很大程度上被忽视了。因此，在本节中，笔者将在异质性和结构稳定性已知的情况下，更加详细地讨论这些影响。本节还提出了一些考虑空间误差自相关的替代公式。

一　空间依赖下异方差检验

当误差项不独立时，异方差的几种参数检验量的分布性质会失效。更准确地说，这是由于在独立正态变量中使用二次形式的特征可以作为

---

[1] Glejser（1969），Goldfeld 和 Quandt（1972）讨论过这些有问题的检验。另外，Harvey（1976），Godfrey（1978），Breusch 和 Pagan（1979），White（1980），Koenker 和 Bassett（1982），Cragg（1983），MacKinnon 和 White（1985）对异方差进行了检验。

[2] 早先对 Chow 检验和系数稳定性问题的讨论可以参见 Chow（1960）；Zellner（1962）；Fisher（1970）；Brown，Durbin，Evans（1975）。在文献中，异方差性对 Chow 检验的影响比序列相关性得到更多关注，如 Toyoda（1974）；Jayatissa（1977）；Schmidt，Sickles（1977）；Watt（1979）；Honda（1982）。也可以参见 Dufour（1982）。

推导大多数检验统计的渐近分布的基础。因此，一旦缺乏独立性，这些结果都将不成立。

在有限样本中，没有可用的分析结果，对许多检验的估计需要基于蒙特卡罗实验。Anselin（1987b）通过误差项中的空间自相关对 Glejser、Breusch-Pagan 和 White 检验的有偏和效度的影响进行了一些模拟研究。对于样本大小分别为 25、50 和 75 的规则晶格结构上的简单标准邻接矩阵，空间依赖性采用一阶自回归的形式。

仿真结果表明，在不具有异方差的零假设下，Glejser、Breusch-Pagan 检验的经验拒绝频率均超过了名义显著性水平。特别是对于大的正空间自相关，这种效应是显著的，产生的经验拒绝频率是名义显著性水平的 2~3 倍。Breusch-Pagan 检验对该影响尤为敏感。对于 White 检验而言，该影响不再那么重要，而且似乎是相反的，即当出现空间自相关时经验拒绝频率较低。

检验的效度也会受到影响。当自相关系数较大时，自相关系数会降低，特别是自回归系数为正值时。然而，这三种检验的相对排名似乎并不对空间自相关敏感。总之，Glejser 检验看起来是最有效的，而 White 检验的结果非常不理想。尽管实验范围限制了这些结果的普遍性，但它们能够很好地说明，在误差中存在空间自相关的情况下，对异方差检验的解释需要谨慎。[①]

如前所述，第六章第二节中的一般模型包含两种潜在的空间效应。根据一般模型在特殊情况下的最大似然估计结果，笔者可以提供两种检验方法。一种方法由一系列连续检验组成，首先是对异方差和空间自相关的联合概率进行检验，接下来是对这些影响中的一种或两种单独进行检验。该联合检验是第六章第三节第四部分中所讲解的拉格朗日乘数检验的一种特殊情况，由 Breusch-Pagan 统计量与空间残差相关的拉格朗日

---

① 该模拟实验考虑了空间自相关和不同程度异方差间的交互关系，后者的相对误差方差比的范围从 1（五异方差）到 4。基于 Breusch（1980）的不变性结果，由于回归系数的影响可以忽略，因此其被认为是一般性的。唯一需要进一步考虑的其他因素是权重矩阵的结构。更多细节可以参见 Anselin（1987b）；Anselin，Griffith（1988）。

乘数检验之和组成：

$$(1/2) \cdot f'Z \left(Z'Z\right)^{-1} \cdot Z'f + (1/T) \left[e'We/\sigma^2\right]^2 \sim \chi^2(P+1)$$

与之前一样，其中：

$$f_i = \left(\sigma^{-1} \cdot e_i\right)^2 - 1$$

$$T = tr\left[W'W + W^2\right]$$

e 是 OLS 残差 e_i 的一组向量；σ^2 是基于 OLS 残差的 ML 方差；Z 是常数项的 $N \times (P+1)$ 矩阵；引起异方差的变量是通常的一般空间权重矩阵 W。

对联合零假设进行重大否决之后，可以对每种特殊情况进行检验。在执行此顺序检验的过程中，应调整用作拒绝各个零假设基础的临界性水平，以获得对多重比较的正确评估。比如，可以使用 Bonferroni 边界对临界性水平进行调整，它包括将总体期望显著性水平除以比较次数。[1]

另一种方法是推导出空间自相关情况下异方差性的显式检验。同样，在渐近框架内利用拉格朗日乘数方法可以非常容易完成该检验。[2]

起始点模型如下：

$$\Omega^{-1/2} \cdot B \cdot (y - X\beta) = \nu$$

同时：

$$E\left[\nu\nu'\right] = I$$

$$B = (I - \lambda W)$$

这体现了矩阵 Ω 中预先指定变量的函数所表示的异方差形式。与第八章第一节第四部分中的表述相反，对 $H_0: \alpha = 0$ 的拉格朗日乘数检验的划分参数向量为：

---

[1] 更多讨论可以参见 Savin（1980）。

[2] 类似地，这等价于 Wald 或者似然比检验。然而，由于这些必须在备择假设下对模型进行推导，因此它们的计算复杂得多。如前所述，拉格朗日乘数是基于零假设下所估计的模型，没有任何异方差。

$$[\alpha \mid \beta \sigma^2 \lambda]$$

因此，在零假设下，该模型简化为同方差中具有空间自相关的情况，误差协方差为 $\sigma^2 \cdot (B'B)^{-1}$。该检验是基于在零假设下对参数的最大似然估计，可以利用第八章第二节和第十二章第一节中的表达式。

应用与第六章第三节第四部分中的一般情况相同的原理，会产生以下形式的统计检验量：

$$LM = (1/4\sigma^2) \cdot f'Z \cdot I^{-1} \cdot Z'f$$

其中，f 和 z 与先前一样，但是空间权重 ML 的残差表达为 $e = B(y - X\beta)$，并且方差为 σ^2。

对于 α 元素，逆项与信息矩阵的相关划分有关。由于此矩阵在元素 σ^2、λ 和 α 中并非分块对角，因此没有简单的表达式可用。[①] 然而在原假设下，σ^2 和 λ 子矩阵逆的相关表达式是这些系数的估计方差。对 α 的子矩阵以及 σ^2 和 λ 中 2×2 的子矩阵分块求逆，会产生以下表达式：[②]

$$LM = (1/2) \cdot f'Z \cdot [Z'D \cdot Z]^{-1} \cdot Z'f \sim \chi^2(P)$$

其中：

$$D = I - (1/2\sigma^4) \cdot d \cdot V \cdot d'$$

并且：

$$d = [\iota 2\sigma^2 \cdot w]$$

其中，ι 是一个 $N \times 1$ 向量，w 是由对角元素 $W \cdot B^{-1}$ 组成的向量，而 V 是 σ^2 和 λ 的估计协方差。

与 Breusch-Pagan 结果相反，该检验统计量不会直接解释有关辅助回归的 R^2，因为矩阵 $Z \cdot [Z'D \cdot Z]^{-1}Z'$ 并不是幂等的。

一般而言，此表达式可以方便读者直观地了解空间自相关对传统计

---

① 信息矩阵的分块对角是关于 β 系数和一组误差协方差的参数，其与后者无关。
② 更详细的推导可以参见 Anselin（1987b）。

量的影响。因为矩阵 D 是正定的，所以得到的 LM 统计量往往小于忽略空间效应的统计量。[①] 而后者拒绝原假设的频率可能会比允许范围内的高。这与前面提到的蒙特卡罗模拟的结果是一致的，尽管这种方法的具体小样本性能仍有待研究。第十二章第二节第四部分提供了实证说明。

二　空间依赖下结构稳定性检验

结构不稳定性的简单模型就是在样本子集中回归参数呈现不同值的一种情况。在应用区域科学中很容易出现这种情况，比如，当数据相同时，可将其用于最近定居和较旧的城市，或者中心城市以及郊区人口普查区。关于这种结构变化是否存在，一个著名的检验是 Chow 检验，它是基于 F 统计量的受限和非受限残差平方和的函数。

形式上，零假设和备择假设可以表示为：

$$H_0 : y = X\beta + \varepsilon$$
$$H_1 : y = \begin{bmatrix} X_i & 0 \\ 0 & X_j \end{bmatrix} \begin{bmatrix} \beta_i \\ \beta_j \end{bmatrix} + \varepsilon$$

其中，X_i 和 X_j 是 $N \times K_{i(j)}$ 矩阵，β_i 是 $K \times 1$ 向量，β_j 是含有相关回归系数的解释变量中观测对象的子集。如果在每个子集中有足够多合适的观测对象，那么该检验是基于零假设下的回归残差 e_R（限制性估计），备择假设下的残差 e_U（非限制性估计）为：

$$C = \{(e_R' e_R - e_U' e_U)/k\}/\{e_U' e_U/(N - 2K)\} \sim F(K, N - 2K)$$

正如 Consigliere（1981）和 Corsi, Pollock, Prakken（1982）对序列自相关的研究表明，当误差项 ε 不再被假设为独立时，该检验会变得无效。同样的结果也适用于误差项中的空间自相关。因此，在误差项中含有空间依赖性的情况下，结构稳定性的检验不能基于有限样本的 F 统计，而是需要从 Wald、似然比和拉格朗日乘数统计等渐近过程中推导出来。

[①]　这不是一个严谨的表述，因为这两个案例之间的残差和误差方差会变得不同。

这两种方法的主要区别是计算上的，因为它们是渐近等价的。

从本质上讲，这种情况是在带有误差协方差 $\sigma^2 \Psi$ 的广义最小二乘框架中，对参数的线性约束进行检验的一种特殊情况。适当的检验可以表示为：

$$(e_R'\Psi^{-1}e_R - e_U'^{\Psi^{-1}}e_U)/\sigma^2 \sim \chi^2(K)$$

其中，e 是 ML 残差，σ^2 是无限制模型中误差方差的 ML 估计，并且 Ψ 可以由一致估计替代。[①]

当误差项遵循空间自回归过程时，相关方差矩阵的表达形式为[②]：

$$\Psi = \left[(I - \lambda W)'(I - \lambda W) \right]^{-1}$$

相应的检验统计量会变成：

$$\{e_R'(I - \lambda W)'(I - \lambda W)e_R - e_U'(I - \lambda W)'(I - \lambda W)e_U\}/\sigma^2 \sim \chi^2(K)$$

其中，λ 表示空间参数的 ML 估计值，而 σ^2 是对限制模型（拉格朗日乘数检验）或非限制模型（Wald 检验）误差方差的估计，或者是对两者之和（似然比检验）误差方差的估计。严格来讲，该方法只具有渐近有效性，而对该检验替代形式的解释可能导致在有限样本中出现矛盾，正如第六章第三节第五部分所讨论的。在第十二章第二节第八部分，笔者会通过实证讲解如何对结构稳定性进行空间调节检验。

第三节　参数的空间拓展

空间拓展是一种用于处理回归分析中异质性问题的方法，它已经在地理学实证研究中受到大量关注。此方法最初由 Casetti（1972）在空间

①　Wald、似然比和拉格朗日乘数统计都具有相同的表达式，对 Ω 和 σ^2 的估计值在零假设、备择假设或者两种假设都存在的情况下有所不同。

②　此外，也可以考虑误差协方差结构中出现的更复杂的情况。比如，误差协方差可以是异方差，不同的权重矩阵可能会驱动数据中每个子集的空间依赖性。在这里，我们可以将这些复杂情况下的结果作为对简单模型的直接拓展。

变化的参数范围内提出，现已扩展到用于模型改进的一般框架中（Casetti，1986）。此外，最近该拓展方法已经被用于有关城市和其他区域分析的实证问题中，比如 Jones（1983，1984），Brown 和 Jones（1985），Casetti 和 Jones（1987，1988）。

在本节中，笔者会基于拓展方法来讨论一些有关估计和设定的研究。在实证工作中，这些更具技巧性的问题通常会被忽略，但是为了确保推论的准确性，应该考虑这些问题。具体来说，在对该方法进行简短的正式概述之后，笔者将重点介绍空间拓展参数所揭示的异质性与异方差和空间自相关的性质间的关系。

一　拓展方法的基本原理

从计量经济学角度来看，空间拓展方法可以看作回归模型中系统变化系数的特例。研究中所出现的异质性现象可以在参数值中得到反映，这些参数值与每个观测对象有所不同。此外，假定其被表示为许多辅助变量的函数，这导致出现更复杂的模型公式化情况。在扩展方法的术语中，原始的简单齐次设定被称为初始模型，而复杂的异质性公式则被称为最终模型。

在拓展方法的早先应用中，辅助变量由趋势面多项式组成，这些趋势面多项式是根据观测位置的坐标来表示的，因此表征为空间扩展。最近，这已被推广到趋势表面表达和其他更复杂公式的正交主成分中。

在不失一般性的情况下，对于具有单一解释变量的简单回归，可以更好地说明空间扩展方法的属性，其初始模型为：

$$y = \beta_0 + \beta_1 x + \varepsilon$$

其中，β_0 和 β_1 是回归系数 x 的解释变量中的观测向量。异质性反映为参数在观测单元上缺乏稳定性。通过假设每个独立参数（或者参数的子集）为有限拓展变量，如 z_1 和 z_2 在其中：

$$\beta = \gamma_0 + \gamma_1 \cdot z_1 + \gamma_2 \cdot z_2$$

将拓展参数 β_1 代入原始公式可得出最终模型，则：

$$y = \beta_0 + (\gamma_0 + \gamma_1.z_1 + \gamma_2.z_2).x + \varepsilon$$

或者：

$$y = \beta_0 + \gamma_0.x + \gamma_1.(z_1.x) + \gamma_2.(z_2.x) + \varepsilon$$

如果拓展的最终模型的设定形式正确，但由于存在遗漏变量问题，初始模型中的参数估计就将是有偏的。更准确地说，通过使用分块回归所得的结果，在初始模型中，该系数的 OLS 估计可以表达为：

$$b = (X'MX)^{-1}X'My$$

其中：

$$M = I - Z(Z'Z)^{-1}Z'$$

b 是作为系数子向量 $[\beta_0 \ \gamma_0]$ 的估计，$X = [\iota \ x]$，并且 $Z = [z_1.x \ \ z_2.x]$。有关期望值，在直接运用分块逆矩阵后可以得到：

$$E[b] = \beta + (X'X)^{-1}X'Z\gamma$$

其中，γ 是对应 $[\gamma_1 \ \ \gamma_2]$ 总体参数的子向量。矩阵 Z 中的元素是 X 中的元素与拓展变量的乘积。因此，X 和 Z 不会正交，对初始模型的 OLS 估计将是有偏的。

在该拓展方法的经典实证应用中，适当趋势面多项式的自由度由一系列逐步回归确定。尽管在实践中经常被忽略，但是与这种特定规范有关的问题是非常严重的，并且可能会使推论所基于的正式概率框架无效。[1] 此外，拓展变量大多数是高度多重共线性，这可能会降低估计的准确性。[2]

---

[1]　同时也可以参见 Anselin（1987a）、第十三章和第十四章。有关特定设定搜索的计量问题可以参见 Leamer（1974，1978，1983）；Zellner（1979）；Hendry（1980）；Mayer（1980）；Sims（1980）；Frisch（1981）；Malinvaud（1981）；Lovell（1983）；Ziemer（1984）；Cooley，LeRoy（1985，1986）。

[2]　有关正交拓展方法，如 Casetti 和 Jones（1987，1988）提供了一种方式以避免出现多重共线性问题。初始趋势面多项式可由少部分主分量代替，它可以在最终模型中显著减少拓展变量。

综上所述，空间扩展方法为回归模型系数考虑异质性提供了一种简单而有吸引力的方法。它也明确地表现了参数中的空间不稳定性。然而，需要谨慎地使用这个方法，尤其是当没有很好的先验理由来指导扩展变量的选择时。接下来笔者将讨论其他一些重要的实现问题。

二 空间拓展和异方差

在实证工作中，很难保持系数与对其空间拓展的特定关系假设。实际上，对于趋势面展开的适当程度的搜索，以及对正交主成分的使用，都暗示了随机误差项的存在。

更准确地说，这会产生以下拓展（与之前所用的符号一致）：

$$\beta_1 = \gamma_0 + \gamma_1 \cdot z_1 + \gamma_2 \cdot z_2 + \mu$$

其中，μ 是随机误差项，可以假定它是正态的且独立分布，方差为 σ_u^2。将该表达式替换为初始模型会产生不同的最终模型：

$$y = \beta_0 + \gamma_0 \cdot x + \gamma_1 \cdot (z_1 \cdot x) + \gamma_2 \cdot (z_2 \cdot x) + \mu \cdot x + \varepsilon$$

或者含有新的误差项：

$$\omega = \mu \cdot x + \varepsilon$$
$$y = \beta_0 + \gamma_0 \cdot x + \gamma_1 \cdot (z_1 \cdot x) + \gamma_2 \cdot (z_2 \cdot x) + \omega$$

这就是含有异方差误差的模型。[1]

对于初始模型的球面分布，最终模型的误差方差是解释变量 x 的函数：

$$\mathrm{var}(\omega) = \sigma_u^2 \cdot x^2 + \sigma_e^2$$

前提是扩展误差和模型误差是独立的，即 $E[\mu_i \cdot \varepsilon_i] = 0$，在大多数情况下可以对它进行合理的假设。

因此，在终端模型中忽略误差项的异方差特性的参数推断可能会产

---

[1] 在时间序列背景下的相似方法可以参见 Singh 等（1976）。

生误导。在此情况下，该问题非常重要，因为参数 γ_1 和 γ_2 的显著性决定了结构不稳定性的观测值。尽管可以直接使用 EGLS，但是依旧要基于 OLS 估计才能获得正确的推断，系数方差需要进行适当的调整，例如，可以根据第八章第三节中讨论的渐近异方差一致程序来对系数方差进行调整，并在第十二章第二节第六部分进行说明。

采用渐近方法的必要性可能会进一步导致问题复杂化。正如之前所提，关于有限样本近似值还存在其他不确定性。此外，渐近结果的有效性基于扩展模型中可能无法满足的许多有界规则性条件。特别是当样本接近无穷大时，模型中的异方差形式应排除无穷大的误差方差。比如，应该排除趋势面模型中需要根据其他变量进行拓展的系数，因为随之而来的异方差分量可能随坐标的幂而变大。[1]

这些问题通常在空间拓展方法的经验应用中被忽略，尽管它们对于确保估计结果的解释准确而言至关重要。

三 空间拓展和空间自相关

与此方法相关的最终实施问题是：参数的空间扩展在多大程度上消除了初始模型的误差。正如 Jones（1983），Casetti 与 Jones（1988）所说，在这两个例子中，他们发现在系数拓展后，模型残差的空间自相关的莫兰检验变得微不足道。

为了更好地解决该问题，只有当拓展后的最终模型设定正确时，我们才可以考虑在初始模型中对 β 运用 OLS 估计。因此，该初始将被误设，并且 OLS 估计是有偏的：

$$E[b] - \beta = (X'X)^{-1}X'Z\gamma$$

---

[1] 比如，如果该趋势是二次的，那么两种异方差分量可能是坐标的四次方。由于极小的格子中的坐标本身是无穷大的，因此这种情况不适合渐近方法的规则性条件，例如有界误差方差。一个相似的问题就是解释变量的交叉积可能趋于无限。尽管它不满足这些规律性条件，但是如果满足 Grenander 条件的话，那么大多数渐近结果依旧成立。更多细节可以参见 Judge 等（1985：161－163）或者 White（1984）。

关于结果，估计残差不是通常的表达式，而是根据总体参数：

$$y - Xb = Z\gamma + \varepsilon - X(X'X)^{-1}X'Z\gamma - X(X'X)^{-1}X'\varepsilon$$
$$= M(Z\gamma + \varepsilon)$$

即使错误项是独立的，基于错误设定模型中残差的莫兰统计量也可能潜在显示出显著的空间自相关。这与时间序列分析中的情况相似，即对序列自相关进行检验，尤其是 DW 检验已经能够拒绝许多的错误设定。对检验结果的非批判性解释可能会导致对序列依赖的错误考虑，然而其他错误设定的形式，比如遗漏变量或者非线性可能是纠正问题的根本原因。[①]

对于空间情况，可以基于误设模型中残差的莫兰 I 系数的期望值来做出概括性说明：

$$I = u'Wu/u'u$$

其中，$u = M(Z\gamma + \varepsilon)$。遵循与 Cliff 和 Ord（1981：201 – 203）中相同的一般推理，该期望值可以作为分子和分母的期望值之比。后者是 $\sigma^2 \cdot (N - K)$，其中 K 是模型中系数的数量。分子的期望值为：

$$E[u'Wu] = E\{(Z\gamma + \varepsilon)'MWM(Z\gamma + \varepsilon)\}$$
$$= \gamma'Z'MWMZ\gamma + \sigma^2 \cdot tr(MW)$$
$$= \gamma'Z'MWMZ\gamma - \sigma^2 \cdot tr(X'X)^{-1}X'WX$$

因此，$E[I]$ 变为：

$$E[I] = \gamma'Z'MWMZ\gamma/[\sigma^2(N - K)] - tr(X'X)^{-1}X'WX/(N - K)$$

由于在该式中首项为正，因此期望值将超过正确设定模型的结果，同时该期望值也是第二项的表达式。直观来看，因为从原始 I 度量中减去的值太小，无法获得标准化的 z 系数，所以在错误设定模型中进行的莫兰

---

① 比如，可以参见 Grether, Maddala（1973）；Granger, Newbold（1974）；McCallum（1976）；Thursby（1981）；Kiviet（1986）。

检验更可能拒绝没有空间自相关的零假设。这种情况的程度直接取决于系数不稳定性的程度（$Z\gamma$）。

换言之，必须仔细说明空间拓展和空间自相关的关系。该问题不在于参数中的空间拓展是否会减少误差项中的空间自相关，反之，结果显示，莫兰检验可能具有因抵抗空间系数失稳而引发误设的性质。

第四节　空间异质性的其他形式

在本节中，为了考虑空间变化，笔者将讲解四种备选方法。Arora 和 Brown（1977）首先提出随机系数估计和误差分量模型这两种方法来解决空间自相关问题。接下来笔者将详细讲解论证，这些方法被过于夸大，因为这些技术并未解决空间依赖性问题。反而这些方法非常适用于考虑基本非特定形式的异质性，尽管这是不必要的，但是这种形式可能具有特定的空间解释。

本节所考虑的第三种方法是以转换回归形式处理样本空间中所设定的函数的变量。此外，是否能够产生有意义的空间解释取决于特定的背景。比如，Brueckner（1985，1986）在运用城市密度进行建模时，不同的制度与城市结构的模型直接相关。

本节中讨论的最终方法是由 Foster 和 Gorr（1983，1984，1986）所改进的空间自适应滤波方法，以作为自适应估计在空间域中的应用。

一　随机系数变化

在许多实证背景下，没有明显的变量可被用于确定回归系数中空间变化的具体形式。在这种情况下，另一种方法是 Hildreth 和 Houck（1968）提出的随机系数模型。其中单个观测对象的系数都被视为从多元方差分布中随机获取。正式地说，对于每个观测对象 i：[①]

---

① 为了方便起见，该回归方程可以公式化为不含有扰动项的方程，因为有关随机截距的误差满足该条件。

$$y_i = x_i'\beta_i$$

其中，x_i' 是解释变量的行向量，而 β_i 是 K 除以 1 的系数向量，即确定为：

$$\beta_i = \beta + \mu_i$$

通常假设误差项 μ_i 为 K 变量的正态分布。该分布的均值为 0 并且协方差矩阵为 $\sum$，在特殊情况下，如果误差之间没有协方差，则它可以是对角线上的各个参数。直接替换后会产生基本形式的回归关系，同时含有异方差误差项 ν_i：

$$y_i = x_i'\beta + \nu_i$$

其中：

$$\nu_i = x_i'\mu_i$$

并且：

$$E[\nu_i] = 0$$
$$V[\nu_i] = x_i'\sum x_i$$

可以使用最大似然方法或者运用许多迭代 EGLS 步骤来估计该模型的参数。在模型未被明确设定的实证情况下，当对 $\sum$ 中的元素估计未产生正定协方差矩阵时，很可能会出现问题。[1] 在估计更复杂的设定之前，可以对异方差的特定形式进行检验，如借助 Breusch 和 Pagan（1979）检验来评估随机系数变化的可能性。

很明显，在这种情况下，随机系数模型是异方差的特例，因此它无法解决空间依赖性问题。[2]

---

[1] 更多细节可以参见 Swamy（1971，1974）；Magnus（1978）；Raj，Ullah（1981）；Schwallie（1982）；Hsiao（1986）。

[2] 这与 Arora 和 Brown（1977：76）的结论相反，即通过假设系数是随机的，可以克服随机系数回归模型中的空间自相关问题。

为了概述空间自相关，需要进行更加复杂的设定。比如，可以通过将截距的随机性与其他系数的随机性分开完成设定，从而避免常数项的误差与其他随机因素进行交互。然后可以允许截取误差反映通常形式的空间依赖性，比如，作为自回归过程。

正式地，该模型可以表达为：

$$y_i = \alpha + x_i'\beta_i + \varepsilon_i$$

其中，$x_i'\beta_i$ 与先前一样，ε_i 是关于截距的扰动项。完整的模型误差可以通过向量的形式来表示：

$$\omega = \varepsilon + \nu$$

其中 ν 与先前一样，并且：

$$\varepsilon = \lambda W \varepsilon + \phi$$

该设定形式是含有一般参数化误差协方差回归模型的特殊情况，其形式为：

$$\Omega = \sigma^2 (B'B)^{-1} + V$$

其中，σ^2 是 ϕ 的方差，B 如前所述，并且 V 是含有异方差元素 $x_i' \sum x_i$ 的对角矩阵。ML 或者 EGLS 估计所需的逆 Ω^{-1} 可表示为：

$$\Omega^{-1} = (1/\sigma^2) \cdot B'B \cdot [(1/\sigma^2)B'B + V^{-1}]^{-1} \cdot V^{-1}$$

尽管复杂并且高度非线性，但是可以使用 Magnus（1978），Breusch 和 Pagan（1980），Rothenberg（1984b）所概述的基本原理对该模型进行估计和推断。

二　横截面数据的误差分量模型

在数据（面板数据）中，回归误差项可以合理地分解为空间成分、特定时间成分和整体成分。通常表达式为：

$$\varepsilon_{it} = \mu_i + \nu_i + \omega_{it}$$

其中，μ_i 是与空间单元 i 相关的误差分量，ν_i 与时间 t 相关，ω_{it} 对所有观测值具有同等影响。笔者会在第十章第二节更加详细地讲解该模型。这里，笔者会讨论一种特殊形式，它是由 Arora 和 Brown（1977）作为空间自相关的一种替代设定形式提出的。

在横截面上，所有误差都被默认与空间单元有关，并且上面的空间分解可以简化为：

$$\varepsilon_i = \mu_i + \omega$$

其中，μ_i 是单独设定分量，并且 ω 会同等地影响所有观测对象。总体方差 σ_e^2 由与 μ_i，σ_i^2 相关的分量以及与 ω，σ_w^2 相关的分量构成。由于后者存在于每个横截面协方差 $E[\varepsilon_i \varepsilon_j]$ 中，因此它是空间自相关结果的特殊形式，对于每对观察对象而言，它都是等值的。这种特殊误差协方差用矩阵可以表示为：

$$\Omega = \sigma^2 \cdot (I + \rho W)$$

其中，σ^2 是由两种分量构成的方差，即 $\sigma_i^2 + \sigma_w^2$，ρ 是方差 σ_w^2 与方差 σ^2 之比，并且 W 是一个元素为 1 的矩阵，对角线上的 0 元素除外。

尽管表达式与面板数据中的等相关误差模型相似，但由于缺乏对时间维度的观察，因此无法对其进行操作。事实上，完全误差分量 ω 的影响不能脱离模型的截距，否则就将无法识别。这种设定几乎没有实际用处。正如 Arora 和 Brown 提到的，它几乎不配被称为"对当前实证的改进"。

三　空间转换回归

通常，空间异质性的形式可以分为少数几种形式，每种形式都由不同的回归系数值和/或不同的解释变量表示。在这种情况下可以根据 Quandt（1958）所提出的转换回归方法进行估计。

当不同的形式和转换点已知时，我们可以直接使用最大似然法进行估计。当转换点是未知时，或者引入额外的变量或随机函数来决定这些形式的类别时，问题就会复杂化。在空间模型中，一个有趣的方面是关于可以与不同形式结合起来的空间依赖的程度。尽管在时间序列背景下该问题已经被大量研究，如 Goldfeld 和 Quandt（1973）以及 Quandt（1981），但是还未开发出与空间有关的方法。为了弥补该空缺，笔者将简要地概述一些可以涵盖空间依赖的解决方法。

为了便于说明，可以考虑使用一个简单的双形式（Two-regime）模型，其中观测对象可以先验地分为一个或另一个。形式上，该模型可以用基本符号来表示，其中 i 和 j 分别代表一种形式：[①]

$$\begin{bmatrix} y_i \\ y_j \end{bmatrix} = \begin{bmatrix} X_i & 0 \\ 0 & X_j \end{bmatrix} \begin{bmatrix} \beta_i \\ \beta_j \end{bmatrix} + \begin{bmatrix} \mu_i \\ \mu_j \end{bmatrix}$$

观测对象已经根据特定形式进行重组。为了时刻保持这种特殊的结构，可以通过结合两个子组的变量与系数矩阵将符号简化为：

$$y^* = X^* \beta^* + \mu^*$$

其中，y^*、X^*、β^* 和 μ^* 与上述结构相对应。

在标准 Quandt 方法中，对完整模型的估计都基于似然法，其中每个子集的误差项都有不同的方差。以形式分类为附加条件的对数似然函数具有以下表达式（忽略了基本常数值）：

$$L = - (N_i/2) \cdot \ln(\sigma_i^2) - (N_j/2) \cdot \ln(\sigma_j^2) - (1/2) \cdot (\sigma_i)^{-2} \cdot (y_i - X_i\beta_i)'$$
$$(y_i - X_i\beta_i) - (1/2) \cdot (\sigma_j)^{-2} \cdot (y_j - X_j\beta_j)'(y_j - X_j\beta_j)$$

空间自相关误差项可以通过多种不同方法被引入，每种方法都会导致出现第四章中介绍的基本设定的特殊情况。因此，可以遵循第六章第

---

① 在大多数城市和其他区域分析中应用转换回归法时，通常将观测对象分为一种或者其他形式，这类似于时间序列中的情况。比如，在城市密度研究中，观测对象分别按照距离 CBD 的远近来排序，并且转换距离等于给定的距离（或者通过搜索所有可能的转换点来确定距离）。然而在基本情况下，任何观测对象的子集都可能是对形式的有效分类。

二节所概述的基本相同原理来进行最大似然估计和检验。

比如，假设空间依赖的潜在形式可以采用相同的自回归过程来影响所有误差项，即：

$$\mu^* = \lambda W \mu^* + \varepsilon$$

其中，W 是 $N \times N$ 的空间权重矩阵，并且：

$$E[\varepsilon \cdot \varepsilon'] = \begin{bmatrix} (\sigma_i^2) \cdot I_i & 0 \\ 0 & (\sigma_j^2) \cdot I_j \end{bmatrix}$$

其中，I_i 和 I_j 是维度为 N_i 和 N_j 的判断矩阵。相应的似然函数表达式为：

$$L = -(N_i/2) \cdot \ln(\sigma_i^2) - (N_j/2) \cdot \ln(\sigma_j^2) + \ln|I - \lambda W| - (1/2)\nu'\nu$$

其中：

$$\nu'\nu = (y^* - X^*\beta^*)'(I - \lambda W)'\Omega^{-1}(I - \lambda W)(y^* - X^*\beta^*)$$

并且：

$$\Omega^{-1} = \begin{bmatrix} (\sigma_i^2)^{-2} \cdot I_i & 0 \\ 0 & (\sigma_j^2)^{-2} \cdot I_j \end{bmatrix}$$

或者，可以为每个子组采取不同的过程（这两种形式相互独立）：

$$\mu^* = \begin{bmatrix} \lambda_i W_i & 0 \\ 0 & \lambda_j W_j \end{bmatrix} \begin{bmatrix} \mu_i \\ \mu_j \end{bmatrix} + \begin{bmatrix} \varepsilon_i \\ \varepsilon_j \end{bmatrix}$$

其中 $E[\varepsilon \cdot \varepsilon']$ 与先前一样。可以采用与之前情况类似的方法来直接求解相应的似然。

在形式不明确或者出现内生转换等复杂情况下，可以在具有限制依赖变量和删截样本分布的框架中进行推断。由于这超出了本书的范围，因此此处不再赘述。

四 空间自适应滤波

基于自适应估计的启发式原理，利用一种全新的方法来处理回归系数中的空间异质性。在 Foster 和 Gorr（1983，1984，1986）所提出的空间自适应滤波（SAF）方法中，每个观测对象都有独特的系数集合，这些系数会被反复估计和调整，直到优化模型达到拟合标准为止。SAF 过程是对时间序列分析和预测中所采用的自适应估计在空间领域的拓展，它基于指数平滑和负反馈。[①]

在自适应过程的每次迭代中，都会根据相邻位置 j 估计值的平均值以及预测表现的标准来调整位置 i 的系数估计值。正式地说，每个邻近区 j 的影响都可以表达为：

$$b_{kij}(I) = b_{kj}(I-1) + |b_{kj}(I-1)| \cdot \{(y_i - Y_{ij})/|Y_{ij}|\} \cdot \mu_k$$

其中，I 是每次迭代，k 是第 k 次回归的系数，μ_k 是阻尼因子，对于每个 i 而言：

$$b_{ki}(I) = [1/N(i)] \cdot \sum_j b_{kij}(I)$$

其是与 $i(b_{kij})$ 相邻的位置 j 估计值的空间平均值，其中 $N(i)$ 是每个 i 的邻域数量，同时 Y_{ij} 是 y 在位置 j 的预测值，它由邻近位置 j 的估计值决定，同时结合解释变量 i，则：

$$Y_{ij}(1) = \sum_k b_{kj}(I-1) \cdot x_{ki}$$

这些迭代都是连续的，直到达到整体拟合的标准为止，比如平均绝对百分比误差（MAPE）。

尽管 SAF 方法提供了完全不同的空间系数估计并且可以在应用中改善模型的拟合度（样本内预测），但其统计解释是有限的。事实上，自适应方法是附带参数问题的一个极端情况，因为每个观测对象都拥有自己的系数向量。因此，不可能用概率表述，估计的解释仅限于样本的特殊性。由此所产生的框架会缺乏意义，从而将 SAF 方法主要用于探索性分析。

[①] 有关该方法在时间序列背景中的显著特征可以参见 Carbone，Longini（1977）；Carbone，Gorr（1978）；Bretschneider，Gorr（1981，1983）。

第十章　时空模型

到目前为止，在本书中，许多估计量和检验的实证背景仅局限于纯横截面。在本章中，笔者将考虑可以在两个维度上获得观测值的模型。通常而言，一个维度与空间有关，而另一个维度与时间有关，尽管其他组合（例如横截面与横截面的结合以及时间序列与时间序列的结合）也可以被包含在内。在广泛的实证背景下，这种情况越来越重要。在相关文献中，它涉及面板数据、纵向数据或者汇集横截面以及时间序列数据。

将横截面数据与时间序列相结合的想法可以参考 Marschak（1939），并且在计量经济学文献中已经受到大量关注。有关主要问题的最新概述以及解决方法可以参考 Dielman（1983），Chamberlain（1984），Baltagi 和 Griffin（1984），Hsiao（1985，1986）及其他一些文章。

相关文献非常多，但是无法在本章有限的篇幅内予以充分反映。由于可以通过标准方法来解决许多与时空数据有关的估计和检验问题，因此在当前情况下讨论这些问题是没有意义的。本章将不再考虑这些更熟悉的时空方法。同样如前所述，将时间序列分析拓展到时空领域，正如 Bennett（1979），Pfeifer 和 Deutsch（1980a，1980b）所采用的 STARIMA 建模方法，但是它已经超出本书的讨论范围。而 Bronars 和 Jansen（1987）则不在当前讨论范围之内。

为了遵循本书的主旨，本章的重点是探讨在时空数据模型中存在空间效应时所引起的复杂性问题。在标准计量经济学文献中通常不会考虑该问题，但是从空间计量角度出发，该问题值得关注。具体来说，笔者概述了两种常见的时空模型中的空间依赖含义：看似无关的回归（SUR）

模型和误差分量模型（ECM）。此外，笔者还会简要地讨论在联立模型中有关空间效应的问题。

第一节　SUR 和空间 SUR

最初由 Zellner（1962）提出的看似无关的回归（SUR）模型正是为实证情况所设计，在这种情况下，有限程度的同时性以不同方程之间的误差相关性形式存在。如果这些方程适用于不同区域的时间序列，则所产生的依赖性可以被视为空间自相关的一种形式。这与先前所讨论的不同之处在于，空间依赖无法用特定参数化函数来表示，但也未被指定为一般协方差。

在空间计量中，如 Arora 和 Brown（1977）认为该模型可以代替使用空间权重。此外，SUR 框架结合更多复杂形式的空间和时间依赖性，如 Hordijk 和 Nijkamp（1977，1978），Hordijk（1979），Anselin（1980），Fik（1988），并且它还可以被用到多区域建模中，如 White 和 Hewings（1982）。

在本节，笔者将主要讲解 SUR 模型（空间 SUR）的空间形式，其中回归方程是关于时间中不同质点的横截面，或者横截面与横截面的结合。在简要介绍该模型后，笔者会讨论在两种特殊情况下的估计：一种是针对每个方程的误差中所含有空间自相关的 SUR 模型；另一种是包括空间滞后因变量的模型。接下来，笔者会讲解对 SUR 模型中的空间残差自相关进行的检验。本节以对嵌套空间效应建模方法的一些一般性评论作为结尾。

一　一般形式

在第四章中概述的时空模型的一般分类法中，SUR 和空间 SUR 是特殊情况。在这些模型中，因变量 y_{it} 的数据与解释变量 x_{it} 的向量（$1 \times K$）都由空间单元 $i(i = 1, \cdots, N)$ 和时间段 $t(t = 1, \cdots, T)$ 构成。

在大多数人熟悉的 SUR 设计中，回归系数 β_i 随着空间单元变化而变化，但不随时间变化。误差项在空间上是（同时）相关的，例如，在同一时间点，不同空间单位的误差之间存在恒定的协方差。更正式地说，该模型可以表示为以下方程：

$$y_{it} = x_{it}\beta_i + \varepsilon_{it}$$

其中：[1]

$$E[\varepsilon_{it}. \varepsilon_{jt}] = \sigma_{ij}$$

在矩阵表达式中，每个空间单元 i 的方程会变成：

$$y_i = X_i\beta_i + \varepsilon_i$$

其中，y_i 和 ε_i 是 $T \times 1$ 的向量，X_i 是一个含有解释变量的 $T \times K_i$ 矩阵。在一般情况下，每个方程（空间单元）的解释变量的数量 K_i 会有所不同。

在空间 SUR 模型中，系数 β_t 在空间维度下是恒定的，但是会随不同时间段发生变化。误差项在时间上是相关的，即对于同一空间单位，在不同时间段的误差之间存在恒定的协方差。更正式地说，该模型可表示为：

$$y_{it} = x_{it}\beta_t + \varepsilon_{it}$$

其中：

$$E[\varepsilon_{it}. \varepsilon_{is}] = \sigma_{ts}$$

在矩阵形式中，每个时间段 t 变为：

$$y_t = X_t\beta_t + \varepsilon_t$$

其中，y_t 和 ε_t 是 $N \times 1$ 向量，而 X_t 是 $N \times K$ 的解释变量矩阵。因此，对于每个等式（时间段），解释变量的数量 K_i 可以有所不同。

---

[1] 为了简化符号，本章的协方差和方差都用 σ 表示，而不是 σ^2。

在空间维度上能够获得比时间维度上更多合适的观测对象时（$N >$
T），才能运用空间 SUR 模型。这特别适用于在少数时间段内可以获取横
截面的情况，如十年一次的人口普查。在更典型的情况 $T > N$ 中，可以使
用一般 SUR 模型。

在 SUR 和空间 SUR 模型中的估计和假设检验可以作为一般的非球面
误差方差矩阵的框架特殊情况来使用。当回归方程以叠合形式组合时，
这最容易说明。对于空间 SUR，时间段从 1 到 T 的方程组合为：

$$
\begin{bmatrix} y_1 \\ y_2 \\ \\ y_t \end{bmatrix} = \begin{bmatrix} X_1 & 0 & \cdots & 0 \\ 0 & X_2 & \cdots & 0 \\ & & & \\ 0 & 0 & \cdots & X_T \end{bmatrix} \begin{bmatrix} \beta_1 \\ \beta_2 \\ \\ \beta_T \end{bmatrix} + \begin{bmatrix} \varepsilon_1 \\ \varepsilon_2 \\ \\ \varepsilon_T \end{bmatrix}
$$

或者，组合为：

$$
Y = X\beta + \varepsilon
$$

其中，Y 是含有因变量的 $NT \times 1$ 向量，K 是系数的总数量
$\left(= \sum_t K_t \right)$，$X$ 是维度为 $NT \times K$ 的分块对角矩阵，β 是维度为 $K \times 1$ 的总
系数向量，并且 ε 是 $NT \times 1$ 的误差向量。

对于每两个时间段 t, s，误差向量间的依赖性可以表现为：

$$
E[\varepsilon_t. \varepsilon_s{}'] = \sigma_{ts}. I
$$

这会产生总体误差方差矩阵 Ω，其表达式为：

$$
E[\varepsilon. \varepsilon'] = \Omega = \sum \otimes I
$$

其中，$\sum$ 是一个以 σ_{ts} 为元素的 $T \times T$ 矩阵，并且 $\otimes$ 是克罗内克乘积。[1]

---

[1] $m \times m$ 矩阵 A 与 $n \times n$ 矩阵 B 的克罗内克乘积 $A \otimes B$ 是一个元素为 $a_{ij} \cdot B$ 的 $mn \times mn$ 矩阵。换言之，A 中的每个元素都与 B 矩阵相乘。克罗内克乘积的性质也适用于本节剩余部分：$(A \otimes B)(C \otimes D) = AC \otimes BD$；$(A \otimes B)^{-1} = A^{-1} \otimes B^{-1}$；$\det(A \otimes B) = [\det(A)]^n \cdot [\det(B)]^m$；$tr(A \otimes B) = trA \cdot trB$。

当 $\sum$ 中的元素是已知时，基本广义最小二乘（GLS）估计量可以被用于整个方程组中，即：

$$b_{GLS} = \left[X'\left(\sum{}^{-1} \otimes I\right)X\right]^{-1} X'\left(\sum{}^{-1} \otimes I\right)y$$

其中，协方差矩阵为：

$$\mathrm{var}(b_{GLS}) = \left[X'\left(\sum{}^{-1} \otimes I\right)X\right]^{-1}$$

误差方差矩阵 Ω（以及所使用的克罗内克乘积）的特殊结构排除了估计需要对整个 NT 维矩阵进行求逆的情况。相反，仅需要 K 阶（对于 $X'\Omega^{-1}X$）和 T 阶（对于 $\sum$）矩阵的逆。

通常而言，$\sum$ 中的元素未知，但是需要与其他模型系数一起进行估计。因此，只能基于渐近考虑进行推断，这一点经常在实证研究中被忽略。如第八章第二节第一部分所述，正确的方法由估计的广义最小二乘（EGLS）或最大似然（ML）组成。Srivastava 和 Dwivedi（1979）也给出了几种迭代步骤。大多数方法会产生一致的（无偏的）以及渐近正态估计，它们构成渐近显著估计的基础。但是除了双方程模型外，有限样本属性对于所有模型而言是复杂的。[①]

当在应用区域科学领域进行建模时，SUR 设定的两个方面值得关注：一个是关于区域同质化和空间聚合的问题；另一个是对形式未定的空间依赖性进行检验。

区域同质化问题涉及整个区域的系数稳定性。比如，为了评估空间系统中所有区域以相同方式响应给定策略的程度，在 SUR 框架中每个区域的行为都可以被建模为一个独立的方程，并通过误差协方差与系统其他部分联系。然后可以以一种简单的方式进行区域系数同质性检验，以作为对 SUR 模型中参数相等性的假设检验。比如，如果兴趣集中在系数 β_k 上，则

---

① 更多细节可以参见 Phillips（1985）。同时也可以参见第八章第二节第一部分中对 EGLS 估计量性质的讨论。

假设将采用 $H_0 : \beta_{ki} = \beta_k$ ，$\forall i$ 都在系统中。可以为所有或部分模型系数做出类似的假设。如果无法拒绝模型中所有系数的相同联合零假设，则可以合理地合并所有区域的数据。在更一般的情况下，这是聚合方面的一个重要结果，也是 Zellner（1962）最初写相关论文的主要动机之一。

如前所述，在方程间的协方差未知的情况下，SUR 模型（作为基本非球面误差方差的特殊情况）的推论只有渐近有效性。在有关区域同质化的区域科学文献中，这一重要限制在很大程度上被忽略。比如，Lin（1985）和 Schulze（1987）针对区域同质化给出的两种 F 检验本应是精确检验，然而它们实际上都是渐近结果的近似值。正如第六章第三节第五部分所述，这种情况下的推论并非基于确切的有限样本置信度（ I 型误差），而是基于对 Wald、似然比或者拉格朗日乘数检验的调整。尽管这些是渐近等价的，但是它们可能导致在有限样本中出现矛盾性解释。除简单的双方程情况外 ［例如 Smith，Choi（1982）］，没有确切的结果。

当 SUR 方程组中不同的方程涉及区域时，对未指定形式的空间自相关检验等价于对方程间误差协方差矩阵 $\sum$ 的对角线进行检验。换言之，空间单元间不具有空间依赖的零假设可以表示为 $H_0 : \sigma_{ij} = 0$ ，$\forall i,j$ ，其中 $i \neq j$ ，即共有 $1/2[N \cdot (N-1)]$ 个限制条件。此外，该检验就本质上而言是渐近的，并且可以基于 Wald、似然比和拉格朗日乘数检验，比如 Breusch 和 Pagan（1980）。[①]

文献中讨论过标准 SUR 模型（T > N）中一些复杂因素。比如，Parks（1967），Guilkey 和 Schmidt（1973），Maeshiro（1980），Doran 和 Griffiths（1983）分析了内部方程误差中的序列自相关。Verbon（1980a）和 Duncan（1983）引入了异方差性。Spencer（1979），Wang，Hidiroglou 和 Fuller（1980）讨论了滞后因变量与序列误差自相关相结合的问题。此外，还引入了 SUR 与其他建模框架的组合，比如 Singh 和 Ullah（1974）的随机系数模型；Avery（1977），Verbon（1980b），Baltagi（1980）和

---

① Kariya（1981）给出了专门用于解决双方程问题的方法。

Prucha（1984）的误差分量模型（ECM）。有关这些问题的详细讨论已经超出本书范围。

二　具有空间误差自相关的空间 SUR

由于空间 SUR 模型由每个时段内的方程组成，需要针对空间单元的每个横截面进行估算，因此等式内空间误差自相关可能是一个问题。这是对方程内扰动项的序列自相关的空间模拟。更正式地说，对于方程组中的每个方程而言：

$$y_t = X_t \beta_t + \varepsilon_t$$

其中：

$$\varepsilon_t = \lambda_t W \varepsilon_t + \mu_t$$

并且：

$$E[\mu_t \cdot \mu_s'] = \sigma_{ts} \cdot I$$

换言之，误差随着方程之间的关联在每个方程（每个 t 具有不同的参数）内遵循空间自回归过程。[①]

如前所述，空间依赖误差向量 ε_t 可被视为独立向量 μ_t 的转化，即：

$$\varepsilon_t = (I - \lambda_t W)^{-1} \mu_t$$

因此，它满足：

$$
\begin{aligned}
E[\varepsilon_t \cdot \varepsilon_s'] &= E[(I - \lambda_t W)^{-1} \mu_t \cdot \mu_s' (I - \lambda_s W')^{-1}] \\
&= \sigma_{ts} \cdot [(I - \lambda_t W)'(I - \lambda_s W)]^{-1}
\end{aligned}
$$

或者：

$$E[\varepsilon_t \cdot \varepsilon_s'] = \sigma_{ts} \cdot B_t \cdot B_s'$$

---

① 为了便于说明，假设所有时间段内存在相同的权重矩阵 W。也可以直接将每个 t 中的 W 拓展为 W_t。

为了简化符号，其中①：

$$B_t = (I - \lambda_t W)^{-1}$$

总体方程组的误差协方差的表现形式为：

$$\Omega = E[\varepsilon. \varepsilon'] = B\left(\sum \otimes I\right)B' \qquad (10.1)$$

其中，ε 是由 $NT \times 1$ 误差向量构成的堆栈，$\sum$ 是 $T \times T$ 方程间的协方差矩阵，并且 B 是 $NT \times NT$ 的分块对角矩阵：

$$B = \begin{bmatrix} B_1 & 0 & \cdots & 0 \\ 0 & B_2 & \cdots & 0 \\ & & & \\ 0 & 0 & \cdots & B_T \end{bmatrix}$$

此外，将假设中简化后的 W 运用于方程上，B 可以表示为：

$$B = [I - (\Lambda \otimes W)]^{-1} \qquad (10.2)$$

其中，Λ 是包含 λ_t 的 $T \times T$ 的对角矩阵，I 是 $NT \times NT$ 的判断矩阵。

尽管该模型的估算与时间序列数据的情况相似，但有两个主要的差异需要注意。如第八章第二节所述，为时间序列相关情况开发的基本迭代步骤在空间模型中不再有效。事实上，没有简单估计可适用于自回归参数 λ_t，因此有必要进行明确的非线性 ML 优化。尽管已经提出与时间情况类似的简单迭代类似物，但事实证明它们是无效的，如下文所示。另外，时间序列方法的初值问题是可以避免的，因为所有观测对象都可用于对 ML 结果的推导。然而，边界条件可能会更加复杂，因为它们以二维形式存在。第十一章第二节进一步考虑了这一点。

最大似然估计可以作为含有基本非球面误差方差矩阵模型的特殊情

---

① 注意这里的 B 等于 $(I - \lambda W)$ 的逆，而不是等于前面几章中的 $(I - \lambda W)$。

况得出，并根据少量系数进行参数设置。[1] 在正态性假设下，表示为叠合方程模型的对数似然函数（忽略常数）具有以下一般形式：

$$L = -(1/2)\ln|\Omega| - (1/2)(Y - X\beta)'\Omega^{-1}(Y - X\beta)$$

其中：

$$|\Omega| = \left| B\left(\sum \otimes I\right)B' \right|$$
$$= \left| \sum \right|^{N} \cdot |B|^2$$

它基于克罗内克乘积行列式的性质。因此，对数似然函数的首项可以表示为：

$$-(1/2)\ln|\Omega| = -(N/2)\ln\left|\sum\right| - \ln|B|$$

或者，考虑到分块对角结构和 B 中存在矩阵逆，正如：

$$-(1/2)\ln|\Omega| = -(N/2)\ln\left|\sum\right| + \sum_t \ln|I - \lambda_t W|$$

所有完全对数似然会变成：

$$L = -(N/2)\ln\left|\sum\right| + \sum_t \ln|I - \lambda_t W|$$
$$-(1/2)(Y - X\beta)'[I - (\Lambda \otimes W')]\left[\sum{}^{-1} \otimes I\right][I - (\Lambda \otimes W)](Y - X\beta)$$

误差协方差 Ω 是含有参数向量 λ 和 σ 的函数，其中 λ 的维度为 $T \times 1$（λ_t 与方程或者时间段的数量相等），并且 σ 的维度为 $(1/2)[T(T+1)] \times 1$（上三角元素为 $\sum$）。本章附录 1 给出了 ML 结果的完整推导过程。对于回归系数和等式协方差，参数估计的结果一阶条件为：

$$\beta = \left\{ X'[I - (\Lambda \otimes W')]\left(\sum{}^{-1} \otimes I\right)[I - (\Lambda \otimes W)]X \right\}^{-1}$$

$$x X'[I - (\Lambda \otimes W')]\left(\sum{}^{-1} \otimes I\right)[I - (\Lambda \otimes W)]y \qquad (10.3)$$

---

[1]　Magnus（1978）给出了这种一般情况的形式推导。另请参见 Breusch（1980）给出的一些重要不变性结果。Anselin（1980：Chapter 7）介绍了空间 SUR 模型对 ML 估计量的推导。

$$\sum = (1/N)Z'Z \tag{10.4}$$

其中，Z 的 $N \times T$ 的转换残差矩阵为：

$$Z = [z_1, z_2, \cdots, z_T] \tag{10.5}$$

其中：

$$z_t = (I - \lambda_t W)e_t$$
$$= e_t - \lambda_t We_t \tag{10.6}$$

并且：

$$e_t = y_t - X_t\beta_t \tag{10.7}$$

对于每个 t 都具有以下形式，对于以下形式的每个 t，获得 λ_t 的估计值作为 T 非线性方程的解：

$$trW(I - \lambda_t W)^{-1} = \sum_h \sigma^{th} \cdot [e_t'W'(I - \lambda_h W)e_h] \tag{10.8}$$

其中，σ^{th} 是逆矩阵 $\sum^{-1}$ 中的第 t，h 个元素。式（10.8）清楚地表明了基本迭代步骤，从方程组中其他 λ_h 的值中分离出 λ_t 的估算值，可能导致结果不是最大的。只有当 σ^{th} 为 0，$\forall h \neq t$，即当方程内的协方差不存在时，式（10.8）才可降低为空间相关扰动的熟悉 ML 条件。

一阶条件即式（10.3）、式（10.4）和式（10.8），以及式（10.6）与式（10.7）构成了高度非线性方程组，需要对所有 β、λ 和 σ 求解。[①] 显然，尽管可以通过数值优化技术实现同时求解，但是这在计算上很麻烦。一种可替代的方法是迭代法，即在每次迭代中，λ_t 的值均为前一迭代的 β（导致残差 e_t）和 $\sum^{-1}$。并且它们大多会导致出现收敛局部最大值，如 Oberhoffer 和 Kmenta（1974）提出的基本 GLS 模型所示。一种可替代的

[①] 为了使估计结果可接受，λ 应该满足稳定性条件（如 $|\lambda_t| < 1$），以避免出现爆炸性空间过程。此外，对 $\sum$ 进行估计应得出正定矩阵。

方法是从每个方程中的 OLS 开始，从 OLS 残差中得出 $\sum$ 的估计值，并且使用这些结果求解 λ_t 的 T 方程。在接下来的回合，λ_t 和 $\sum$ 的值可以用于对新集合 β 的 EGLS 估计中。这将导致出现一系列迭代，直到满足精度的收敛性条件。或者，可以首先使用 OLS 残差来估计 λ_t（忽略方程间协方差）。随后，用 ML 估计 β（使用 λ_t），新的残差集合将产生估计值 $\sum^{-1}$。接着在下一次迭代中可获得新的估计值以用于对 β 和 λ_t 求解。关于这些操作问题的详细讨论参见第十二章第一节。

系数的信息矩阵是 β 和 $[\lambda, \sigma]$ 元素之间的块对角线，如 Breusch（1980）的一般非球形模型所示。但是，与在时间维度上具有序列自相关的 SUR 结果相反，如 Magnus（1978）所述，由于空间依赖性的双向性质，矩阵的 λ, σ 元素之间不是对角线[1]。

对于系数的不同组合，信息矩阵的相关分区产生以下结果。

对于元素 β：

$$I(\beta, \beta) = X'[I - (\Lambda \otimes W')][\sum{}^{-1} \otimes I][I - (\Lambda \otimes W)]X$$

对于元素 λ，含有 $D_t = W(I - \lambda_t W)^{-1}$，则：

$$I(\lambda_t, \lambda_t) = tr(D_t)^2 + \sigma^{tt} \cdot \sigma_{tt} \cdot trD_t'D_t$$
$$I(\lambda_t, \lambda_s) = \sigma^{ts} \cdot \sigma_{ts} \cdot trD_t'D_s$$

其中，σ^{ts} 和 σ_{ts} 分别是 $\sum^{-1}$ 和 $\sum$ 的第 t, s 个元素。

对于元素 λ_t, σ_{hk}：

$$I(\lambda_t, \sigma_{hk}) = tr(E^{tt} \sum{}^{-1} E^{hk}) \cdot trD_t$$

其中，E^{hk} 是 $T \times T$ 的零矩阵，除了元素 t 外，t 等于 1。E^{hk} 是 $T \times T$ 的

---

[1] 更具体地说，对于 W 的结构，重要的转化矩阵 $W(I - \lambda_t W)^{-1}$ 在空间情况下无法产生零迹。在时间序列中，该矩阵会有零对角元素，并且产生零迹。这确保了信息矩阵分块的对角线有不同的参数。

零矩阵，除了元素 h 外，h 等于 1。利用矩阵 E^{tt} 和 E^{hk} 都可以从逆 $\sum^{-1}$ 中选择相关元素，对于元素 σ：

$$I(\sigma_{ij}, \sigma_{hk}) = (1/2) \cdot N \cdot \{tr(\sum{}^{-1} E^{ij}) \cdot (\sum{}^{-1} E^{hk})\}$$

与以前一样构造 E 矩阵。

信息矩阵的逆生成系数的渐近方差矩阵，可通过 Wald、似然比或拉格朗日乘数方法构建假设检验。本章附录 2 给出了信息矩阵的完整推导过程。本章附录 3 提供了一组简单的双方程的完整结果。本书在第二章第三节第六部分提供了实证说明。

三　含有空间滞后因变量的空间 SUR

正如第六章第一节第一部分所指出的那样，空间滞后因变量本身的存在就足以排除 OLS 产生一致性估计。这种情况与错误项的依赖性或独立性无关。结果，当存在滞后因变量时，空间 SUR 程序中的初始步骤不能基于 OLS 估计。

这种情况与扰动相关的联立方程模型类似，并且可以从 ML 或者 IV 的角度进行研究。正式来说，方程组中的每个方程都可以表示为：

$$y_t = \gamma_t W y_t + X_t \beta_t + \varepsilon_t$$

或者：

$$A_t y_t = X_t \beta_t + \varepsilon_t$$

其中：

$$A_t = I - \gamma_t W$$

并且，与之前一样：

$$E[\varepsilon_t \cdot \varepsilon_s{}'] = \sigma_{ts}$$

该完整方程组可以用叠合形式表示为：

$$AY - X\beta = \varepsilon$$

其中：

$$A = I - (\Gamma \otimes W)$$

其中，Γ 是对角元素为 γ_t 的 $T \times T$ 对角矩阵，并且 I 是维度为 NT 的单位矩阵。与第六章第二节第三部分中基本模型所使用的方法相似，进一步转换后会产生：

$$\left(\sum \otimes I \right)^{-1/2} (AY - X\beta) = \nu$$

其中，ν 是含有独立标准正态扰动项的 $NT \times 1$ 向量。

在正态性假设下，可以与先前一样通过使用雅可比来获得该模型的似然：

$$J = \left| \left(\sum \otimes I \right)^{-1/2} \cdot A \right|$$
$$= \left| \sum \right|^{-N/2} \cdot |A|$$

相应的对数似然（忽略常数项）为：

$$L = -(N/2)\ln\left| \sum \right| + \ln|A| - (1/2)\nu'\nu$$

其中：

$$\nu'\nu = (AY - X\beta)'\left(\sum^{-1} \otimes I \right)(AY - X\beta)$$

或者，使用分块对角结构 A，L 会变为：

$$L = -(N/2)\ln\left| \sum \right| + \sum_t \ln|I - \gamma_t W| - (1/2)\nu'\nu$$

可以使用数值优化的方法来获得参数的最大似然估计。[①]

估计的替代方法基于工具变量法，尤其是三阶最小二乘（3SLS）估计。如第七章第一节所述，可以将滞后因变量和其他解释变量分组为矩

---

① 产生的对 γ 的估计量应该满足基本稳定性条件，如 $|\gamma_t| < 1$。

阵 $Z_t = [y_L, X]_t$，并且以叠合形式表示为 Z。对于每个方程，使用工具 Q_t 矩阵都可以叠合于 Q，对于基本非球面误差协方差 $\Omega = \sum \otimes I$，IV 估计量可以表示为：

$$b_{IV} = \{ Z'Q [Q'(\sum \otimes I) Q]^{-1} Q'Z \}^{-1} Z'Q [Q'(\sum \otimes I) Q]^{-1} Q'y$$

此外，相同的工具集合可以用于方程组中的所有方程，这时会产生 3SLS 估计量：

$$b_{3SLS} = \{ Z'[\sum{}^{-1} \otimes Q (Q'Q)^{-1} Q'] Z \}^{-1} Z'[\sum{}^{-1} \otimes Q (Q'Q)^{-1} Q'] y$$

作为方差矩阵，则：

$$\mathrm{var}(b_{3SLS}) = \{ Z'[\sum{}^{-1} \otimes Q (Q'Q)^{-1} Q'] Z \}^{-1}$$

该方法的实施基于对矩阵 $\sum$ 的估计值，并且需要在多次迭代中进行。一种简单的三阶段方法首先需要运用二阶段最小二乘（2SLS）分别估计每个方程，所得残差会产生对 $\sum{}^{-1}$ 的估计值，该估计值能被用于第三阶段以获得 b_{3SLS}，可以进行更多次的迭代直到满足收敛性条件。如上文所述，系数估计与协方差矩阵都是渐近正态分布的。它们构成 Wald、似然比或者拉格朗日乘数检验等渐近假设检验的基础。

显然，与非线性 ML 优化相比，3SLS 方法更加容易实现。但是，如第七章第一节所述，得出的估计值可能会产生爆炸式空间自回归参数。通常，3SLS 估计值可以被用作非线性 ML 优化中的良好起始值，从而大大加快计算速度。第十二章第三节第三部分说明了 3SLS 方法。

四　空间 SUR 模型中空间自相关的检验

当方程内部的扰动项中出现空间依赖时，由于空间 SUR 模型的估计会变得相当困难，因此检验复杂性非常有用。Martin 和 Oeppen（1975）以及 Hordijk 和 Nijkamp（1977）建议将莫兰 I 系数扩展到时空模型。然而，这两种方法都不具有已知的分布属性，在严谨的模型设定框架下，这会限制它们的有效性。[①]

具有吸引人的渐近特性的替代检验可以基于拉格朗日乘数原理。兴趣变量的零假设由 T 个限制条件组成，即 $H_0: \lambda = 0$，如前文所述，λ 是一个 $T \times 1$ 向量，其中包含每个方程的 λ_t 系数。按照基本的 LM 方法，该系数向量可以划分为：

$$\theta = \left[\lambda \mid \sigma \beta \right]$$

其中，σ 包括上三角元素 $\sum$。

通过推导分数向量和零假设下信息矩阵的相关分区逆来构造检验统计量。在正态假设下，利用第十章第一节第二部分中相同的对数似然，可以得出每个 λ_t 的分数向量：

$$\partial L / \partial \lambda_t = - tr W \left(I - \lambda_t W \right)^{-1} + \varepsilon' \left[I_{NT} - \left(\Lambda \otimes W' \right) \right.$$
$$\left. \left(\sum^{-1} \otimes I_N \right) \left(E^{tt} \otimes W \right) \right] \varepsilon$$

其中，ε 是 $NT \times 1$ 的误差向量，Λ 是含有元素 λ_t 的 $T \times T$ 对角矩阵，E^{tt} 是 $T \times T$ 的零矩阵，除了元素为 1 的 t 外，t，I_{NT} 和 I_N 也是具有合适维度的密度矩阵。

在零假设下，$\lambda_t = 0$，并且 Λ 变为零矩阵，这会使得分减少到：

$$\partial L / \partial \lambda_t = - tr W + \varepsilon' \left(\sum^{-1} \otimes I \right) \left(E^{tt} \otimes W \right) \varepsilon$$

由于按照惯例 W 有零对角元素，因此该表达式可以进一步简化为：

$$\partial L / \partial \lambda_t = \varepsilon' \left[\left(\sum^{-1} E^{tt} \right) \otimes W \right] \varepsilon$$
$$= \sum_h \sigma^{ht} \cdot \varepsilon_h' W \varepsilon_t$$

对于所有 $T \lambda_t$ 而言，该得分向量（作为一个行向量）可以简单地表

[①] 也可以参见 Anselin（1980），Hooper 和 Hewings（1981）对时空莫兰系数的解释。

达为：

$$\iota'\left(\sum{}^{-1^*} U'WU\right)$$

其中，ι' 是有一个元素为 1 的 $T \times 1$ 向量，U 是列为误差项的 $N \times T$ 矩阵，并且 $*$ 代表哈达玛乘积。[①]

正如第十章第一节第二部分所讲，该模型中的信息矩阵不是 λ 和 σ 间元素的分块对角线。乍一看，它会使得分块逆的推导变得相当复杂。然而，在零假设下：

$$trD_t = trW = 0$$

这样可以从只等于 λ 的元素 $\Psi(\lambda, \lambda)$ 中获得矩阵的逆。在零假设下，它们变为：

$$\Psi(\lambda_t, \lambda_t) = trW^2 + \sigma^{tt}. \sigma_{tt}. tr(W'W)$$
$$\Psi(\lambda_t, \lambda_s) = \sigma^{ts}. \sigma_{ts}. tr(W'W)$$

其中简化符号为：

$$T_1 = trW'W$$
$$T_{2_i} = trW^2$$

矩阵 $\Psi(\lambda, \lambda)$ 可以简化为：

$$\Psi(\lambda, \lambda) = T_2 \cdot I + T_1 \cdot \sum{}^{-1^*} \sum$$

结果，在空间 SUR 模型中对空间误差自相关的拉格朗日乘数检验变为：

$$LM = \iota'\left(\sum{}^{-1^*} U'WU\right)\left[T_2 \cdot I + T_1 \cdot \sum{}^{-1^*} \sum\right]^{-1} \left(\sum{}^{-1^*} U'WU\right)' \iota$$

它与自由度为 T 的 χ^2 分布渐近。可以直接从标准 SUR 的结果中构造该检验，并且还要附加计算两个矩阵的迹以及空间权重交叉积 $U'WU$。

---

① 将每个元素 A 与对应的元素 B：$[A \cdot B]_{ij} = a_{ij}. b_{ij}$ 相乘后，可以得到矩阵 A 和矩阵 B（具有相同的维度）的哈达玛或者直接乘积。

在本章附录 4 中，笔者会对双方程 SUR 模型的表达式进行阐述，并且第十二章第三节第四部分给出了它的实证应用。

五 嵌套空间效应

在二维度中数据的结构并不总是对应于时间数列和横截面的结合。例如，如果针对同一个县的横截面估计不同部门的就业模型，则该设计结构由横截面组成。在这种情况下，不同方程间的误差协方差反映了不同部门间的依赖性。这种依赖性的结构对于所有县都是常数。更正式地说，含有部门 r 和 s 以及横截面因素 i, j，该协方差为：

$$E[\varepsilon_{ri}, \varepsilon_{sj}] = \sigma_{rs}, \forall i = j$$
$$E[\varepsilon_{ri}, \varepsilon_{sj}] = 0, 对于 i \neq j$$

由于该估计值是基于含有任意边界的聚合空间单元，因此在每个横截面中都可能存在空间误差自相关。比如，在第十章第一节第二部分的估计量和第十章第一节第三部分中的检验就尤为相关。

当空间单元聚合为簇群时，依旧会出现不同的情况，并且还需对每个簇群中的横截面进行估计。如果两个簇群间的元素出现依赖性，那么空间 SUR 模型就会产生一种特殊的形式。[1] 此外，如果每个聚类方程中的误差项出现空间依赖，则从聚类内部以及聚类之间的依赖性意义讲，会存在某种形式的嵌套空间效应。但是，这种情况并不一定符合 SUR 框架。实际上，每个簇群中的元素需要与另一个簇群中的元素匹配，以使每个元素仅与另一个簇群中的某一元素相关。这是基于以下要求：当 $i \neq j$ 时，$E[\varepsilon_{ri}, \varepsilon_{sj}] = 0$（以与上述相同的符号表示），其中 r 和 s 代表不同簇群。显然，这是一个相当严格的结构，在实证中的应用范围十分有限。一个可能与之相关的例子就是在两个线性边界区域的研究中，在每个国

---

[1] 前提是每个簇群都有相同数量的元素。如果簇群的大小不同，则 SUR 模型不再适用简化的克罗内克乘积结果，尽管这种情况依旧可以认为是非球面误差方差。对有关该问题在时间序列背景下的进一步讨论，可以参见 Schmidt（1977）。

家（或者县的两个线性集合，由国家边界或者河流划分）中，一个国家的每个空间单元都恰好能与另一个国家的一块区域相匹配。

在更一般的情况下，当存在内部和群体之间的依存关系时，该模型成为非球形误差方差矩阵的特殊情况。比如，在简单的双方程框架中，空间依赖的表现形式为：

$$\varepsilon_i = \lambda_i W \varepsilon_i + \mu_i, i = 1,2$$

并且：

$$E[\mu_{1h} \cdot \mu_{2k}] = \sigma_{12}, \forall h, k$$

第二种形式的依赖性意味着，对于每对空间单元 h，k，两个簇的误差之间存在常数变化。这与误差分量模型所揭示的依赖性相似，本书将在下一节详细讨论。正式地，两个方程组的误差协方差变为：

$$\Omega = [I - (\Lambda \otimes W)]^{-1} U [I - (\Lambda \otimes W')]^{-1}$$

其中：

$$U = \begin{bmatrix} \sigma_{11} \cdot I & \sigma_{12} \cdot E \\ \sigma_{21} \cdot E & \sigma_{22} \cdot I \end{bmatrix}$$

其中，E 是元素为1的 $N \times N$ 矩阵。和其他空间 SUR 模型一样，这种情况下的参数估计量可以作为对 Magnus（1978）中基本 ML 方法的特殊应用。

第二节　时空误差模型

将时空影响合并到回归模型中的另一种方法包括误差成分（ECM）或方差成分（VCM）方法。在这个框架中，空间（或者是个体）和时间效应被视为不可观测随机误差的一部分，这导致模型中具有非球面扰动方差。相反，在固定效应模型中，时空都通过虚拟变量来表示。

ECM 结构在面板数据的应用计量经济分析中得到广泛应用，这可以追溯到 Balestra 和 Nerlove（1966），Wallace 和 Hussain（1969），Nerlove（1971），Maddala（1971）。目前，学界的注意力已经集中在各种形式的动态时间上，如 Lillard 和 Willis（1978），Lillard 和 Weiss（1979），Anderson 和 Hsiao（1981，1982），MaCurdy（1982），Bhargava 和 Sargan（1983）也对不同类型的异方差予以认可，其他如 Mazodier 和 Trognon（1978），Wansbeek，Kapteyn（1982）。Chamberlain（1982），Magnus（1982），Amemiya 和 MaCurdy（1986），Hsiao（1986）和 Breusch（1987）讨论了各种估计问题。

在空间计量经济学中，Arora 和 Brown（1977）认为 ECM 方法是处理空间自相关的另一种方法。但是，一般来说，误差分量模型中的空间依赖性已被大大忽略。在本节剩余部分，在简单概述 ECM 的形式后，笔者会举例说明如何合并空间依赖性，以及如何开发对其存在性的检验。

一　一般形式

如上一节所述，依赖变量 y_{it} 的数据和解释变量 x_{it} 都由空间单元 $i(i = 1, \cdots, N)$ 以及时间段 $t(t = 1, \cdots, T)$ 构成。然而，与 SUR 模型相反，在误差分量模型中，回归系数被认为是固定的，即：

$$y_{it} = x_{it}\beta + \varepsilon_{it}$$

假定误差项包含空间 μ_i 和时间 λ_t 引起的不可观测影响，以及基本扰动项 ϕ_{it}。无法观察到的特定空间影响可能是由区域结构的某些方面造成的，而特定时间的影响可能与趋势或周期有关。假定特定空间效应随时间变化是恒定的，而特定时间效应则被认为在整个空间中是恒定的。形式上，总体错误由三个部分组成，例如：

$$\varepsilon_{it} = \mu_i + \lambda_t + \phi_{it}$$

这形成三个误差分量模型（3ECM），包含空间或者时间特定效应，但不是两种都被包括，这被称为二误差分量模型（2ECM）。

与固定效应方法相反，在固定效果方法中，特定于空间或时间的方面被表示为虚拟变量，而在 ECM 中，这些方面被认为是随机的。通常而言，这三种分量的期望值为 0，并且会假设是独立分布的。此外，可以通过施加限制条件以排除跨空间或随时间的显著依赖性：

$$E[\mu_i . \mu_j] = 0 \text{ 对于 } i \neq j，但是 E[\mu_i . \mu_i] = \sigma(\mu), \forall i$$
$$E[\lambda_t . \lambda_s] = 0 \text{ 对于 } t \neq s，但是 E[\lambda_t . \lambda_t] = \sigma(\lambda), \forall t$$

通常假定第三种误差成分 ϕ_{it} 是独立且同方差的：

$$E[\phi_{ij} . \phi_{js}] = 0，对于 i \neq j \text{ 并且 } t \neq s$$
$$E[(\phi_{it})^2] = \sigma, \forall i, t$$

即使没有出现明显的误差依赖，但也会潜在地导致出现空间相关性和时间相关性。实际上，由于术语 ε_{it} 在所有时间段内都是由 μ_i 所共有的，因此 ε_{it} 和 ε_{is} 之间的协方差将包含一个元素 $\sigma(\mu)$。类似地，当所有 ε_{it} 在相同时间段中出现 λ_t 时，这会导致 ε_{it} 和 ε_{jt} 间出现空间协方差 $\sigma(\lambda)$。换言之，空间误差分量引起时间自相关，而时间特定误差分量导致出现空间自相关。但是这种自相关并不常见，因为它的大小是固定的，与时间间隔或观察之间的距离无关。换句话说，误差在整个空间上的等距相关性为 $\sigma(\lambda)$，随着时间的推移，相关性为 $\sigma(\mu)$。

ECM 结构可以用矩阵符号简单地表述为：

$$y = X\beta + \varepsilon$$

其中，y 是因变量观测值的 $NT \times 1$ 向量，X 是含有解释变量的 $NT \times K$ 矩阵，β 是 $K \times 1$ 的系数向量，并且 ε 是 $NT \times 1$ 的误差向量。

可以按照空间单元或者时间段对数据进行分类，这会导致误差项中分量的表达符号略微发生变化。更常见的方法是首先按照空间单元排序，然后再按照时间单元排序。比如，对于第一组中的误差（即对于 $i = 1$），总项将由以下总和组成：三个 $T \times 1$ 向量之和，一个向量中含有 μ_1（同等 $\forall t$），一个向量中含有 λ_t（每个 t 都不同），另一个向量中含有 ϕ_{it}，或者：

$$\varepsilon_1 = \iota_T \cdot \mu_1 + I_T \cdot \lambda + \phi_{it}$$

其中，ε_1 和 ϕ_{it} 是 $T \times 1$ 的误差向量，ι_T 是元素为 1 的 $T \times 1$ 向量，I_T 是维度为 T 的单位矩阵，λ 是含有时间分量的 $T \times 1$ 向量，并且 μ_1 是第一个空间分量。

对于随时间变化的每个空间单位上的 N 组 T 观测对象，完整的符号变为：

$$\varepsilon = (I_N \otimes \iota_T)\mu + (\iota_N \otimes I_T)\lambda + \phi$$

下标中的两个维度均以 I 为单位矩阵，ι 是元素为 1 的向量，μ 是空间分量的 $N \times 1$ 向量。或者，当按时间对各个观测对象进行排序，并表示所有空间单元在每个时间段上的 T 组 N 个观测值时，误差结构采用以下形式：

$$\varepsilon = (\iota_T \otimes I_N)\mu + (I_T \otimes \iota_N)\lambda + \phi$$

在每种情况下，都会产生特定的非球形误差方差。对于第一种结构而言，按照空间单元，它的形式为：

$$\Omega = \sigma(\mu)\left[I_N \otimes \iota_T \cdot \iota_T'\right] + \sigma(\lambda)\left[\iota_N \cdot \iota_N' \otimes I_T\right] + \sigma \cdot I$$

其中，σ 是各个分量的方差。按时间段组织数据，第二种结构的误差方差变为：

$$\Omega = \sigma(\mu)\left[\iota_T \cdot \iota_T' \otimes I_N\right] + \sigma(\lambda)\left[I_T \otimes \iota_N \cdot \iota_N'\right] + \sigma \cdot I$$

ECM 结构中的参数估计可以通过 EGLS 或最大似然来执行。Ω 的特殊形式会导致可以用 T 或者 N 阶的逆表示 Ω^{-1} 的逆，从而可以避免 $NT \times NT$ 矩阵完全倒置。[①]

———————————

① 更详细的讨论可以参见 Hsiao（1986），也可以参见第十章第二节引言中所介绍的文献。

二 误差模型中的空间自相关

误差分量模型中所含的空间依赖方程的等相关形式不允许存在距离衰减效应，由于这与公认的空间相互作用理论背道而驰，因此在应用区域科学中可能不是一个非常有用的结构。但是，重要的是认识到空间均衡是由时间特定的分量引起的，而不是由误差中的空间分量引起的。通过在扰动项分量 ϕ_{it} 上加入合适的结构，可以在 ECM 表达式中引入不同形式的依赖性或异方差性。通过这种方式，有可能将空间误差分量 μ_i 和误差项 ϕ_{it} 中的空间自回归依赖性相结合。[①]

比如，在 2ECM 框架中，按时间段组织数据，误差可以由空间效应 μ_i 和完全扰动项 ϕ_{it} 构成。后者会遵循每个时间段下空间单元的空间自回归过程。正式地说，对于时间 t 而言，误差向量可以表示为：

$$\varepsilon_t = \mu + \phi_t$$

其中：

$$\phi_t = \lambda \cdot W \cdot \phi_t + \nu_t$$

其中，λ 是空间自回归系数（而不是像以前一样为时间效应），并且 W 是 $N \times N$ 权重矩阵。和以前一样，即：

$$\phi_t = (I - \lambda W)^{-1} \nu_t = B^{-1} \nu_t$$

其中用符号简单表示为 $B = I - \lambda W$。如果参数 λ 认为在所有时间段上都是固定的，则总体误差结构会变为：

$$\varepsilon = (\iota_T \otimes I_N)\mu + (I_T \otimes B^{-1})\nu$$

上述符号与先前章节中的符号相同。

总体 $NT \times NT$ 误差方差矩阵 Ω 可以直接得到，其中分量方差为：

---

① 在标准计量方法中，依赖性只存在于时间领域，正如 Lillard 和 Willis（1978）所认为的那样。

$$E\big[\,(\mu_i)^2\,\big] = \sigma(\mu)$$
$$E\big[\,(\phi_{it})^2\,\big] = \sigma$$

并且所有其他协方差等于 0，则：

$$\Omega = \sigma(\mu) \cdot (\iota_{T\cdot}\,\iota_T{}' \otimes I_N) + \sigma \cdot \big[\,I_T \otimes (B'B)^{-1}\,\big]$$

或者，有：

$$\omega = \sigma(\mu)/\sigma$$
$$\Omega = \sigma \cdot \psi$$
$$\psi = \iota_{T\cdot}\,\iota_T{}' \otimes \omega \cdot I_N + \big[\,I_T \otimes (B'B)^{-1}\,\big]$$

可以使用最大似然进行估计。在正态性假设下，基本对数似然（忽略常数值）的表达式为：

$$L = -(NT/2)\ln\sigma - (1/2)\ln|\psi| - (1/2\sigma)e'\psi^{-1}e$$

其中：

$$e = y - X\beta$$

尽管初看这些表达式中所包含的行列式和逆矩阵非常复杂，但是它们的空间结构允许进行适当的简化。在应用 Magnus（1982）的大量矩阵性质后，[1] 该行列式可以表示为：

$$|\psi| = \big|\,(B'B)^{-1} + (\omega \cdot T) \cdot I_N\,\big| \cdot |B|^{-2(T-1)}$$

并且它的逆变为：

$$\psi^{-1} = (1/T)\iota_{T\cdot}\,\iota_T{}' \otimes \big[\,(B'B)^{-1} + (\omega \cdot T) \cdot I_N\,\big]^{-1} + \big[\,I_N - (1/T)\iota_{T\cdot}\,\iota_T{}'\,\big] \otimes B'B$$

这不涉及尺寸大于 N 的矩阵求逆。

---

[1] Magnus（1982：245）表明，对于具有特殊结构 $U = i_T i_T{}' \otimes C + I_T \otimes D$ 的矩阵，它的逆和行列式可以写成简化形式。在 $M = (1/T)i_T i_T{}'$，并且 $Q = D + T \cdot C$ 的情况下，该矩阵等价于 $U = (M \otimes Q) + (I_T - M) \otimes D$。该行列式满足 $|U| = |Q| \cdot |D|^{T-1}$ 并且它的逆为 $U^{-1} = M \otimes Q^{-1} + (I - M) \otimes D^{-1}$。

因此，该对数似然可以写成：

$$
\begin{aligned}
L = & -(NT/2)\ln\sigma - (1/2)\ln\left|(B'B)^{-1} + (\omega T)I_N\right| - (T-1)\ln|B| \\
& - (1/2\sigma)e'\left\{(1/T)\iota_{T\cdot}\iota_T' \otimes \left[(B'B)^{-1} + (\omega \cdot T)\cdot I_N\right]^{-1}\right\}e \\
& - (1/2\sigma)e'\left\{\left[I_N - (1/T)\iota_{T\cdot}\iota_T'\right] \otimes B'B\right\}e
\end{aligned}
$$

可以用该基本方法获得 ML 估计的一阶条件和信息矩阵中的元素，也可以将其作为基本参数化误差协方差的一种应用方法。

三 误差模型中空间自相关的拉格朗日乘数检验

与 SUR 模型中所采用的方法相似，对误差分量模型中所具有的空间自相关进行渐近检验可以基于拉格朗日乘数原理。划分后的系数向量等于零假设 $H_0: \lambda = 0$，则：

$$
\begin{bmatrix} \lambda \mid \sigma\omega\beta \end{bmatrix}
$$

这与先前章节所用的符号相同。

更多细节可以参见本章附录 5，λ 的得分向量形式如下：

$$
\begin{aligned}
\partial L/\partial\lambda = & \, tr\psi^{-1}\left[I_T \otimes (B'B)^{-1}(W'B + B'W)(B'B)^{-1}\right] + \\
& (1/2\sigma)e'\psi^{-1}\left[I_T \otimes (B'B)^{-1}(W'B + B'W)(B'B)^{-1}\right]\psi^{-1}e
\end{aligned}
$$

在零假设下，即 $\lambda = 0$，以下简化结果成立：

$$
B = B'B = (B'B)^{-1} = I
$$
$$
\Psi = (\iota_{T\cdot}\iota_T' \otimes \omega \cdot I_N) + I_{NT}
$$

此外，误差方差 Ψ 与更为熟悉的 2ECM 结构（由时间段组成）中的误差方差相同，并且它的反函数减少到：[①]

$$
\Psi^{-1} = I_{NT} - \iota_{T\cdot}\iota_T' \otimes (\omega/1 + T\omega)\cdot I_N
$$

因此，λ 的得分向量可在零假设下极大地简化，并且变为：

---

① 比如，更多讨论和推导可以参见 Hsiao（1986）。

$$\partial L/\partial \lambda \ = \ (1/\sigma) \cdot e'\{[I_T + \kappa(T\kappa - 2) \cdot \iota_T \cdot \iota_T'] \otimes W\}e \quad (10.9)$$

其中简化符号为 $\kappa = \omega/1 + T\omega$。该表达式由空间加权残差的叉积组成，与莫兰系数中的交叉积相似，但是需要根据方差分量进行调整。

尽管信息矩阵不是 λ 和 σ 以及 ω 参数之间的分块对角线，但由于矩阵 W 和 W' 的零迹，它在零值下实现了此性质，如本章附录 5 所示。

因此，信息矩阵的分块逆会减少到元素为 λ 的简单逆。通常，这是表达式的反函数：

$$I(\lambda, \lambda) \ = \ (1/2)tr\psi^{-1}(\partial\psi/\partial\lambda)\psi^{-1}(\partial\psi/\partial\lambda)$$

在零假设下，可简化为：

$$I(\lambda, \lambda) \ = \ (1/2)tr[I_{NT} - E \otimes \kappa \cdot I_N][I_T \otimes (W + W')]$$
$$x[I_{NT} - E \otimes \kappa \cdot I_N][I_T \otimes (W + W')]$$

为了简化符号，使用 $E = \iota_{T} \cdot \iota_T'$。在矩阵代数的直接应用中，该表达式变为：

$$I(\lambda, \lambda) \ = \ (T^2\kappa^2 - 2\kappa + T) \cdot (T_1 + T_2)$$

其中，与先前一样：

$$T_1 \ = \ trW'W$$

$$T_2 \ = \ trW^2$$

结果，LM 统计变为：

$$LM \ = \ \{(1/\sigma)e'\{[I_T + \kappa(T\kappa - 2) \cdot E] \otimes W\}e\}^2/p \ \sim \ \chi^2(1)$$

其中，e 为残差向量，并且：

$$p \ = \ (T^2\kappa^2 - 2\kappa + T) \cdot (T_1 + T_2)$$

或者，等价地：

$$(1/\sigma)e'\{[I_T + \kappa(T\kappa - 2) \cdot E] \otimes W\}e/p^{1/2} \ \sim \ N(0,1)$$

通过构建合适的空间加权叉积并计算两个矩阵迹线，可以从标准2ECM 程序的输出中计算该统计量。实证说明在第十二章第三节第五部分中给出。

第三节 时空联立模型

当观测值随时间推移和跨空间可用时，建模空间依赖关系的潜力不仅限于误差方差结构。事实上，数据中额外维度允许以联立方程组的形式分析空间单元之间的相互作用。

对于一定数量的空间单元 N，并且在 $T > N$ 的情况下，每个区域中的现象都可以被表示为一个分离方程。在这些方程中，一个或多个其他区域的因变量可以同时或滞后地作为内生变量被包括在内。一般来说，每个区域的方程可以表达为：

$$y_i = Y\delta + X\beta + \varepsilon$$

其中，Y 是空间内生变量观测值的 $(N-1) \times N$ 矩阵，δ 是 $(N-1) \times 1$ 的空间系数向量，X 是含有其他内生与外生变量的 $K \times T$ 矩阵，系数为 β，并且 ε 是误差项。

该空间联立方程组可以表示为：①

$$Y\Delta + XB = E$$

其中所有空间变量 Y 的矩阵维度是 $N \times T$（N 个方程，各个空间单元都有一个），并且 Δ 是 $N \times N$ 的空间系数矩阵。通过在系数矩阵和/或误差协方差中加入限制条件，可以识别该方程组。比如，可以在空间系数矩阵 Δ 上加入对称性条件。

该框架是最为基本的空间建模结构。它允许 Δ 系数中存在显著的空间依赖性并且将依赖性纳入误差项中，与在 SUR 模型中一样。可以通过有限的信息或完整的信息最大似然以及 2SLS 或 3SLS 进行估计。

---

① 为了简化符号，此处仅考虑空间方程。可以同时拓展该联立框架以包括其他非空间方程（和变量）。

附录1　含有空间自相关误差的空间 SUR 模型中
ML 估计量的一阶条件

正如 Magnus（1978）所示，线性回归模型中参数的 ML 估计的一阶条件为一般非球面误差方差 $\Omega(\theta)$：

$$\beta = (X'\Omega^{-1}X)^{-1}X'\Omega^{-1}y$$
$$tr\{(\partial\Omega^{-1}/\partial\theta_i) \cdot \Omega\} = e'(\partial\Omega^{-1}/\partial\theta_i)e, \forall i$$

其中：

$$e = y - X\beta$$

在矩阵 Ω 具有特殊结构的情况下，可以更明确地表示一阶条件。具体来说，对于含有空间因变量的 SUR 模型而言，矩阵 Ω 可以表示为：

$$\Omega = B(\sum \otimes I)B'$$

这是 Magnus（1978）所考虑模型的一种特殊情况。[①] β 和 $\sum$ 的条件可以直接运用，无须进一步考虑。

对于参数 λ_t 的一阶条件可以表示为：

$$tr\{(\partial B^{-1}/\partial\lambda_t) \cdot B\} = trZ\sum{}^{-1}Z_t', \forall t \qquad (10.10)$$

其中，Z 是式（10.5）和式（10.6）中的误差转换，并且 Z_t 是 $N \times T$ 的矩阵：

$$Z_t = [z_{1t}, z_{2t}, \cdots z_{Tt}] \qquad (10.11)$$

---

① Magnus（1978）所考虑的空间结构表达形式为 $\Omega = Q(\sum \otimes \Delta)Q'$。

其中：

$$z_{ht} = (\partial B_h^{-1}/\partial \lambda_t) \cdot e_h \qquad (10.12)$$

其中，$h = 1, \cdots, T$；$t = 1, \cdots, T$。

因为 B^{-1} 是包含元素为 $(I - \lambda_t W)$ 的分块对角矩阵，所以它对于特定 λ_t 的偏导数是包括 t 中的 $-W$，对角线上的 t 块，其他地方的 0，或者：

$$\partial B_h^{-1}/\partial \lambda_t = -W \text{，对于 } h = t \qquad (10.13)$$

$$= 0 \text{，对于 } h \neq t \qquad (10.14)$$

它会产生：

$$\partial B^{-1}/\partial \lambda_t = -E^{tt} \otimes W \qquad (10.15)$$

$$[\partial B^{-1}/\partial \lambda_t] \cdot B = -E^{tt} \otimes W(I - \lambda_t W)^{-1} \qquad (10.16)$$

其中 E^{tt} 与先前定义一样。

最终，式（10.10）中的 LHS 会减少到两个分块对角矩阵乘积的迹，其中两个对角矩阵只有一个非零元素。因此，LHS 简化为：

$$tr\{(\partial B^{-1}/\partial \lambda_t) \cdot B\} = tr\{-W(I - \lambda_t W)^{-1}\}$$

通过使用式（10.13）和式（10.14）所得的结果，z_{ht} 的元素会采用特定形式来表达，如：

$$z_{ht} = -We_t \text{，对于 } h = t$$
$$= 0 \text{，对于 } h \neq t$$

所以 $N \times T$ 的矩阵 Z_t 将由零元素组成，除了列 t 等于 $-We_t$ 外。这极大地简化了式（10.10）中的 RHS 表达式：

$$trZ \sum^{-1} Z'_t = tr[Z_t'Z] \cdot \sum^{-1}$$

除行 t 之外，叉积是零元素的 $T \times T$ 矩阵。对于 $h = 1, \cdots, T$，它变为 $Z'_{tt}Z_h$。因此，通过 $Z_t'Z$ 中的 t 行元素与 $\sum^{-1}$ 中 t 列元素的交叉积进

行求和获得矩阵的迹：

$$
trZ \sum{}^{-1} Z'_t = \sum_h \sigma^{th} \cdot [z_{tt}{}'z_h]
$$

$$
= \sum_h \sigma^{th} \cdot [e_t{}'W'(I - \lambda_h W)e_h]
$$

正如式（10.8）所示。

附录 2　含有空间自相关误差的空间 SUR 模型中 ML 估计量的信息矩阵

在附录 1 中，ML 估计量的信息矩阵可以作为 Magnus（1978）中将 ML 估计量的信息矩阵作为结果的特例。这里，含有 $\Omega(\theta)$ 的一般模型的信息矩阵的表达形式为：

$$\psi_{ij} = (1/2)tr[(\partial\Omega^{-1}/\partial\theta_i)\Omega(\partial\Omega^{-1}/\partial\theta_j)\Omega]$$

θ 中结合了全部的 θ_i 和 θ_j。

在空间 SUR 模型中，β 元素和 $[\lambda,\sigma]$ 元素间的信息矩阵是分块对角的。β 的结果是基本 $X'\Omega^{-1}X$。对于 Ω（λ 和 σ）中参数的信息矩阵所含的重要元素，我们称之为 Ψ，则有：

$$\Psi(\lambda,\lambda) = trK_iK_j + trK_i'(\sum{}^{-1}\otimes I)K_j(\sum{}\otimes I)$$

$$\Psi(\lambda,\sigma) = trK_i'(\sum{}^{-1}E^{hk}\otimes I)$$

$$\Psi(\sigma,\sigma) = (1/2)N\cdot tr(\sum{}^{-1}E^{ij})(\sum{}^{-1}E^{hk})$$

其中，i，j，h，k 是与系数向量相关的元素，E 的定义如前，K 是 λ 中每个元素 λ_t 的附加矩阵。在空间 SUR 模型中，K_t 会变为：

$$K_t = (\partial B^{-1}/\partial\lambda)\cdot B$$
$$= -E^{tt}\otimes W(I-\lambda_tW)^{-1}$$

其和式（10.16）中一样。

可以通过使用简化符号 $D_t = W(I-\lambda_tW)^{-1}$ 和接下来的中间值去推导 $\Psi(\lambda,\lambda)$ 与 $\Psi(\lambda,\sigma)$ 所需的表达式：

$$K_tK_s = (E^{tt}\otimes D_t)(E^{ss}\otimes D_s)$$
$$= (E^{tt}\cdot E^{ss})\otimes(D_tD_s)$$

或者：

$$K_t K_s = 0 ，对于 t \neq s$$

$$= E^{tt} \otimes (D_t)^2 ，对于 t = s$$

$$trK_t K_t = [trE^{tt}] \cdot [tr(D_t)^2]$$

$$= tr(D_t)^2$$

$$K_t'(\sum{}^{-1} \otimes I)K_s(\sum{} \otimes I) = (E^{tt} \otimes D_t')(\sum{}^{-1} \otimes I)(E^{ss} \otimes D_s)(\sum{} \otimes I)$$

$$= (E^{tt} \sum{}^{-1} E^{ss} \sum{}) \otimes (D_t' D_s)$$

$$tr(E^{tt} \sum{}^{-1} E^{ss} \sum{}) = \sigma^{ts} \cdot \sigma_{ss}$$

$$trK_t'(\sum{}^{-1} \otimes I)K_s(\sum{} \otimes I) = \sigma^{ts} \cdot \sigma_{ts} \cdot tr(D_t' D_s)$$

$$K_t'(\sum{}^{-1} E^{hk} \otimes I) = (E^{tt} \otimes D_t')(\sum{}^{-1} E^{hk} \otimes I)$$

$$= (E^{tt} \sum{}^{-1} E^{hk}) \otimes D_t'$$

$$trK_t'(\sum{}^{-1} E^{hk} \otimes I) = [tr(E^{tt} \sum{}^{-1} E^{hk})] \cdot [trD_t]$$

附录 3 含有空间自相关误差的双方程空间 SUR 模型中的 ML 估计量

双方程空间 SUR 模型的估计方程如下。

对于 β：

$$\beta = \left[X'\Omega^{-1}X \right]^{-1} X'\Omega^{-1}y$$

或者，根据每个方程中的变量划分为：

$$X'\Omega^{-1}X = \begin{bmatrix} \sigma^{11}X_1'(I-\lambda_1W)'(I-\lambda_1W)X_1 & \sigma^{12}X_1'(I-\lambda_1W)'(I-\lambda_2W)X_2 \\ \sigma^{21}X_2'(I-\lambda_2W)'(I-\lambda_1W)X_1 & \sigma^{22}X_2'(I-\lambda_2W)'(I-\lambda_2W)X_2 \end{bmatrix}$$

$$X'\Omega^{-1}y = \begin{bmatrix} \sigma^{11}X_1'(I-\lambda_1W)'(I-\lambda_1W)y_1 & \sigma^{12}X_1'(I-\lambda_1W)'(I-\lambda_2W)y_2 \\ \sigma^{21}X_2'(I-\lambda_2W)'(I-\lambda_1W)y_1 & \sigma^{22}X_2'(I-\lambda_2W)'(I-\lambda_2W)y_2 \end{bmatrix}$$

对于 λ：

$$trW(I-\lambda_1W)^{-1} = \sigma^{11}e_1'W'(I-\lambda_1W)e_1 + \sigma^{12}e_1'W'(I-\lambda_2W)e_2$$

$$trW(I-\lambda_2W)^{-1} = \sigma^{21}e_2'W'(I-\lambda_1W)e_1 + \sigma^{22}e_2'W'(I-\lambda_2W)e_2$$

对于 $\sum$：

$$\sum = (1/N) \begin{bmatrix} e_1'(I-\lambda_1W)'(I-\lambda_1W)e_1 & e_1'(I-\lambda_1W)'(I-\lambda_2W)e_2 \\ e_2'(I-\lambda_2W)'(I-\lambda_1W)e_1 & e_2'(I-\lambda_2W)'(I-\lambda_2W)e_2 \end{bmatrix}$$

β 信息矩阵中的元素如前所述。在双方程中，元素 $[\lambda,\sigma]$ 的相应表达式为：

$$\psi(\lambda_1,\lambda_1) = tr(D_1)^2 + \sigma^{11}\cdot\sigma_{11}\cdot tr(D_1'D_1)$$

$$\psi(\lambda_1,\lambda_2) = \sigma^{12}\cdot\sigma_{12}\cdot tr(D_1'D_2)$$

$$\psi(\lambda_1,\sigma_{11}) = \sigma^{11}\cdot tr(D_1)$$

$$\psi(\lambda_1,\sigma_{12}) = \sigma^{12}\cdot tr(D_1)$$

$$\psi(\lambda_1,\sigma_{22}) = 0$$

$$\psi(\lambda_2, \lambda_2) = tr(D_2)^2 + \sigma^{22} \cdot \sigma_{22} \cdot tr(D_2'D_2)$$

$$\psi(\lambda_2, \sigma_{11}) = 0$$

$$\psi(\lambda_2, \sigma_{12}) = \sigma^{21} \cdot tr(D_2)$$

$$\psi(\lambda_2, \sigma_{22}) = \sigma^{22} \cdot tr(D_2)$$

$$\psi(\sigma_{11}, \sigma_{11}) = (1/2)N \cdot (\sigma_{11})^2$$

$$\psi(\sigma_{11}, \sigma_{12}) = N \cdot \sigma^{11} \cdot \sigma^{12}$$

$$\psi(\sigma_{11}, \sigma_{22}) = (1/2)N \cdot (\sigma^{12})^2$$

$$\psi(\sigma_{12}, \sigma_{12}) = N \cdot [(\sigma^{12})^2 + \sigma^{11}\sigma^{22}]$$

$$\psi(\sigma_{12}, \sigma_{22}) = N \cdot \sigma^{22} \cdot \sigma^{12}$$

$$\psi(\sigma_{22}, \sigma_{22}) = (1/2)N \cdot (\sigma^{22})^2$$

附录 4　双方程空间 SUR 模型中空间误差自回归的 LM 检验

LM 检验的形式为：

$$LM = \iota' \left(\sum\nolimits^{-1*} U'WU \right) \left[T_1 \cdot I + T_2 \cdot \sum\nolimits^{-1*} \sum \right]^{-1} \left(\sum\nolimits^{-1*} U'WU \right)' \iota$$

或者：

$$LM = \iota' P S^{-1} P' \iota$$

其中：

$$P = \sum\nolimits^{-1*} U'WU$$

$$S = T_2 \cdot I + T_1 \cdot \sum\nolimits^{-1*} R$$

并且，与之前一样，则：

$$T_1 = trW'W$$

$$T_2 = trW^2$$

对于双方程而言，该统计的分布近似于 $\chi^2(2)$。它的构成部分可以直接写成：

$$P = \begin{bmatrix} \sigma^{11} e_1' W e_1 & \sigma^{12} e_1' W e_2 \\ \sigma^{21} e_2' W e_1 & \sigma^{22} e_2' W e_2 \end{bmatrix}$$

$$S = \begin{bmatrix} T_2 + T_1 \sigma^{11} \cdot \sigma_{11} & T_1 \sigma^{12} \cdot \sigma_{12} \\ T_1 \sigma^{21} \cdot \sigma_{21} & T_2 + T_1 \sigma^{22} \cdot \sigma_{22} \end{bmatrix}$$

附录 5　2ECM 中空间自相关的 LM 检验的推导

在正态性假设下，具有空间自相关的 2ECM 的对数似然为：

$$L = -(NT/2)\ln\sigma - (1/2)\ln|\psi| - (1/2\sigma)e'\psi^{-1}e$$

其中：

$$\psi = \iota_T\iota_T' \otimes \omega \cdot I_N + I_T \otimes (B'B)^{-1}$$
$$\omega = \sigma(\mu)/\sigma$$
$$B = I - \lambda W$$

λ 的得分为：

$$\partial L/\partial\lambda = -(1/2)\partial(\ln|\psi|)/\partial\lambda - (1/2\sigma) \cdot e'(\partial\psi^{-1}/\partial\lambda)e$$

为了获得式（10.9）中的表达式，需要以下偏导结果：

$$\partial(\ln|\psi|)/\partial\lambda = tr\psi^{-1} \cdot (\partial\psi/\partial\lambda)$$
$$tr\psi^{-1}/\partial\lambda = -\psi^{-1} \cdot (\partial\psi/\partial\lambda)\psi^{-1}$$
$$\partial\psi/\partial\lambda = I_T \otimes \partial(B'B)^{-1}/\partial\lambda$$
$$\partial(B'B)^{-1}/\partial\lambda = (B'B)^{-1}(W'B + B'W)(B'B)^{-1}$$

并且，因此：

$$\partial(\ln|\psi|)/\partial\lambda = -tr\psi^{-1} \cdot [I_T \otimes (B'B)^{-1}(W'B + B'W)(B'B)^{-1}]$$
$$\partial\psi^{-1}/\partial\lambda = -\psi^{-1}[I_T \otimes (B'B)^{-1}(W'B + B'W)(B'B)^{-1}]\psi^{-1}$$

这可以直接推导出得分的完整表达式。

在零假设下，ψ^{-1} 的形式较为简单，它允许得分表达式进一步简化。实际为：

$$\psi^{-1} = I_{NT} - E \otimes \kappa \cdot I_N$$
$$\partial\psi^{-1}/\partial\lambda = I_T \otimes W' + W$$

其中：

$$E = \iota_T \iota_T{}'$$

$$\kappa = \omega/1 + T\omega$$

因此，得分首项会变为：

$$-(1/2)\partial(\ln|\psi|)/\partial\lambda$$

$$= (1/2)tr[I_{NT} - E \otimes \kappa \cdot I_N] \cdot [I_T \otimes (W' + W)]$$

$$= (1/2)tr[I_T \otimes (W + W')] - (1/2)tr[E \otimes \kappa(W + W')]$$

$$= (1/2)trI_T \cdot tr(W + W') - (1/2)trE \cdot tr(W + W')$$

$$= 0$$

从 $trW = trW' = 0$ 开始（零对角线）。

在得分中，第二项也可简化为：

$$(1/2\sigma)e'\psi^{-1}(\partial\psi/\partial\lambda)\psi^{-1}e$$

$$= (1/2\sigma)e'[I_{NT} - E \otimes \kappa \cdot I_N][I_T \otimes (W' + W)][I_{NT} - E \otimes \kappa \cdot I_N]e$$

因为该表达式是标量，并且所有矩阵除了 W,W' 外都是堆对称的，所以它可以进一步简化为：

$$(1/\sigma)e'[I_{NT} - E \otimes \kappa \cdot I_N][I_T \otimes W][I_{NT} - E \otimes \kappa \cdot I_N]e$$

$$= (1/\sigma)e'\{[I_T \otimes W] - [E \otimes 2\kappa W] + [T \cdot E \otimes \kappa^2 W]\}e$$

$$= (1/\sigma)e'\{[I_T + \kappa(T\kappa - 2)E] \otimes W\}e$$

使用 $E \cdot E = T \cdot E$。

信息矩阵中非对角线元素有关 λ 和 $[\sigma \quad \omega]$ 为：

$$I(\lambda,\sigma) = (1/2\sigma) \cdot tr\psi^{-1}(\partial\psi/\partial\lambda)$$

$$I(\lambda,\omega) = (1/2)tr\psi^{-1}(\partial\psi/\partial\lambda) \cdot \psi^{-1}(\partial\psi/\partial\omega)$$

与上述一样，$tr\psi^{-1}(\partial\psi/\partial\lambda)$（即与 λ 的得分向量中第一个元素相同）会在零假设下变为 0。此外，由于：

$$\partial\psi/\partial\omega = E \otimes I_N$$

因此在零假设下通过简化表达式 ψ^{-1} 和 $\partial \psi / \partial \lambda$，第二项会变为：

$$I(\lambda, \omega) = (1/2) tr [I_{NT} - E \otimes \kappa I_N][I_T \otimes (W + W')]$$
$$x [I_{NT} - E \otimes \kappa \cdot I_N][E \otimes I_N]$$
$$= (1/2) tr \{[[I_T \otimes (W + W')][I_{NT} - E \otimes \kappa I_N][E \otimes I_N]]\}$$
$$- (1/2) tr [E \otimes \kappa I_N][I_T \otimes (W + W')][I_{NT} - E \otimes \kappa I_N][E \otimes I_N]$$

在该表达式中，第一项会变为：

$$(1/2) tr \{E \otimes (W + W') - T \cdot E \otimes \kappa(W + W')\} = 0$$

并且第二项会变为：

$$(1/2) tr \{T \cdot E \otimes \kappa(W + W') - T^2 \cdot E \otimes \kappa^2(W + W')\} = 0$$

这基于 $tr(W + W') = 0$。

因此，在零假设下，元素为 λ 的信息矩阵是分块对角的。

第十一章 空间过程模型估计和 检验中的问题

在本章，笔者将简要地回顾一些有关空间过程模型中估计和检验的基础方法论问题。空间计量文献中对这些问题的关注点不尽相同。从本质上讲，某些问题（例如由预检验产生的问题）已被忽略。此外，大量文献研究过如边际值等问题，但尚未以令人满意的方式解决。一般而言，可以将本章中讨论的问题视为未来研究的重要方向，这对有效实施空间计量学方法至关重要。

本章包括四节。第一节考虑有关空间检验和估计量解释的先验问题。第二节专门讨论边际值问题。第三节对空间权重矩阵的设定问题做了简要说明。第四节讨论使用空间估计量时所需样本尺寸的问题。

第一节 预检验

在许多计量经济学实证文章中，对估计量的选择取决于先前进行的设定测试或对回归诊断的结果。比如在空间分析中，拒绝误差项中不含空间自相关的零假设通常会导致考虑空间依赖性的最大似然估计。

这种顺序排列法会改变估计量的随机性质，并且会对假设检验和预测产生重要影响。在计量经济学中，该问题被称为先验问题，并且受到大量的关注，如 Wallace（1977），Judge 和 Bock（1978）以及 Judge 和 Yancey（1986）。Nakamura 和 Nakamura（1978），Griffiths 和 Beesley（1984），King 和 Giles（1984），以及 Giles 和 Beattie（1987）对回归误差中出现序列相关的先验估计进行了分析。到目前为止，在空间分析中，这个问题基本上已被忽略。

在本节剩余部分，笔者会首先概述基于先验估计量的标准方法。接着笔者会简要地讨论空间过程模型中的先验估计量。

一　基本框架

在统计决策理论框架下，根据假设检验的结果选择估计量。通常而言，在当真实值未知的情况下，该问题被视为有关概率分布的参数值的决策。该选择是基于对潜在未知分布所生成的随机数据的观测。估计量本身也是决定数据函数参数值的依据。

借助目标函数或者损失函数可以判断特殊决定依据或者估计量的适当性，它能根据潜在真实值决定估计选择的量化结果。通常而言，它通过衡量真实值与估计值间的差距来表示，比如绝对误差和误差平方。加权平方误差损失函数可以表达为：

$$L[\theta, \theta(y)] = [\theta(y) - \theta]'A[\theta(y) - \theta]$$

其中，θ 是参数向量，$\theta(y)$ 是其估计值，用随机数据 y 的函数来表示，A 是一般权重矩阵。由于数据 y 是随机的，因此损失函数也是随机的。它经常通过它的期望值或者风险值来衡量：

$$R[\theta, \theta(y)] = E\{L[\theta, \theta(y)]\}$$

其中期望值超过分布 $f(y \mid \theta)$，即以真实参数向量为条件的数据密度。

先验估计量是一种决定依据，它由替代估计量随机混合组成。混合的随机性是由与假设检验相关的不确定性引起的，假设检验的不确定性决定了对估计量的选择方法。

一个常见的例子就是非球面误差协方差矩阵，它是参数 θ 的函数。如果 θ 为 0，则 OLS 就是最佳线性无偏估计量。如果 θ 不为 0，那么估计应该基于一致估计量，如 EGLS 或者 ML。θ 是否为 0 取决于与假设检验有关的概率水平。换言之，如果检验统计量被认为是显著的，那么就可以使用 EGLS，否则就要用 OLS。然而，即使该检验是显著的，但是仍然有概率 α（第 I 类错误）认为它是零假设下产生的值，因此其使用了错误的估计量。该决定的结果由风险函数来衡量，并且总体上取决于真实参数值、相关数据、检验的显著性水平和对检验统计量的选择。

正式地说，选择 OLS 的估计量 b_{OLS} 还是 EGLS 的估计量 b_{EGLS}，取决于以下零假设的检验结果：

$$H_0 : \theta = 0$$

其中，它的备择假设为 $H_1 : \theta \neq 0$，或者可能为 $H_1 : \theta > 0$。

该决定是基于检验统计量 $t(y)$ 的值。当 $t(y)$ 超过预设临界值 c 时，对于给定显著性水平 α，该零假设就会被拒绝。形式上，具有 c 和 α 的表达式为：

$$P[t(y) \geqslant c] = \alpha$$

以下决定依据会产生：

$$
\begin{array}{lll}
t(y) \geqslant c & \rightarrow \text{拒绝 } H_0 & \rightarrow \text{使用 } b_{EGLS} \\
t(y) < c & \rightarrow \text{不拒绝 } H_0 & \rightarrow \text{使用 } b_{OLS}
\end{array}
$$

由此产生的先验估计量 b_{PTE} 可以用检验 $t(y)$ 和临界水平 $c(\alpha)$ 的结果组成的函数表示为：

$$b_{PTE} = I_R(\alpha) \cdot b_{EGLS} + I_{NR}(\alpha) \cdot b_{OLS}$$

其中，$I_R(\alpha)$ 和 $I_{NR}(\alpha)$ 都是指示函数，比如：

$$I_R(\alpha) = 1 \quad \text{对于 } t(y) \geqslant c(\alpha)$$

否则 $I_R(\alpha) = 0$。

并且：

$$I_{NR}(\alpha) = 1 \quad \text{对于 } t(y) < c(\alpha)$$

否则 $I_{NR}(\alpha) = 0$。

始终使用 OLS 方法，即忽略扰动参数 θ 可能不为零的概率，对应选择 $\alpha = 0$。换言之，零假设永远不会被拒绝。即使当 θ 可能为 0 时，始终使用 EGLS 相反的策略也要满足选择 $\alpha = 1$，因此始终拒绝零假设。

通过选择不同的检验统计量，不同的显著性水平或者不同的备择估计量会产生许多先验估计量。它们的分布性质往往很复杂，而且很难对它们所产生的结果进行分析。大多数研究的发现基于蒙特卡罗模拟，它们揭示了先验估计量的性质取决于数据矩阵、特定的检验统计以及预设显著性水平。[①]

先验方法说明如何基于 b_{OLS} 或者 b_{EGLS} 分布性质特性进行一般推断。当此估计量的选择基于假设检验结果时，则会产生误导。对于扰动参数 θ 和显著性水平 α 的不同变化幅度，可以根据风险对不同的估计策略进行比较。[②] 结果表明，在确定环境下，就风险而言，先验估计量是由大量有偏 Stein 规则或者收缩估计量决定的。有关对该问题的进一步讨论已经超出本书的范围。[③]

二 空间过程模型的预检验估计量

正如第六章和第八章所示，当回归中的误差项具有空间依赖性，或者含有空间滞后依赖项时，估计就会变得相当复杂。通常首先通过检验是否存在空间效应来检查这种更复杂的估计的必要性。通过这种方法，对空间过程模型的估计会被嵌入先验框架之中。

尽管已经对动态过程进行广泛讨论，但在文献中实际上忽略了空间过程模型中的先验估计。要深入了解与替代空间估计策略相关的相对风

[①] 除了使用分析或仿真结果外，推断还可以基于贝叶斯概念或者重新抽样的方法，如自助抽样法。

[②] 通常而言，这些比较都基于蒙特卡罗模拟，如 King, Giles (1984)；Griffiths, Beesley (1984)；Giles, Beattie (1987)。

[③] 更多细节可以参见 Judge, Bock (1978)；Judge, Yancey (1986)。

险，并评估其他方法（例如 Stein 规则估计量）的潜力，还有许多工作要做。在这方面特别有应用价值的部分是对于自相关系数和空间依赖结构的相关范围而言，在空间依赖性存在的情况下，OLS 由其他风险方面的估计量支配的程度。

大量有关空间的问题不能直接从时间序列的结果中进行转换。正如第八章第一节所述，空间误差依赖的检验不同于序列自相关的检验。同样，与莫兰、Wald、似然比和拉格朗日乘数检验有关的显著性水平都不是精确的，但是会基于渐近考虑。另外，与时间序列中的各种替代方法相比，只有两种可接受的 EGLS 程序可用，例如完整的 ML 方法和空间杜宾方法。

第二节　边界值问题

由于空间依赖性可能会超越数据集的边界，因此它会影响空间过程模型中统计推断的重要方法论。换言之，如果测量空间单元的变量值取决于数据集中其他空间单元的值，那么它可能还取决于未包含的空间单元的值。尽管从严格意义上讲它并不局限于边界，但通常将其称为边界值问题或边界效应。

这个问题类似于时间序列中的初始值问题，但在许多重要方面有所不同。在空间中，边的数量是在时间上远大于单个原点。此外，在不规则的空间结构中，空间单元的边界划分并不总是明确的。而且，空间依赖通常是多向而非单向的。这意味着样本外部的值不仅会影响样本中的值（即通常的边界效应），而且受到样本中的值的影响，从而产生复杂的同质依赖性模式。

边缘效应问题在空间计量学中受到广泛关注，并且在许多使用空间过程模型的文章中得到解决，如 Haining（1978d），Haggett（1980，1981），以及 Griffith 的一些研究（Griffith，Amrhein，1983；Griffith，1983，1985）。此外，它还成为 Ripley（1981）和 Diggle（1983）讨论有

关对点模式的分析中的重要问题。但是，对于与空间计量经济学相关的数据结构类型，文献中关于边界效应的讨论充满定义性问题，并且尚未产生令人满意的解决方案，正如 Martin（1987）和 Griffith（1988a）交流观点时所阐述的那样。

接下来，笔者将概述一些在文献中讲解过的主要问题和修正方法，并且从空间计量角度出发，提出解决边界效应的方法。

一　问题及其修正

在空间分析中，对边界效应的关注主要集中在可能导致估计空间依赖性度量的偏差上。通常而言，对该问题的讨论都局限于规则方格结构的空间自相关估计或者空间自回归过程中的参数估计。①

尽管无偏性的属性非常重要，但在这种背景下它的相关性会被质疑，因为没有边界效应，通常最大似然估计过程也可能无法实现无偏性。确实，如第六章第二节所述，ML 方法基于渐近性考虑。当满足基本规律性条件时，它将得出一致或渐近无偏的估计。但是，在许多情况下，ML 估计在有限样本中不会实现这种无偏性。

边界效应是通过方形晶格四边的空间单元与紧邻方形晶格外的空间单元之间的一阶连续性形式化实现。尽管假定未观察到周围单元中相关变量的值，但是认为边界单元的位置和潜在依赖性的形式（权重矩阵）是已知的。正如 Griffith 和 Amrhein（1983）所阐述的那样，当忽略边界效应时，会导致对空间依赖的估计有偏。

现在已经提出几种解决或者修正边际效应的方法。Griffith（1983）将它们分为传统或当代统计解决方案。比如，传统方法包括将晶格结构转换为无限环面，从而在正方形的相对边界之间创建人为的连续性。而且研究者已经提出多种基于缓冲区的创造方法，其中将

---

① Martin（1987）已经表明，对边界效应进行分析的潜在一般空间过程的框架并不总是非常明确。

缓冲区中的观测值从分析中剔除，但是要考虑到它们与样本中数据的依赖性。[1] 正如 Griffith 和 Amrhein（1983）所做的模拟实验所示，没有任何传统方法能够提供令人满意的修正方式。

Griffith（1983）还提供了三种统计方法，并且 Griffith（1985）在模拟实验中对这三种方法进行分析。每种修正方法都从不同角度处理边界值问题。第一种方法将其合并到广义最小二乘框架中，并且引入一些与序列误差自相关相似的修正方法。第二种方法是关注由边界效应所引起的不均匀性，通过边界单元的虚拟变量进行建模。第三种方法是从空间插值的角度出发，基于缺失值的最大似然法对缓冲区进行重新构值。仿真结果表明，这些方法都没有得到令人满意的调整结果。[2]

二　考察边界效应的空间计量经济学方法

为了对空间过程模型中估计的边值问题有更为深入的了解，比规则方格上的一阶连续性更笼统的框架更为有效。通常，当观察到的空间单元变量或误差项与未观察到的空间单元变量或误差项之间存在空间依赖性时，就会发生边界效应。在这种情况下，观察到的空间单元会被视为存在空间依赖性的潜在无限大空间系统的子集。

形式上，随机变量 y 能够在空间单元 $i,j \in I$ 中进行观测，并且无法在空间单元 $h,k \in H$ 中进行观测，其中 $I \cup H$ 构成了整个空间系统 S，并且 $I \cap H \neq \varnothing$。当 $E[y_i \cdot y_j] \neq 0, \forall i,j$ 时会出现空间协方差，对于 $d_{ij} < \delta$，其中 d_{ij} 是依据正定矩阵所划分的 i 与 j 之间的距离。[3] 如果整个空间系统 S 都具有相同的空间过程，那么 $E[y_h \cdot y_k] \neq 0, \forall h,k$，其中 $d_{hk} < \delta$。此外，对于空间单元 $i \in I$ 和 $h \in H$，其中 $d_{ih} < \delta$，并且对于 $E[y_i \cdot y_h] \neq 0$

---

[1] 这与时间序列分析中的方法有些类似，即剔除第一阶段自回归过程的第一个观测对象，并考虑将它作为第二个观测对象的滞后因变量。

[2] 针对蒙特卡罗实验，Griffith 认为基于广义最小二乘框架的方法最为有效。更详细的讨论可以参见 Griffith（1983，1985，1988a），也可以参见 Martin（1987）。

[3] 同时也可参见第三章。

而言也会产生边界效应。

从空间计量视角来看，可以区分边界效应后果的两个不同方面。其中一个方面与仅在误差项中存在空间依赖的情况有关。

对于误差项中的空间自回归过程，第一种情况可以不失一般性地表示为：

$$\varepsilon = \lambda W \varepsilon + \mu$$

其中 ε 是根据 I 和 H 所划分的误差向量（比如 I 中有 N 个空间单元并且 H 中有 M 个空间单元），W 是整体空间权重矩阵并且 μ 是独立误差向量。在分区形式中，这变为：

$$\begin{bmatrix} \varepsilon_I \\ \varepsilon_H \end{bmatrix} = \lambda \begin{bmatrix} W_{II} & W_{IH} \\ W_{HI} & W_{HH} \end{bmatrix} \begin{bmatrix} \varepsilon_I \\ \varepsilon_H \end{bmatrix} + \begin{bmatrix} \mu_I \\ \mu_H \end{bmatrix}$$

W 的分区元素表明 I 和 H 中存在潜在依赖性，以及对于 I 和 H 间边界上的空间单元存在潜在依赖性。通常的转换会根据自变量 μ 产生 ε 的元素，即：

$$\begin{bmatrix} \varepsilon_I \\ \varepsilon_H \end{bmatrix} = \begin{bmatrix} I - \lambda W_{II} & -\lambda W_{IH} \\ -\lambda W_{HI} & I - \lambda W_{HH} \end{bmatrix}^{-1} \begin{bmatrix} \varepsilon_I \\ \varepsilon_H \end{bmatrix} + \begin{bmatrix} \mu_I \\ \mu_H \end{bmatrix}$$

或者，在划分逆后有：

$$B_I = I - \lambda W_{II}$$
$$B_H = I - \lambda W_{HH}$$

ε_I 中的元素满足：

$$\varepsilon_I = \left[B_I - \lambda^2 W_{IH} (B_H)^{-1} W_{HI} \right]^{-1} \mu_I + \\ \lambda \left[B_I - \lambda^2 W_{IH} (B_H)^{-1} W_{HI} \right]^{-1} W_{HI} (B_H)^{-1} \mu_H \qquad (11.1)$$

式（11.1）说明了边界效应的两个重要方面。正如预期那样，将 μ_H 的值引入 ε_I 的表达式中。然而，与时间序列情况相反，I 和 H 之间的交互

作用也会改变 I 中空间单元之间依赖性的表现形式，如表达式中的第一项所示。① 这是由于空间依赖具有双向性质，但该性质经常在对空间边际效应的讨论中被忽略。此外，式（11.1）揭示了 μ_H 中的元素如何影响 ε_I 中的元素，而不是直接影响边界单元。当然，为了满足 ML 的必要规律性条件，这种影响必须随着距离的增加而减小。

考虑边界影响时，ε_I 的误差协方差也会变得比基本 $\sigma^2 (B_I'B_I)^{-1}$ 复杂得多。基于式（11.1），假设 μ 具有独立性，并且：

$$D = \left[B_I - \lambda^2 W_{IH} (B_H)^{-1} W_{HI} \right]$$

误差协方差 $\Omega = E[\varepsilon_I . \varepsilon_I']$ 可以当作：

$$\Omega = \sigma^2 (D'D)^{-1} + \sigma^2 \left[\lambda^2 (D)^{-1} W_{IH} (B_H'B_H)^{-1} W_{IH}' (D')^{-1} \right]$$

显然，忽略边界效应的标准方法会导致误差协方差矩阵出现严重误设。

尽管以上表达式都说明引入边际效应后的复杂性，但是它们仍无法使用，因为 W_{HH}，W_{IH} 和 W_{HI} 都是未知的。显然，忽略这种额外的复杂性并不足以得出 λ 的一致估计。在现实情况下，此问题的严重性尚不明确。在做进一步研究时，开发一致近似或者稳健性程序，需要进一步研究以考虑这种错误指定的来源。

当回归中包含空间滞后因变量时，边界效应会被认为是误设函数的一种特殊表现形式。事实上，估计关系只包含部分空间依赖性。正式地说，与以前一样对 y_I 和 y_H 进行分块：

$$y = \rho W_{II}y_I + \rho W_{IH}y_H + X\beta + \mu.$$

$$y = \rho W_{II}y_I + X\beta + \nu$$

$$\nu = \mu + \rho W_{IH}y_H$$

其中，未观测到的空间依赖性包含于误差项 ν 中。

---

① 如果没有边界效应，则可以将其转换为 $\varepsilon_I = (B_I)^{-1}\mu_I$。

不像 μ，新误差项 ν 的均值不可能为 0 并且它也不会是球面的。[①] 此外，由于 y_I 和 y_H 之间的依赖性，误差项 ν 不会与滞后因变量无关。同样，由于 W_{IH} 是未知的，因此无法获得有关表达式中参数的可行最大似然估计量。误设对一致性和基本估计量（ML 或者 IV）的其他性质所产生的影响程度是未知的。此外，需要进行更加深入的研究以获得一致估计量，对误设而言，该估计量可能具有稳健性。一种可行的方法就是 White（1982a）所提出的对拟似然进行总体优化，尽管还需做进一步调查来适当地纳入空间依赖性的双向性。

此外，在空间数据集合的边界上，边际效应的程度更为明显，遗漏空间依赖的影响可以被合并为异质性的一种特殊情况。确实，基于变化参数或者结构变化的步骤能够通过将空间单元划分为不同的区域，以解决一些误设问题，正如第九章所述。

同样，由于误差项 ν 的均值不可能为 0，因此可以借助类似于 Ramsey（1974）的重置方法，通过将基本设定检验扩展到空间过程模型来获得边际效应的重要性解释指标。

第三节　空间权重矩阵的设定

正如第三章所指出的那样，空间权重矩阵是对空间依赖的完整二维模式的限制条件的形式化表达。由于横截面数据中缺乏信息来估计 $N(N+1)$ 个空间相互作用系数的完整集合，因此必须施加这些限制。当随着时间的推移以及跨空间的观测可用时，可以相应地放宽这些限制条件。在时间维度比空间维度要大的特殊情况下，不再需要空间权重矩阵，尽管对于特定的空间过程（例如马尔可夫过程）可能仍然需要它。此外，使用权重矩阵可能会使参数估计更为有效。

空间过程模型估计中的一个重要方法论问题就是对有关权重的正确

---

① 只有在 $E[y_H] = 0$ 这一特殊情况下（或者在 $\rho = 0$ 这一烦琐情况下），ν 的均值才会为 0。

选择。正如 Stetzer（1982b）所阐释的那样，错误设定的权重矩阵可能会导致估计不一致或者产生错误的推断。此外，通常被忽略但与权重值相关的不确定性可能会影响对估计结果的解释。适当地合并权重的固有随机性的框架很重要，因为竞争权重矩阵通常可以在相同的实证背景下考虑，并且没有任何先验的准则来指导选择。尽管迄今为止该方向还未取得任何进展，但贝叶斯方法看起来是最有效的。

总而言之，空间过程模型中的推论很容易受到权重矩阵中错误设定的影响。目前只能通过使用稳健性方法来避免误设。这些方法仍处于开发的早期阶段，人们对其应用的全部含义还不甚了解。因此，至关重要的是能够评估权重矩阵中嵌入的假设的有效性。第十三章和第十四章对此进行了进一步探讨。

第四节　样本大小对空间过程估计量的影响

观测对象的数量会在两个重要的方面影响空间过程模型的估计：一个是观测对象为小样本的问题，另一个是观测对象为大样本的问题。

由于估计量和用于空间过程模型的检验的性质都基于渐近考虑，因此它们可能在小样本上出现问题。如前几章所述，由渐近正态性得出的显著性水平可能会产生误导。此外，Wald、似然比和拉格朗日乘数法的渐近等价未能在有限样本中得到反映，并且可能会导致出现矛盾性解释。此外，估计的参数分布的正态性也无法在小样本中使用。

为了更好地了解这些问题的重要性，还有许多工作要做。一种可能的研究途径包括进一步提升有限样本的近似值水平。另外，也可以基于贝叶斯策略或者重新抽样的方法，比如第七章第三节所讲的自助抽样法来进行有关推断。并且，还需要大量模拟结果，以便为在实际环境中选择估计和测试空间过程模型提供更好的指导。

在非常大的数据集中，可能会出现不同性质的操作问题。这是由于以下事实：基于最大似然方法的空间过程模型的估计量和检验包含权重矩阵和雅可比维度，其维数等于观察次数。因此，对非常大（并且分散）的矩阵而言，有关逆和行列式计算的数值问题将限制考虑范围内数据集的大小。随着对计算方法的改进以及超算的可行性提高，这些限制可能会慢慢消失。但是在此时，这些方法会有效地阻止从空间计量学角度对某些大型数据集进行分析。

在许多情况下，可以避免使用大空间权重矩阵。比如，正如第十章所阐述的，时间和空间维度中同时出现的数据可允许直接估计其空间依赖，也可以将其纳入未指定形式的通用协方差矩阵中。此外，当空间结构满足有关平稳性和各向同性这些充分的规律性条件时，或许就可以使用空间时间序列法或者从频谱角度进行分析。最后，对于某些类型的问题而言，空间依赖性可以表示为分层或嵌套形式，如第十章第一节第五部分所述。同样，在将这些方法正确地运用于应用实证区域科学之前，还需要进行大量的附带研究。

第十二章 操作问题和实证应用

为了完善第二部分的讨论，在本章中，笔者会对先前用形式化术语表达的空间过程模型的一些估计和检验进行实证说明。特别考虑三个方面的问题。在第一节中，笔者重点介绍一些与最大似然估计的实现以及相关的非线性优化操作问题。在第二节中，将对横截面数据进行分析。使用俄亥俄州、哥伦布市 49 个相邻社区的犯罪决定因素简单行列式模型，对第六、八、九章中的一些估计方法和检验进行实证列举。在第三节中，把注意力转移到时空数据集。在俄亥俄州西南部的 25 个邻近县区中，在两个时间点估计了菲利普斯曲线模型，以说明第七章中的工具变量方法和第十章中的各种空间效应诊断。

第一节 操作问题

对于空间过程模型，使用最大似然估计时需要根据几个参数对似然函数进行非线性优化。尽管这在计量经济学的非线性估计中是一个常见的问题，但空间模型的某些特征值得特别注意。在本节中，笔者会史详细地考虑这些方面的相关问题。

首先，针对第六章讨论的空间过程模型的两种特殊情况，说明使用 ML 估计时所需的优化问题的精确形式。结果证明，似然函数的最大值可以简化为只含有一个参数的表达式，并且以其他参数的值为条件，这样可以极大地简化问题。接下来，笔者会简要地讲解似然中存在雅可比项的数值问题。在本节的第三部分和第四部分，笔者会通过直接搜索和利用空间模型中的其他数值优化方法对实际相关性进行评估。在本节的最后一部分，笔者会对一些合适软件的可用性进行简短的评价。

一 极大似然估计

对于第六章所描述的一般空间过程模型，其 ML 估计量就是有关参数 β（K 个系数），α（$P+1$ 个系数），ρ 和 λ 的对数似然函数的最大值：

$$L = -(N/2)\ln\pi - (1/2)\ln|\Omega| + \ln|A| + \ln|B|$$
$$- (1/2)(Ay - X\beta)'B'\Omega^{-1}B(Ay - X\beta)$$

并且，和以前一样，则：

$$A = I - \rho W$$
$$B = I - \lambda W$$

在实证工作中应关注该模型的两种特殊情况：空间混合自回归模型（即 $B = I$ 并且 $\Omega = \sigma^2 I$），含有空间独立误差的线性回归模型（即 $A = I$ 并且 $\Omega = \sigma^2 I$）。在这两种情况中，对数似然的最大值可以简化为只含一个空间参数的简化似然函数，并且以其他系数的值为条件。

对于空间混合自回归模型，它的对数似然会变为：

$$L = -(N/2)\ln\pi - (N/2)\ln\sigma^2 + \ln|A|$$
$$- (1/2\sigma^2)(Ay - X\beta)'B'(Ay - X\beta)$$

在将第六章中［式（6.21）至式（6.24）］的一般一阶条件运用于这种特殊情况时，会产生 b 作为 β 的估计量，即：

$$b = (X'X)^{-1}X'Ay$$

或者：

$$b = (X'X)^{-1}X'y - \rho(X'X)^{-1}X'Wy = b_o - \rho \cdot b_L$$

可分别从 X 对 y 和 Wy 的回归中获得 OLS 估计量 b_o 与 b_L。很明显，β 的 ML 估计是这些辅助线性回归系数以及 ρ 的函数，然而，鉴于无法对 ρ

的估计进行分析性表达，且 b_O 与 b_L 都不是任何其他参数的函数。因此，一旦确定 ρ 值，就可以直接获得 β 的估计量。

这两个系数向量 b_O 与 b_L 会产生两个残差的集合 e_O 和 e_L，它只取决于 X 和 y（和 Wy）：

$$e_O = y - Xb_O$$

$$e_L = Wy - Xb_L$$

在进一步应用一阶条件时，可以考虑附带残差所产生的对误差方差 σ^2 的估计量：

$$\sigma^2 = (1/N)(e_O - \rho e_L)'(e_O - \rho e_L)$$

此外，一旦确定 ρ 值，就可以直接获得该估计量。

将 β 和 σ^2 的估计量替换为简化似然函数中的似然结果，它的表达式为：

$$L_c = C - (N/2)\ln\left[(1/N)(e_O - \rho e_L)'(e_O - \rho e_L)\right] + \ln|I - \rho W|$$

其中，C 是一个普通常数。该表达式是只含一个参数 ρ 的非线性函数，并且可以借助数值技巧轻易地实现最大化，该部分会在第十二章第一节第三、四部分中概述。

因此，可以根据以下步骤继续进行估计：

（1）使用 X 对 y 的 OLS，产生 b_O；

（2）使用 X 对 Wy 的 OLS，产生 b_L；

（3）计算残差 e_O 和 e_L；

（4）基于上述 e_O 和 e_L，可以找到最大化 L_c 的 ρ；

（5）基于上述 ρ，计算 $b = b_O - \rho b_L$ 并且 $\sigma^2 = (1/N)(e_O - \rho e_L)'(e_O - \rho e_L)$。

除了步骤（4）以外的所有步骤，都可以借助标准回归包来进行操作。步骤（4）需要使用一个合适的非线性优化方法。

在具有空间独立误差项的回归模型中进行估计有些复杂。其对应的对数似然表达式为：

$$L = -(N/2)\ln\pi - (N/2)\ln\sigma^2 + \ln|B| - (1/2\sigma^2)(y - X\beta)'B'B(y - X\beta)$$

并且熟悉的一阶条件会产生对 β 的 EGLS 估计量：

$$b_{EGLS} = [X'B'BX]^{-1}X'B'By$$

对 σ^2 的估计量为：

$$\sigma^2 = (1/N)e'B'Be$$

其中，$e = y - Xb_{EGLS}$。

β 和 σ^2 的估计量都是具有 λ 值的函数。使用上述相同方法，可以获得一个集中对数似然，并且可以将其视作一个非线性函数，其参数为：

$$L_C = C - (N/2)\ln[(1/N)e'B'Be] + \ln|I - \lambda W|$$

然而，与混合回归空间自回归模型的情况相反，由于 b_{EGLS} 的值为 a，因此 L_C 中的残差向量 e 也是间接的 λ 函数。对有关 λ 的 L_C 相对于 a 的一次性优化不足以获得所有参数的 ML 估计，需要一个复杂的数值模拟方法或者遵循一个要求不高的迭代步骤。通常我们会根据残差向量 e（产生 b_{EGLS} 值）在估计量 λ 间进行来回选择，并且还需要根据 λ 的值对 β（以及 σ^2）进行估计，直到出现收敛。

应该根据以下步骤进行估计：

（1）使用 X 对 y 的 OLS，产生 b_{OLS}；

（2）计算初始残差集合 $e = y - Xb_{OLS}$；

（3）基于上述 e，找到使 L_C 最大化的 λ；

（4）基于上述 λ，使用 EGLS，产生 b_{EGLS}；

（5）计算残差 $e = y - Xb_{EGLS}$ 的新集合；

（6）如果满足收敛条件，则继续执行步骤（7），否则回到步骤（3）；

（7）基于上述 e 和 λ，计算 $\sigma^2 = (1/N)e'B'Be$。

尽管这些步骤比之前的情况要更为复杂些，但是除了步骤（3）以外的所有步骤，都可以借助标准回归包来进行操作，即对转换变量 $X^* = (I - \lambda W)X$ 和 $y^* = (I - \lambda W)y$ 的集合进行 OLS 回归。与先前一样，步骤（3）需要一个非线性优化方法。[1]

通常而言，当误差方差结构以一些参数的函数形式表达时，可以使用相同的迭代方法。[2] 比如，它可以被用于具有联合空间依赖性、异方差以及 SUR 方法中所含误差的空间依赖的模型中。在每种情况下，可根据空间参数的值对有关方差参数（在异方差模型中的 α、SUR 中的 $\sum$）的简化似然进行优化。在现实中，通常使用空间调整残差向量 $u = (I - \lambda W)e$ 以及应用一个标准方法来获得方差项。比如，在空间 SUR 模型中，可以根据以下步骤进行估计，每个方程用下标 t 来表示：

（1）通过 OLS 估计每个方程，产生 b_{OLS}；

（2）计算特定方程的残差的初始残差集合 e_t；

（3）基于上述 e_t，找到每个方程的 λ_t，它能优化相应的简化似然（即对空间独立误差项使用标准方法）；

（4）基于上述 λ_t，构建空间调整残差向量 $u_t = (I - \lambda_t W)e_t$；

（5）基于 u_t［式（10.4）］进行 $\sum$ 推导估计；

（6）基于 λ_t 和 $\sum$，可通过在空间转换变量 $X^* = (I - \lambda_t W)X$ 和 $y^* = (I - \lambda_t W)y$ 上运用一个标准 SUR 估计量来获得空间 SUR 估计；

（7）参考收敛性条件：如果满足则停止，否则继续进行步骤（8）；

（8）获得一个残差 $e_t = y_t - b_{t(SUR)}$ 的新集合；

（9）基于 e_t 和 $\sum$，利用联合一阶条件［式（10.8）］推导出对 λ_t 的

---

[1] 尽管很容易在转换后的变量上使用 OLS，但是如果没有宏设备，那么单纯采用计量软件包在 β 估计和 λ 优化间进行来回迭代可能会非常冗长乏味。

[2] 通常而言，同时对所有参数进行似然优化可能会使计算的数值十分复杂。此外，并不是所有标准优化方法都在可接受的范围内收敛于系数值，即空间参数的绝对值小于 1 并且方差项的估计值是正值。同时，许多方法对参数的初始值选择非常敏感，并且如果没有合适的初始值，那么最终结果可能完全不会收敛。第十二章第一节第四部分给出对有关这些问题的进一步讨论的相关结果。

新估计；

（10）基于 λ_t，计算调整方差 u_t 的新集合；

（11）基于 u_t，推导 $\sum$；

（12）回到步骤（6）。

在迭代过程中的步骤（3）和（9）要求使用特殊的优化方法。然而，也可以采用标准计量回归包中的合适转化变量来执行其他步骤。

二 雅可比矩阵

一般空间过程模型的似然函数，也是接下来要讨论的特殊情况下的简化似然，它包括一个或者两个雅可比项，即 $\ln|A|$ 和/或 $\ln|B|$。因为矩阵 A 和 B 的维度都等于观测对象的数量，所以它们在待优化函数中的存在使数值分析变得相当复杂。事实上，需要在空间参数 ρ 或者 λ 每次迭代新值时，对行列式及它的推导（包括矩阵的逆）进行评估。

在实际中，可以采用两种不同的方法。第一种是按照早些时期 Ord（1975）所提出的方法，即行列式用空间权重矩阵的特征值的函数表示为：

$$\ln|I - \rho W| = \ln \prod_i (1 - \rho \cdot \omega_i) = \sum_i \ln(1 - \rho \cdot \omega_i)$$

其中，ω_i 是 W 的特征值，该表达式有关空间参数 ρ 的一阶偏导为：

$$\partial \ln|I - \rho W| / \partial \rho = \partial \left[\sum_i \ln(1 - \rho \cdot \omega_i) \right] / \partial \rho = \sum_i - \omega_i / 1 - \rho \omega_i$$

因此，在每次迭代中，行列式和它的偏导都可以计算为 N 项的直接之和。因为特征值不会受 ρ 值的影响，所以它们只需要计算一次，从而能够加快计算速度以及减少计算机的内存需求。然而，除了一些特殊规则晶格结构外，无法通过分析来获得权重矩阵的特征值，并且需要借助一些数值步骤来进行推导。更具体地说，在计算真实但可能不对称矩阵的特征值时需要一个程序。尽管能够在商业统计和数学包中使用一些诸如此类的程序法，但是当矩阵的尺寸减小时，这些结果的精确度也会大大下降。换言之，尤其对于更大的数据集而言，计算速度的加快和内存需求的减少可能会使这些有利因素因精度的降低而被部分抵消。[①]

另一种方法是在每次迭代中强行计算行列式和逆矩阵。[②] 对于大多数合理的尺寸而言，使用矩阵操作的优化程序会提高计算结果的精度，并且速度的降低可以忽略不计。[③] 然而，当观测对象的数量变得非常大时，只有在超级计算环境中才能可靠地满足这些操作的数值要求。

三 直接搜索优化方法

空间过程模型的简化似然是只含一个参数的非线性函数。因此，它可以通过直接搜索法进行优化。即使在空间参数的稳定值限制在 -1 到 1 的范围内，它也是非常便利的。因此，通过对范围是 -1 到 1 的小间隔中一系列空间系数值的简化似然（或者它的推导）进行评估，可以获得一个局部最大值。围绕这一初始最优值进行次优搜索，即在越来越窄的区间内进行搜索，最终将得到具有期望精度的估计值。

对于空间自回归过程而言，可以通过利用似然的已知性质，以及特别是 ρ 接近 1 的行为值来加快相应过程。在本章附录中，笔者会概述使用该方法时所需的二等分搜索的简单算法。详细地说，参数的上下限是基于 OLS 估计和莫兰系数中似然的相对导数大小进行选择。并且通过一些常见方法，可以推导后续值以作为上下限的中间点。

在数量较少的步骤中，利用简单算法可以得到所需精度水平的局部最优值。这特别适用于对空间混合回归模型的估计，其中进行一个系列

---

① 非常值得注意的是标准化权重矩阵可能不会对称，以至于需要许多复杂的步骤来进行计算，最常见的方法就是基于所谓的 QR 算法。更多细节可以参见 Wilkinson 和 Reinsch（1971）的算法。在数学包中也提及一些方法，如 IMSL 和 LINPACK，但是标准统计包中并不总是包含这些方法，因为它通常只考虑对称的情况。Ord（1975）表明，非对称矩阵转换为对称矩阵时特征值相同（但不是特征向量相同）。

② 与第六章所讲述的一样，$\ln|A|$ 有关 ρ 的偏导数为 $-trA^{-1}W$。

③ 比如，接下来章节所要阐述的内容都是借助 GAUSS 矩阵语言中所写的方法来计算的，它能优化精度并且使计算速度小于 90×90 的矩阵。有关该语言的描述可以参见 Edlefsen 和 Jones（1986）。

的迭代就足够了。对于误差项中含有空间依赖的模型而言，该算法不太合适，因为它不能在连续迭代中利用其他参数的收敛性质（即 b_{EGLS}）。然而，依然可以在另一种优化方法中使用它来获得一个合理的初始值。

四　其他优化方法

对于误差项中含有空间依赖的模型而言，直接搜索法可能效率不高，因为它需要在每次 b_{EGLS} 估计时进行迭代。但是可以直接使用其他传统非线性优化方法，比如梯度下降法、高斯牛顿法或者 Davidon Fletcher Powell 程序等，以分别对简化似然进行一阶和/或二阶求导。

从不同程度看，这些方法都对参数的初始值选择非常敏感。如果这些初始值的选择有限，那么它们有可能无法收敛或者产生不被认可的估计量，比如 ρ 值比 1 大。尤其是高斯牛顿法会导致上述结果发生，并且尚未发现它对这种特定类型的问题的解决非常有用。

在本章剩余部分会阐释误差项中含有空间依赖的模型，也会基于梯度下降法进行估计。在该方法中，每次迭代的参数值都会根据简化似然中导数的大小进行调整。然而，为了防止参数变化时产生超出可接受范围的值（-1~1），该导数可以根据比例系数进行调整。正式地说，在迭代 i 中的新值可以表示为：

$$\rho_i = \rho_{i-1} + s \cdot d(\rho_{i-1})$$

其中，$d(\rho_{i-1})$ 是简化似然的偏导，并且 s 是一个比例因子。在接下来的例子中，将参数调整限制为导数值是 0.01 的比例因子可确保算法不会出现爆炸性行为。[①]

五　软件的可用性

从很大程度上说，缺乏现成可用的软件阻碍了空间计量方法在区域

---

① 应该值得注意的是，小尺度因子会降低收敛速度，因为它会使参数以较小的增量趋向局部最优化。

科学实践中的传播，因此没有任何熟悉的统计和计量软件包含一组指定的空间分析程序。[①] 正如上文所述，空间计量模型估计的许多方面可以借助正确转换数据集的标准方法来实现。然而，在估计空间系数和其他参数时所使用的非线性优化和反复迭代方法需要一些特殊的程序，即专门用于矩阵处理的宏设施和高效程序，以及对特征值的提取[②]。通常而言，已经为具体的研究进行了特定的编程工作，可以在有关方法报告和学术讨论文献中找到一些相应的程序，但是它们的传播非常有限。[③]

接下来的两节会借助针对 IBM 兼容微型计算机所编写的 GAUSS 矩阵语言中一套完整的程序来讲解对多种模型的估计和检验。由于篇幅有限，因此这里不会完整地列示每个步骤，但是详情可以参见 Anselin（1987c）。所有计算方法都可以在微型计算机环境下使用，如装配了数学协处理器的 Compaq Portable（8086）和 IBM AT（80286）。

第二节　横截面数据分析

在本节中，笔者会通过实证来讲解处理横截面数据集中的空间依赖性和空间异质性的许多方法。在简要介绍有关模型和数据后，笔者会考虑八种不同方法，即四种处理空间依赖性（基于第六章和第八章）的方法，以及四种处理空间依赖性和异质性相结合（基于第八章和第九章）的方法。OLS 估计的诊断检验、空间混合自回归模型的 ML 估计、具有空间依赖误差项模型的 ML 估计以及空间杜宾法都说明了空间依赖性。在使用空间拓展方法、检验异方差模型的空间依赖性，以及检验空间依赖模型的结构稳定性时会出现空间异质性。针对横截面数据的处理方

---

① 也可以参见 Anselin 和 Griffith（1988）对该点的详细阐述。

② 将空间过程整合到 SAS 和 MINITAB 的例子可以参见 Griffith（1988b）。也可以通过 Anselin（1985）所讲述的方法将空间过程模型的工具变量估计量纳入 SAS 中。

③ 有一些例子，如测量空间相关性的 FORTRAN 法，基于 Hubert-Golledge 二次分配法。在 Costanzo（1982），Anselin（1986c）和 Anselin（1985）中，采用 FORTRAN 编程集合来估计空间过程模型。其他编程成果有时也可以参考一些文章的脚注。

法，笔者最后讲解对误差项模型进行 ML 估计的情况，并且该误差项含有联合空间依赖性和异质性。

一 相邻犯罪率的空间模型

在处理横截面数据时，始终使用的模型是一个简单的并且有关犯罪与收入和房屋价值的线性表达式。挑选该模型主要是为了解释多种空间效应，而不是为了对犯罪的空间形态产生实质性理解。把俄亥俄州哥伦布的 49 个连续规划区域作为观测对象对模型进行估计，这些区域一般为人口普查区，或者小部分为普查的聚集区，并且是许多实证城市分析使用过数据类型的代表。图 12 – 1 展示了该空间的布局。

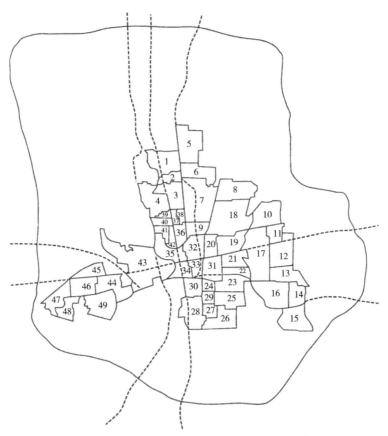

图 12 – 1　俄亥俄州哥伦布的邻近区域

犯罪率（CRIME）涉及该社区每千户家庭中住宅盗窃和车辆盗窃的总数。收入（INCOME）和房屋价值（HOUSE）的单位为千美元。所有数据的年份都是 1980 年。表 12 – 1 进行了完整的列示。

空间效应可以包含在两种形式中：一种是用权重矩阵表达的空间依赖性；另一种是用异方差、空间参数变量和空间结构转换表达的空间异质性。依赖性被当作邻近区域间的一阶连续性，正如表 12 – 2 所示。可以在所有分析中使用一个行标准化权重矩阵。异方差可以表示为误差方差和解释变量平方间的线性函数关系。因此它符合随机系数变量的特殊形式。空间参数变量可以通过将拓展方法公式化为邻域质心坐标的函数。在表 12 – 1 中，这些都列示为变量 X 和 Y。可以通过区分东部邻域和主要南北交通轴线的西部地区来将空间结构转换纳入考虑范围之中，也可以借助虚拟变量来表示该结构转换，即表 12 – 1 所列示的 EAST。

表 12 – 1　俄亥俄州哥伦布市邻里犯罪的行列式

	CRIME	INCOME	HOUSE	X	Y	EAST
1	18. 802	21. 232	44. 567	35. 62	42. 38	0
2	32. 388	4. 477	33. 200	36. 50	40. 52	0
3	38. 426	11. 337	37. 125	36. 71	38. 71	0
4	0. 178	8. 438	75. 000	33. 36	38. 41	0
5	15. 726	19. 531	80. 467	38. 80	44. 07	1
6	30. 627	15. 956	26. 350	39. 82	41. 18	1
7	50. 732	11. 252	23. 225	40. 01	38. 00	1
8	26. 067	16. 029	28. 750	43. 75	39. 28	1
9	48. 585	9. 873	18. 000	39. 61	34. 91	1
10	34. 001	13. 598	96. 400	47. 61	36. 42	1
11	36. 869	9. 798	41. 750	48. 58	34. 46	1
12	20. 049	21. 155	47. 733	49. 61	32. 65	1
13	19. 146	18. 942	40. 300	50. 11	29. 91	1
14	18. 905	22. 207	42. 100	51. 24	27. 80	1
15	27. 823	18. 950	42. 500	50. 89	25. 24	1

	CRIME	INCOME	HOUSE	X	Y	EAST
16	16.241	29.833	61.950	48.44	27.93	1
17	0.224	31.070	81.267	46.73	31.91	1
18	30.516	17.586	52.600	43.44	35.92	1
19	33.705	11.709	30.450	43.37	33.46	1
20	40.970	8.085	20.300	41.13	33.14	1
21	52.794	10.822	34.100	43.95	31.61	1
22	41.968	9.918	23.600	44.10	30.40	1
23	39.175	12.814	27.000	43.70	29.18	1
24	53.711	11.107	22.700	41.04	28.78	1
25	25.962	16.961	33.500	43.23	27.31	1
26	22.541	18.796	35.800	42.67	24.96	1
27	26.645	11.813	26.800	41.21	25.90	1
28	29.028	14.135	27.733	39.32	25.85	1
29	36.664	13.380	25.700	41.09	27.49	1
30	42.445	17.017	43.300	38.32	28.82	1
31	56.920	7.856	22.850	41.31	30.90	1
32	61.299	8.461	17.900	39.36	32.88	1
33	60.750	8.681	32.500	39.72	30.64	1
34	68.892	13.906	22.500	38.29	30.35	0
35	38.298	14.236	53.200	36.60	32.09	0
36	54.839	7.625	18.800	37.60	34.08	0
37	56.706	10.048	19.900	37.13	36.12	0
38	62.275	7.467	19.700	37.85	36.30	0
39	46.716	9.549	41.700	35.95	36.40	0
40	57.066	9.963	42.900	35.72	35.60	0
41	54.522	11.618	30.600	35.76	34.66	0
42	43.962	13.185	60.000	36.15	33.92	0
43	40.074	10.655	19.975	34.08	30.42	0
44	23.974	14.948	28.450	30.32	28.26	0
45	17.677	16.940	31.800	27.94	29.85	0

	CRIME	INCOME	HOUSE	X	Y	EAST
46	14.306	18.739	36.300	27.27	28.21	0
47	19.101	18.477	39.600	24.25	26.69	0
48	16.531	18.324	76.100	25.47	25.71	0
49	16.492	25.873	44.333	29.02	26.58	0

表 12－2　俄亥俄州哥伦布市邻近区域的一阶连续性

邻近区域的一阶连续性

1	2	5	6						
2	1	3	6	7					
3	2	4	7	37	38	39			
4	3	37	39	40					
5	1	6							
6	1	2	5	7					
7	2	3	6	8	9	18	36	38	
8	7	18							
9	7	18	20	32	36	38			
10	11	17	18	19					
11	10	12	17						
12	11	13	17						
13	12	14	16	17					
14	13	15	16						
15	14	16							
16	13	14	15	17	23				
17	10	11	12	13	16	18	19	21	22	23
18	7	8	9	10	17	19	20			
19	10	17	18	20	21	31			
20	9	18	19	31	32				
21	17	19	22	31					
22	17	21	23	31					
23	16	17	22	24	25	29	31		

邻近区域的一阶连续性

24	23	25	29	30	31	33			
25	23	24	26	27	29				
26	25	27	28						
27	25	26	28	29					
28	26	27	29	30					
29	23	24	25	27	28	30			
30	24	28	29	31	33	34			
31	19	20	21	22	23	24	30	32	33
32	9	20	31	33	34	35	36		
33	24	30	31	32	34	35			
34	30	32	33	35	43				
35	32	33	34	36	41	42	43		
36	7	9	32	35	37	38	40	42	
37	3	4	36	38	39	40	42		
38	3	7	9	36	37				
39	3	4	37	40					
40	4	36	37	39	41	42			
41	35	40	42						
42	35	36	37	40	41				
43	34	35	44						
44	43	45	46	49					
45	44	46							
46	44	45	47	48	49				
47	46	48							
48	46	47							
49	44	46							

二 OLS 回归和空间效应的诊断

最小二乘法可对犯罪模型中的常数项、收入和房屋价值进行回归，并且会产生以下结果，即在括号内所列示的估计标准误差和相应的 T 值：

$$CRIME = 68.619 - 1.597\ INCOME - 0.274\ HOUSE$$
$$(4.735) \quad (0.334) \quad\quad (0.103)$$
$$(14.490) \quad (4.781) \quad\quad (2.654)$$
$$R^2 = 0.552 \qquad \sigma^2 = 130.759$$
$$R_a^2 = 0.533 \qquad \sigma_{ML}^2 = 122.753$$

　　所有估计系数都十分显著，此外，从 R^2 和调整后的 R_a^2 来看，它们都大于 0.5，说明该回归能够很好地拟合。上式还列示了对残差方差的两种估计：一种是无偏估计 σ^2；另一种是最大似然估计 σ_{ML}^2。因为后者是通过残差平方和除以观测对象的总体数量得到的，并非除以自由度（无偏估计是除以自由度），所以它将更小些。

　　在对误差项中的空间自相关进行检验时，是基于莫兰统计来对残差进行计算，正如第八章第一节第一部分所概述的那样。对于上述回归，该统计量为 $I = 0.236$。它的解释取决于是否对残差的特定性质做出调整，或者是否采用一种简单的随机化方法。在前一种情况中，对均值和标准差的相关估计量分别为 -0.033 和 0.091。在后一种情况中，估计量分别为 -0.021 和 0.093。因此，对于正常情况下的标准化莫兰统计会变为 $z_I = 2.954$，而在随机情况下则会变为 $z_I = 2.765$，两者的可能性都显著高于 0.99。

　　空间依赖性和异方差诊断的完整集合都基于拉格朗日乘数法，正如第六章第三节第四部分所概述的那样。许多单向和多向检验的结果都列示在表 12-3 中，如 χ^2，其中 q 是相应的自由度并且 p 是相关的概率水平。很明显，这里有充分证据说明错误设定的多种来源。在对遗漏空间滞后进行检验时，达到了最大的显著性水平，尽管它也能够揭示误差依赖性和误差异质性。

　　在误差项中，空间自相关的拉格朗日乘数检验比传统莫兰检验的显著性略低，但这并不是一个常见的结果。此外，正如第八章第一节第一部分所指出的那样，在两种检验间还存在一种标准关系，也就是拉格朗

日乘数值可以当作 $(N \cdot I)^2/T$，其中 $T = trace[W^2 + W'W]$。对于符合表 12 – 2 中数据的权重矩阵而言，它的迹等于 23. 294. 因此，拉格朗日乘数统计量为 $\frac{49 \times 0.236^2}{23.294} = 5.723$（见表 12 – 3）。

表 12 – 3　OLS 回归中空间效应的拉格朗日乘数诊断

	q	χ^2	p
单向检验			
空间误差自回归	1	5. 723	0. 02
遗漏空间滞后	1	9. 364	0. 002
随机系数变量	1	7. 900	0. 02
多向检验			
空间依赖性	2	9. 443	0. 01
误差自相关以及异方差	3	13. 624	0. 003
所有效应	4	17. 344	0. 002

三　空间自回归的混合回归模型的 ML 估计

对于空间混合回归模型估计结果而言，它包括表 12 – 4 中所列示的空间滞后变量 W_CRIME。我们可以从所列示的初始普通最小二乘回归中获得这些估计值，还有 ML 估计、渐近标准误差以及有关每个变量中显著性的渐近 T 检验（即 Wald 统计的平方根）。所有系数的估计渐近方差矩阵包括误差方差 σ^2，同时它也是给定的。对于参数的许多线性组合而言，该矩阵可以基于 Wald 统计以用于进行渐近显著性检验。[①]

可以通过一个简单的二等分搜索来获得对空间自回归系数的 ML 估计（如表 12 – 5 所示）。每个 ρ 值都是关于集中对数似然的偏导值，也在表 12 – 5 中有所列示。初值 0. 3344 为 OLS 估计值 0. 5573 和 0. 1115 的中间值（即 OLS

---

① 计算方差矩阵时所需要的迹为 $tr(WA^{-1})^2 = 19.440$ 并且 $tr(WA^{-1})'(WA^{-1}) = 22.338$。

乘以 0.2，正如附录所解释的那样）。因为相应的导数值为正，并且 OLS 估计的导数值为负，所以接下来的中间值应该在 0.3344 和 0.5573 之间，即为 0.4459。应该继续进行迭代直到两种后续估计间的差异小于收敛要求。[1]

ρ 的 ML 估计为 0.431，其绝对值小于 OLS 估计的结果 0.557。这基本上符合蒙特卡罗模拟结果。[2] 回归中其他变量的系数与不含空间滞后项的 OLS 结果相似。行列式 $A = I - \rho W$ 也揭示了空间依赖性影响似然的程度，其估计值为 0.312。

从渐近 T 检验或者等价的 Wald 检验结果来看，所有估计系数都是显著的。对于空间自回归参数而言，后者是 T 值的平方，即 13.415。可以基于表 12 -4 中 L 和先前小节中 OLS 估计（没有空间滞后变量）的对数似然的不同之处对 ρ 进行似然比检验。因为 OLS 回归的估计残差方差为 122.753（使用 ML 估计），所以相应的对数似然（包括常数项）满足 -170.395。对 ρ 的似然比检验所产生的值为 9.974，很明显它在超过 0.99 的概率水平上显著。拉格朗日乘数检验值、似然比检验值和 Wald 检验值的排序符合理论期望值：

$$9.364 < 9.974 < 13.415$$

或者和第六章第三节第五部分一样，$LM < LR < W$（LM 代表拉格朗日乘数检验值，LR 代表似然比检验值，W 代表 Wald 检验值，后文同）。

表 12 -4　空间混合自回归模型的估计

变量	OLS	ML	标准差	T
W_CRIME	0.557	0.431	0.118	3.663
常数项	38.181	45.079	7.177	6.261
INCOME	-0.866	-1.032	0.305	3.381
HOUSE	-0.264	-0.266	0.089	3.005

---

① 表 12 -5 中列示的值都是经过四舍五入的。所使用的实际估计值最好满足精度多于六位小数的收敛性要求，即相应的估计值为 0.431023，在经过 23 次迭代后，其简单似然的导数值为 0.0000016。

② 参见 Anselin（1980）的讨论。

续表

变量	OLS	ML	标准差	T
$L = -165.408$	—	—	—	—
$\sigma^2 = 95.495$	—	—	—	—
渐近方差矩阵				
W_CRIME	0.0139	-0.6976	0.0127	0.0009	-0.3236
常数项	-0.6976	51.5143	-1.3260	-0.1616	16.3015
$INCOME$	0.0127	-1.3260	0.0931	-0.0118	-0.2959
$HOUSE$	0.0009	-0.1616	-0.0118	0.0078	-0.0203
σ^2	-0.3236	16.3015	-0.2959	-0.0203	379.7751

表 12-5 空间自回归系数的二等分搜索

迭代	ρ	导数
1	0.3344	5.952558
2	0.4459	-0.979915
3	0.3901	2.610210
4	0.4180	0.845598
5	0.4319	-0.059602
6	0.4250	0.394894
7	0.4285	0.168119
8	0.4302	0.054377
9	0.4311	-0.002583
10	0.4306	0.025904
11	0.4308	0.011663
12	0.4310	0.004540
13	0.4310	0.000979

最后一方面涉及在考虑引入空间滞后因变量后，空间误差自相关依旧存在的程度。尽管没有扎实的基础，但有一种基于使用莫兰统计计算残差的传统方法。在该例子中，统计量 $I = 0.038$，并且它的相应标准化 z 值（使用随机化假设）为 0.651，很明显不显著。

正如第八章第一节第三部分所指出的那样，可以从拉格朗日乘数原理中推导出一种更为严谨的渐近方法。可以利用莫兰值计算所需产生的统计量、ρ 的估计方差和一些附带迹，即 $(N \cdot I)^2/T$，其中 $T = t_{22} - (t_{21A})^2 \cdot var(\rho)$。第一个迹 $t_{22} = tr(W^2 + W'W)$ 并且等于 23.294，和先前章节一样。第二个迹稍微复杂些，$t_{21A} = tr(W + W')(WA^{-1})$ 并且等于 29.990。从表 12 - 4 中可以看出 ρ 的方差为 0.0139，因此，拉格朗日乘数统计量可以写为 $(49 \times 0.038)^2/[23.294 - (29.990)^2 \times 0.0139] = 0.320$，它应该与自由度为 1 的 χ^2 分布的临界值比较。[①]

很明显，没有证据表明在引入空间滞后依赖变量后会出现空间自回归误差过程。

四　误差项的空间依赖性

因为表 12 - 3 中的拉格朗日乘数检验明显揭示了误差项中可能存在空间依赖性，所以应该考虑该设定问题。表 12 - 6 列示了最大似然估计的结果，也给出回归系数的 EGLS 估计值、估计渐近标准导数、渐近 T 值。λ 的估计值是简化似然的最大值并且符合期望收敛的要求。

表 12 - 6 也列示了估计值（包括 σ^2）的方差矩阵。回归系数和误差方差参数间的分块对角结构明显存在。[②]

在前两次迭代中，借助简单二等分搜寻法来对简化似然进行优化，并且是以残差值为条件的。初始值可以认为是对 λ 和莫兰系数的 OLS 估计值，两者都用于计算残差。在初始迭代中，这些值分别为 0.655 和 0.236。可以借助梯度下降法进行更深一步的迭代。λ 的最终估计值可以用于表 12 - 7 列示的连续 EGLS 步骤中，以及相应的 σ^2。它表明整体拟合度在提高。[③]

---

① 与之前一样，这里所报告的值为四舍五入后的值。但最后一个值是通过更精确的计算后得出的，所以它不是单纯地使用四舍五入后所得的结果。

② 在计算方差矩阵时所需要的迹为 $tr(WB^{-1})^2 = 27.551$，以及 $tr(WB^{-1})'(WB^{-1}) = 31.562$。

③ 表中的值都是经过四舍五入得出的。更严谨的精度要求是在对估计量进行 11 次迭代后保留六位小数。最后的估计值为 $\lambda = 0.561790$，其中相关的 σ^2 为 95.5745。

渐近 T 检验或者 Wald 检验很明显揭示了显著性 λ：相应值为 4.197（标准化正态方差）以及 17.611（自由度为 1 的 χ^2）。和先前章节一样，λ 的似然比检验可以基于表 12-6 中的似然，即 $L = -166.398$，以及 OLS 回归中的似然。最终的统计量为 7.994，它也是高度显著的。和之前一样，Wald、似然比和拉格朗日乘数检验值的排序符合理论依据：

$$5.723 < 7.994 < 17.611$$

或者 $LM < LR < W$。

还需要考虑误差项中所含的空间自回归过程能否消除异方差，这可以借助第九章第二节第一部分中所概述的空间调整 Breusch-Pagan 检验来进行评估。它的值为 19.520，高于显著与自由度为 2 的 χ^2 方差。忽略空间效应的 Breusch-Pagan 检验所产生的值为 19.914，它比期望中的空间值要大，但只是边际值如此，并且不会导致出现不同的定性判断。至少，这里能够明显揭示误差项中含有空间依赖和异方差。

表 12-6 含有空间依赖误差项模型的 ML 估计

变量	ML	标准差	T
常数项	59.893	5.366	11.161
INCOME	-0.941	0.331	-2.848
HOUSE	-0.302	0.090	-3.341
λ	0.562	0.134	4.197
$L = -166.398$			
$\sigma^2 = 95.575$			

渐近方差矩阵					
常数项	28.7957	-0.9988	-0.1244	0.0000	0.0000
INCOME	-0.9988	0.1093	-0.0136	0.0000	0.0000
HOUSE	-0.1244	-0.0136	0.0082	0.0000	0.0000
λ	0.0000	0.0000	0.0000	0.0179	-0.6297
σ^2	0.0000	0.0000	0.0000	-0.6297	394.9640

表 12 – 7　ML 估计的迭代

	λ	σ^2
1	0.393	102.381
2	0.517	97.235
3	0.551	95.966
4	0.559	95.666
5	0.561	95.596
6	0.562	95.580
7	0.562	95.576

五　空间杜宾模型

正如第八章第二节第二部分所指出的那样，对空间误差自回归模型进行估计的一种可替代的方法包括空间杜宾法。它等价于 ML 方法在混合自回归模型上的应用，并且该模型含有空间滞后解释变量。最终产生的估计结果列示在表 12 – 8 中，其中还包含初始 OLS 值、最终 ML 值、估计方差和渐近 T 值。

鉴于估计 ρ 参数是十分显著的，滞后解释变量的系数不太显著。此外，*W_ INCOME* 的符号是错误的，因为基于对 ρ 的估计值为正并且 *INCOME* 的符号为负，公因素假设揭示了一个正符号。这充分表明一个遗漏空间滞后可能是主要的空间效应，而非误差项中的空间依赖性。[①]

对空间误差自相关进行拉格朗日乘数检验时会产生一个非显著值 0.289（自由度为 1 的 χ^2）。莫兰统计也提供了类似的指标，其标准化 z 值为 0.382（对于 $I – 0.014$）。因此，在设定中，高阶空间滞后的结论似乎并不可靠。

六　空间拓展方法中的空间效应诊断

正如第九章第三节所讨论的那样，借助简单的空间拓展可以将空间

---

① 第十三章第三节第一部分中对公因素假设进行了更加深入的分析。

异质性纳入模型中。其中包括四个新的解释变量，它们是通过将邻近地区质心的 x 和 y 坐标中初始 $INCOME$ 和 $HOUSE$ 相乘来进行构造的。线性拓展只是许多可能设定形式中的一种，因为这里所使用的模型最初只是为了进行讲解，而不追求更复杂的表述。

表 12-8 空间杜宾模型的估计

变量	OLS	ML	标准差	T
W_CRIME	0.758	0.426	0.156	2.729
常数项	17.780	47.822	12.667	3.381
$INCOME$	-0.763	-0.914	0.331	2.761
$HOUSE$	-0.297	-0.294	0.089	3.293
W_INCOME	0.141	-0.520	0.565	0.921
W_HOUSE	0.288	0.246	0.179	1.373
$L = -164.411$				
$\sigma^2 = 91.791$				

表 12-9 给出了空间拓展模型的 OLS 估计结果，同时也列示许多系数标准导数的替代估计量，因为正如第九章第三节第二部分所指出的那样，很可能由于在构造拓展变量时存在潜在误差，所以导致异方差出现。具体来说涉及第八章第三节第三部分中的三种异方差——稳健性测量方法：White 估计、调整后小样本 White 估计，以及刀切法估计。表 12-10 测量了这些估计对最终推论所产生的影响，其中还列示了对系数进行相应（渐近）T 检验时所得到的显著性概率。

引入四种新的解释变量后只会一定程度地影响模型的拟合，即调整后 R^2 从 0.533 增加到 0.581。然而，系数估计（有关值和符号）与它们的显著性会受到重大的影响。使用标准 T 检验法，有关 y 坐标（即一个西东轴）的拓展变量会十分显著，而那些有关 x 坐标（即一个南北轴）的拓展变量则不那么显著。非拓大收入变量的系数值比之前的系数值要大，但不是非常显著（$p = 0.057$）。房屋价值的非膨胀系数发生了变化且不再显著。

当使用异方差—稳健性测量方法时，模型参数意义的解释会发生剧烈变化。一般来说，White 方差会导致出现更高的显著性，而其他两种测量方法的显著性较低。在刀切法中，只有收入变量的系数仍然是略微重要的，这说明使用不太稳健的方法可能会潜在地产生过于乐观的推论。

最后一个问题是评估空间拓展能够消除其他空间效应的程度。相关拉格朗日乘数统计量列示在表 12－11 中。很明显，这里仍然能够有力地说明空间依赖性的存在，两者都是以误差自相关的形式和遗漏空间滞后因变量的形式出现的。与 Breusch－Pagan 检验所测量的结果一样，关联 z 函数的变量 *INCOME* 和 *HOUSE* 的莫兰统计量似乎不再为 0.213，因此，可能不需要进行稳健性推断。该推断会受到强烈的影响，并且对结果进行标准化解释时也需要小心谨慎。

表 12－9　空间拓展模型的 OLS 估计

变量	系数	标准差	White 估计	调整后小样本 White 估计	刀切法估计
常数项	69.505	4.599	4.017	4.476	5.106
INCOME	－4.091	2.092	1.593	1.880	2.279
HOUSE	0.405	0.779	0.520	0.648	0.845
X_INCOME	－0.046	0.034	0.030	0.040	0.052
X_HOUSE	0.027	0.013	0.012	0.016	0.022
V_INCOME	0.121	0.055	0.053	0.068	0.089
V_HOUSE	－0.049	0.021	0.021	0.029	0.039
$R^2 = 0.533$	$\sigma^2 = 117.305$				
$R_a^2 = 0.581$	$\sigma_{ML}^2 = 100.547$				

表 12－10　空间拓展模型中的异方差—稳健性推断

变量	$P(T)$	$P(WHITE)$	$P(ADJ.\ WHITE)$	$P(JACK)$
INCOME	0.06	0.01	0.04	0.08
HOUSE	0.61	0.44	0.54	0.63
X_INCOME	0.18	0.14	0.25	0.38

续表

变量	$P(T)$	$P(WHITE)$	$P(ADJ.\ WHITE)$	$P(JACK)$
X_HOUSE	0.04	0.03	0.10	0.23
Y_INCOME	0.03	0.03	0.08	0.18
Y_HOUSE	0.02	0.03	0.10	0.22

注：P（T）代表 T 检验的显著性概率，P（$WHITE$）是 White 估计的显著性概率，P（$ADJ.\ WHITE$）是调整后小样本 White 估计的显著性概率，P（$JACK$）是刀切法估计的显著性概率。

表 12 – 11　空间拓展模型中空间效应的拉格朗日乘数诊断

	q	χ^2	p
空间误差自相关	1	4.660	0.03
遗漏空间滞后	1	13.346	0.0003
异方差	2	0.743	0.69

七　异方差模型中空间误差依赖性的检验

在传统理论中，异方差可以包含于随机系数模型中，正如第九章第四节第一部分所讨论的那样。最终所得设定形式是含有异方差误差方差的线性回归函数的特例。

笔者将讲解有关结果的两种集合。一种集合是关于具有变量 INCOME 和 HOUSE 的模型，这些变量也是异方差的行列式，同时也是表 12 – 3 中 Breusch – Pagan 检验所使用的形式。其他集合只包括异方差和方差中的 HOUSE 变量是因为 INCOME 的估计随机方差结果为负。表 12 – 12 展示了最大似然的估计结果。[①]

HOUSE 的随机方差分量只是比较显著，表现为单侧渐近 T 检验（因

---

① 可以借助迭代 EGLS 进行估计，其中利用调整后的 Gauss-Newton 步骤可以获得随机分量的估计值，Godfeld-Quandt 法可以产生一个初值。后者包括在平方化解释变量上对平方化方差进行回归。收敛性的精度要求保留六位小数。对含有 INCOME 和 HOUSE 变量的模型进行 25 次迭代，以及对只含有 HOUSE 的模型进行 9 次迭代可以得到相关数值。

为方差应该为正）的概率水平为 0.11，可 *INCOME* 的分量却十分显著。然而，由于它的符号为负，因此它与随机系数模型不兼容。

异方差模型中误差项的空间自相关检验可以基于第八章第一节第四部分所概述的拉格朗日乘数法。最终得到双分量和单分量模型的统计量分别为 8.822 和 6.0804，两者都十分显著（对于自由度为 1 的 χ^2 方差），这表明空间依赖性持续存在。[①]

八　空间误差依赖下结构稳定性的检验

空间异质性的另一种观点包括结构不稳定性。这里所考虑的模型是通过对城市东部和西部分别进行回归来实现的，正如虚拟变量 *EAST* 所表示的那样。第十二章第二节第六部分沿坐标轴 Y 上的拓展变量的显著性也说明了这种空间模式的异质性。

表 12 – 12　随机系数模型的 ML 估计

变量	系数	标准差	T	系数	标准差	T
常数项	66.526	4.133	16.096	70.292	4.590	15.314
INCOME	– 1.550	0.295	5.261	– 1.718	0.344	4.991
HOUSE	– 0.234	0.115	2.043	– 0.274	0.117	2.354
随机方差分量						
变量	系数	标准差	T	系数	标准差	T
常数项	129.478	24.506	5.284	93.663	23.547	3.978
INCOME	– 0.173	0.073	2.377			
HOUSE	0.017	0.013	1.252	0.016	0.013	1.206
$L = -168.384$				$L = -169.765$		

对于具有空间相关误差的设定，使用 ML 对所谓的无限制模型进行估计，其中每个子区域允许含有一组不同的系数集合。表 12 – 13 列示了这些估计结

[①]　相应的莫兰统计量的残差为 $I = 0.256$ 和 $I = 0.208$，其中相关的 z 值为 2.995 和 2.472（在随机化的假设下）。

果，同时也包括不受限制模型的 OLS 结果，但是需要利用传统的 Chow 检验。而第十二章第二节第二部分给出了所谓的限制模型的 OLS 估计结果，表 12 - 6 给出了 ML 估计结果。在这些设定中要求子区域中的系数相等。

ML 估计结果显示出一种与限制性估计完全不同的模式。之前，INCOME 和 HOUSE 都有负且显著的系数。而现在显著性会随着区域变化：INCOME 只在东部地区显著，并且 HOUSE 只在西部地区显著。不显著系数的符号为正。在该模型中，空间自回归系数 λ 比限制模型中的回归系数要大（即 0.698 > 0.562）并且高度显著。

可以借助基于 OLS 估计的 Chow 统计来对结构不稳定性进行标准检验，并且忽略误差中的空间依赖性。最终产生的统计量为 1.823，它不显著。[①]

结构不稳定性的渐近空间调整检验可以基于第九章第二节第二部分所概述的 Wald、似然比和拉格朗日乘数统计，相应的值为 $LM = 9.519$，$LR = 12.227$，$W = 15.398$，它们在自由度为 3 的 χ^2 方差上都显著。因此，当承认空间依赖存在时，也会有证据表明结构不稳定性存在，但是传统的方法不能提供指示。

表 12 - 13　含有空间误差依赖性的非限制模型估计

系数	OLS	ML	标准差	T
EAST				
常数项	67.294	58.941	6.015	9.799
INCOME	- 2.014	- 1.680	0.388	4.334
HOUSE	- 0.064	0.010	0.112	0.088
WEST				
常数项	76.650	55.904	7.755	7.209
INCOME	- 1.455	0.094	0.448	0.211
HOUSE	- 0.545	- 0.576	0.112	5.139
λ		0.698	0.104	6.709
$L = -160.285$				
$\sigma^2 = 69.957$				

①　临界水平为 $F_{(3, 43)}$，对于 $p = 0.05$ 而言，方差为 2.83；对于 $p = 0.01$ 而言，方差为 4.28。

九 误差项中联合空间依赖与异方差

考虑到横截面板数据的最终模型是在误差项中同时具有空间依赖和异方差的规范，除了省略的空间滞后因变量外，该模型就是第六章中所讨论的一般情况。变量 *INCOME* 会导致其随机方差的估计值为负，因此异方差项中只包含变量 *HOUSE*。

利用最大似然进行估计，在实际迭代中将包含 β 系数的 EGLS、空间自回归参数的梯度下降算法，以及 Amemiya（1985：206）中随机分量的估计量结合，并且将其用于空间转换残差中。每次迭代的详细结果都列示在表 12 – 14 中，最后参数估计的完整集合列示在表 12 – 15 中。[1]

INCOME 和 *HOUSE* 估计系数都为负且高度相关，该空间自回归参数也高度相关，但是有关 *HOUSE* 的随机方差分量则不显著。对联合误差参数进行似然比检验所产生的值为 11.409，它会在超过 0.99 的概率水平上拒绝同质独立误差的零假设。

表 12 – 14　含有联合空间依赖与异方差模型的 ML 估计中误差方差参数的迭代

	λ	常数项	*HOUSE*
1	0.376	62.639	0.025
2	0.583	68.610	0.012
3	0.629	67.665	0.010
4	0.643	67.378	0.010
5	0.647	67.304	0.010
6	0.648	67.286	0.010
7	0.648	67.281	0.010
8	0.648	67.280	0.010
9	0.648	67.279	0.010
10	0.648	67.279	0.010

[1]　与先前一样，表 12 – 14 中的结果是经过四舍五入得到的。经过 15 次迭代后，实际所采用的估计量精度要求为保留六位小数，该参数的最终值为 $\lambda = 0.64803$，并且随机分量为 $CONSTANT = 67.27923$，$HOUSE = 0.00991$。

表 12 – 15　随机系数模型的 ML 估计

变量	系数	标准差	T
常数项	58.677	5.349	10.970
INCOME	– 0.816	0.335	2.435
HOUSE	– 0.318	0.098	3.247
误差方差的参数			
变量	系数	标准差	T
λ	0.648	0.115	5.635
常数项	67.279	23.530	2.859
HOUSE	0.010	0.013	0.781
$L = -164.691$			

第三节　空间—时间数据分析

在本节中，笔者会实证讲解第十章所概述的一些方法：解决空间—时间数据分析中的空间效应问题。尤其是笔者会更加紧密地考虑以下问题：借助工具变量法估计空间混合自回归联立方程组，检验似不相关回归和误差分量模型中的空间依赖性，以及估计含有空间自相关误差项的 SUR 模型。在此之前，笔者会简要介绍本节将使用的数据和模型，并且基于 OLS 估计对空间效应进行初始评估。

一　空间菲利普斯曲线

笔者会在整个实证研究中运用简单的菲利普斯曲线模型，它将工资率（WAGE）的变化、失业率（UN）的倒数和净移民率（NMR）联系起来。后者不是一个单纯的净移民比方面的人口率，而是根据先前时间段中的劳动力因素来进行定义，与一些劳动力市场研究所使用的方法相同。[1]

① 可以参见 Greenwood，Hunt，McDowell（1986）。

与前文一样，本节的兴趣主要在于对空间效应进行阐述。这里采用简单的设定形式，并不是为了帮助我们更加深入地理解劳动力市场调整的空间—时间动态，而是在1983年和1981年中，以俄亥俄州西南部的25个县区作为观测对象来评估该模型。这些县区的空间构造列示在图12-2中，实证中所运用到的观测对象列示在表12-16和表12-17中。这些表也包括虚拟变量SMSA的数据，即如果是属于大都市区的县（也列示在图12-2中），则其取值为1。此外，表12-16和表12-17中还列示了因变量的时间滞后值，在第十二章第三节第三部分中，它作为估计工具。

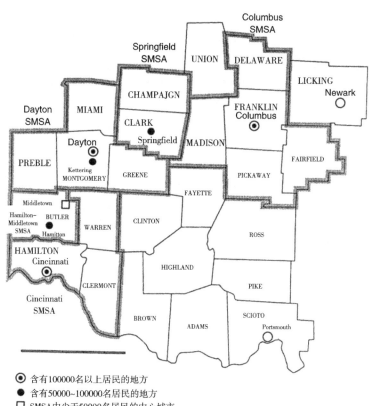

图12-2 俄亥俄州西南部县区示意

对于 1983 年，该模型是针对同期变量进行估算的，即 WAGE83 在 UN83、NMR83 和 SMSA 上回归。对于 1981 年，该同期模型的解释效力很低，并且还会使用滞后形式来代替 WAGE80 和 NMR80。

空间依赖性可以根据一阶连续性进行标准化（如表 12 – 18 所示）。和之前一样，所有空间权重矩阵都以行标准化的形式使用。

表 12 – 16 1983 年俄亥俄州西南部县区的观测对象

	COUNTY	WAGE83	UN83	NMR83	SMSA	WAGE82
1	UNION	1.003127	0.080500	– 0.002217	0	1.108662
2	DELAWARE	1.039972	0.122174	0.018268	1	1.071271
3	LICKING	1.050196	0.095821	– 0.013681	1	1.058375
4	MADISON	1.052210	0.102941	– 0.000959	1	1.049791
5	FRANKLIN	1.055406	0.111965	– 0.005160	1	1.075883
6	FAIRFIELD	1.048299	0.095192	– 0.008934	1	1.056021
7	PICKAWAY	1.065595	0.100909	– 0.017210	1	1.094584
8	CHAMPAIGN	1.035019	0.082500	– 0.018383	1	1.099368
9	CLARK	1.059465	0.084819	– 0.019710	1	1.044507
10	MIAMI	1.040293	0.086939	– 0.023227	1	1.044117
11	PREBLE	1.025818	0.103500	0.001940	1	1.085981
12	MONTGOMERY	1.052522	0.095054	– 0.023533	1	1.045559
13	GREENE	1.050858	0.109636	– 0.030723	1	1.067446
14	BUTLER	1.018733	0.085530	– 0.005622	1	1.032677
15	WARREN	1.057471	0.095000	– 0.003058	1	1.061119
16	HAMILTON	1.052070	0.098056	– 0.023413	1	1.070538
17	CLERMONT	1.027385	0.081975	0.000627	1	1.020961
18	CLINTON	1.034525	0.094500	– 0.004150	0	1.052724
19	FAYETTE	1.022044	0.069444	– 0.009074	0	1.065408
20	ROSS	1.023230	0.082571	0.018513	0	1.050953
21	HIGHLAND	1.057144	0.069545	0.003521	0	1.097586
22	BROWN	1.064552	0.061250	– 0.004152	0	0.984695
23	ADAMS	0.932441	0.038182	0.023083	0	1.043908
24	PIKE	1.050463	0.060556	0.008225	0	1.088628
25	SCIOTO	1.032233	0.052500	– 0.013592	0	1.063456

表 12 - 17　1981 年俄亥俄州西南部县区的观测对象

	COUNTY	WAGE81	UN80	NMR80	SMSA	WAGE80
1	UNION	1.146178	0.130375	- 0.010875	0	1.084886
2	DELAWARE	1.104241	0.189603	0.041886	1	1.110426
3	LICKING	1.094732	0.124125	- 0.004158	1	1.069776
4	MADISON	1.065032	0.139394	- 0.004271	1	1.067895
5	FRANKLIN	1.085075	0.183311	- 0.015568	1	1.079768
6	FAIRFIELD	1.110068	0.155076	0.004514	1	1.099969
7	PICKAWAY	1.085111	0.138939	0.000000	1	1.067286
8	CHAMPAIGN	1.082043	0.133317	0.004439	1	1.114233
9	CLARK	1.046862	0.132806	- 0.008948	1	1.070778
10	MIAMI	1.092917	0.129626	- 0.021634	1	1.081339
11	PREBLE	1.066597	0.140589	0.019676	1	1.040860
12	MONTGOMERY	1.090118	0.129985	- 0.004210	1	1.072204
13	GREENE	1.066719	0.155352	- 0.001159	1	1.072529
14	BUTLER	1.099304	0.125243	- 0.000649	1	1.090042
15	WARREN	1.083854	0.117648	0.002969	1	1.045758
16	HAMILTON	1.077636	0.149544	- 0.028349	1	1.085611
17	CLERMONT	1.146295	0.114029	0.014909	1	1.141677
18	CLINTON	1.102698	0.122633	0.006075	0	1.079916
19	FAYETTE	1.063537	0.107812	0.023377	0	1.089024
20	ROSS	1.109413	0.118741	- 0.015767	0	1.070656
21	HIGHLAND	1.062119	0.107926	- 0.004996	0	1.063287
22	BROWN	1.060167	0.109170	- 0.004790	0	0.936907
23	ADAMS	1.316997	0.065814	0.049736	0	1.059546
24	PIKE	1.143505	0.089019	0.052440	0	1.060121
25	SCIOTO	1.050139	0.073089	0.028002	0	1.048953

表 12 - 18　俄亥俄州西南部县区的一阶连续性

俄亥俄州西南部县区的一阶连续性							
1	2	4	5	8			
2	1	3	5				
3	2	5	6				
4	1	5	7	8	9	13	19
5	1	2	3	4	6	7	
6	3	5	7				

俄亥俄州西南部县区的一阶连续性

7	4	5	6	19	20	
8	1	4	9	10		
9	4	8	10	12	13	
10	8	9	12			
11	12	14				
12	9	10	11	13	14	15
13	4	9	12	15	18	19
14	11	12	15	16		
15	12	13	14	16	17	18
16	14	15	17			
17	15	16	18	22		
18	13	15	17	19	21	22
19	4	7	13	18	20	21
20	7	19	21	24		
21	18	19	20	22	23	24
22	17	18	21	23		
23	21	22	24	25		
24	20	21	23	25		
25	23	24				

二 OLS 回归中空间效应的诊断

为了为以后的分析奠定基础，首先用 OLS 对菲利普斯曲线模型进行估计，然后借助拉格朗日乘数诊断评估空间效应。该估算得出以下结果，标准求导和相应的 T 值列在括号中：

1983 年：

$$WAGE83 = 0.967 + 0.960UN83 - 1.027\,NMR83 - 0.026\,SMSA$$
$$\qquad\quad (0.022)\,(0.318) \qquad (0.344) \qquad\quad (0.014)$$
$$\qquad\quad (45.561)\,(3.022) \qquad (2.983) \qquad\quad (1.855)$$
$$R^2 = 0.486 \qquad R_a^2 = 0.413$$

1981 年：

$$WAGE81 = 1.163 - 0.674UN80 + 1.059\,NMR80 + 0.023\,SMSA$$
$$\qquad\quad (0.054)\,(0.489)\qquad (0.521)\qquad\quad (0.029)$$
$$\qquad\quad (21.686)\,(1.380)\qquad (2.034)\qquad\quad (0.808)$$
$$R^2 = 0.290 \qquad R_a^2 = 0.189$$

就参数值、符号、显著性以及整体拟合度来看，两年的结果明显不同。1983 年有很强的菲利普斯效应的迹象，但 1981 年的 UN80 的系数并不显著，而且它的符号有错误的痕迹。这两年的净移民率都显著，但是 1983 年为负，而 1981 年为正。1983 年中 SMSA 虚拟变量比较显著且符号为负，但在 1981 年中它与整体无关。

表 12-19 列示了空间效应的拉格朗日乘数检验，检验结果清楚地显示该模型为错误的设定，1981 年比 1983 年的程度略高。该统计量显示 1983 年空间误差自相关的一些重要测量结果与忽略的空间滞后的显著值相同。这与 1983 年莫兰统计给出的结果不同，莫兰统计中 $I = -0.263$，相关 z 值为 -1.563，$p = 0.10$ 不显著。1981 年也出现了类似的情况，其中莫兰统计中 $I = -0.289$ 并且 z 值为 -1.868，$p = 0.06$ 显著，然而对拉格朗日乘数统计量的显著性水平的要求更加严格，为 0.04。在这两年中也有明显的证据表明随机系数会发生变化。为了避免在剩余的章节中过量使用一些处理方法，笔者可能会忽略这些变化情况，并且将精力集中在处理含有空间依赖性的方法上。

表 12-19 空间效应的拉格朗日乘数诊断

	q	1983 年		1981 年	
		χ^2	p	χ^2	p
空间误差自相关	1	3.574	0.06	4.295	0.04
遗漏空间滞后	1	4.718	0.03	5.429	0.02
随机系数变化	3	10.952	0.01	25.842	0.00

三　空间混合自回归模型的 IV 估计

以省略的空间滞后的形式出现的错误说明促使我们在等式中加入

这样一个变量，在菲利普斯曲线背景下，它能够对工资调整的空间溢出效应进行标准的解释，这在许多文献中经常被引用为谈判实践的结果。如前一节所述，可以利用 ML 对最终产生的空间混合自回归模型进行估计，也可以用第七章第一节第二部分中所概述的工具变量法进行估计。

为了便于比较，表 12 - 20 列示了 ML 结果，它还包括初始 OLS 估计、渐近标准导数和相关 T 值。在这两年中，正如 Wald 检验（渐近 T 检验）的结果显示，1983 年的概率超过 0.99，1981 年的概率为 0.98，这两年的空间自回归系数都十分显著。似然比检验也给出相似的结果，即 1983 年的值为 6.403（$p = 0.01$），1981 年的值为 5.773（$p = 0.02$）。而空间误差自相关的拉格朗日乘数统计量不再显著，它在 1983 年的值为 1.630，并且在 1981 年的值为 0.009。

可以利用许多不同的方法进行工具变量估计，这取决于对工具的选择。为了阐释估计量对变量选择的敏感性，有三种情况需要进行考虑。一种是将空间滞后解释变量作为工具：1983 年的 W_UN83 和 W_NMR83，以及 1981 年的 W_UN80 和 W_NMR80。这可以参考表 12 - 21 中的 INST 1。另外两种情况可以参见 Haining（1978a），其中包括时间滞后因变量（INST 2）或者它的空间滞后因变量（INST 3），即 1983 年回归中的 WAGE82 或者 W_WAGE82，以及 1981 年中的 WAGE80 或者 W_WAGE80。

我们可从空间滞后因变量的简单 Pearson 相关性中较为粗浅地理解这些工具的相对适当性，即在 1983 年，它们是 W_UN83 为 0.69，W_NMR83 为 -0.71，WAGE82 为 -0.08，以及 W_WAGE82 为 0.14。在 1981 年中，相关性为：W_UN80 为 -0.59，W_NMR80 为 0.80，WAGE80 为 -0.47，以及 W_WAGE80 为 -0.05。[1]

---

[1] 可以基于典型相关性原则使用更加严谨的方法，正如 Bowden 和 Turkington（1984）所述。也可以参见第七章第一节第一部分。

表 12 - 20　空间菲利普斯曲线的 ML 估计

		OLS	ML	标准差	T
1983 年: L = 75. 392	W_WAGE83	- 0. 848	- 0. 623	0. 224	2. 777
	常数项	1. 834	1. 604	0. 230	6. 965
	UN83	1. 035	1. 015	0. 246	4. 126
	NMR83	- 0. 834	- 0. 885	0. 269	3. 285
	SMSA	- 0. 013	- 0. 017	0. 011	1. 444
		OLS	ML	标准差	T
1981 年: L = 54. 166	W_WAGE81	- 0. 801	- 0. 588	0. 254	2. 314
	常数项	2. 069	1. 827	0. 292	6. 250
	UN80	- 0. 751	- 0. 731	0. 387	1. 891
	NMR80	1. 146	1. 123	0. 413	2. 719
	SMSA	0. 0005	0. 007	0. 024	0. 277

表 12 - 21 中列示了最终系数估计的结果，以及渐近标准导数。在所有情况下，标准导数值都大于相应的 ML 估计量，并且使系数的显著性较低。同时它也在一定程度上说明 IV 方法效率低下。

表 12 - 21　空间菲利普斯曲线的 IV 估计

		INST 1		INST 2		INST 3	
		IV	标准差	IV	标准差	IV	标准差
1983 年	W_WAGE83	- 0. 547	0. 371	0. 725	2. 259	- 0. 120	3. 007
	常数项	1. 526	0. 379	0. 225	2. 310	1. 090	3. 075
	UN83	1. 008	0. 280	0. 897	0. 475	0. 971	0. 408
	NMR83	- 0. 902	0. 313	- 1. 192	0. 695	- 0. 999	0. 764
	SMSA	- 0. 018	0. 014	- 0. 037	0. 039	- 0. 024	0. 048

续表

		INST 1		INST 2		INST 3	
		IV	标准差	IV	标准差	IV	标准差
1981年	W_WAGE81	− 0.290	0.387	− 1.011	0.796	− 1.648	0.978
	常数项	1.491	0.440	2.307	0.901	3.027	1.107
	UN80	− 0.702	0.458	− 0.772	0.436	− 0.833	0.517
	NMR80	1.091	0.488	1.169	0.466	1.238	0.553
	SMSA	0.015	0.029	− 0.006	0.034	− 0.024	0.041

空间自回归系数的 IV 估计值会随着工具集合的变化而变化，在 1983 年（$\rho = -0.547$，$p = 0.14$），并且 1981 年，INST 3（$\rho = -1.648$，$p = 0.09$），但是后者的估计并不合适（即大于 1），1981 年（$\rho = -1.011$）中 INST 2 的情况也是如此，尽管它的估计结果并不显著。在 1983 年的 INST 2 中，ρ 的最终结果甚至变为正（0.725），尽管它并不显著。

或许可以从系统的角度提高效率，并且允许通过误差项来实现方程之间的依赖关系。同时也可借助第十章第一节第三部分中所概述的三阶段最小二乘法（3SLS）来进行估计，最终产生的系数值列示在表 12 - 22 中，并且双方程都以空间滞后解释变量（1983 年和 1981 年的 INST 1）作为工具。[①] 3SLS 估计的渐近方差更小，但是空间系数的参数显著性不受影响，它也依旧不显著：1983 年中 $\rho = -0.480$ 同时 $p = 0.14$，1981 年中 $\rho = -0.390$ 同时 $p = 0.23$。另外，失业率（1983 年中 $p < 0.01$，但是 1981 年中 $p = 0.08$）和净移民率（其中 $p < 0.05$）都是显著的，并且与 ML 估计中所得的结果相似。

该方程组允许检验方程间的系数具有相等性。在空间—时间模型的背景下，也需要检验时间系数的平稳性。对于空间参数而言，相应的 Wald 检验所产生的值为 0.055，即无法拒绝零假设中的相等性。然而值得注意的是，ρ 的估计量一开始就与 0 相差不大。

---

① 3SLS 测试拟合度的结果为一个伪 R^2 值，其表现形式为观测与预测因变量间的平方化关系。

表 12 – 22 空间菲利普斯曲线的 3SLS 估计

	3SLS	标准差	T
W_WAGE83	– 0.480	0.326	1.474
CONSTANT83	1.464	0.334	4.385
UN83	0.902	0.246	3.666
NMR83	– 0.699	0.269	2.602
SMSA83	– 0.013	0.012	1.080
W_WAGE81	– 0.390	0.323	1.207
CONSTANT81	1.606	0.367	4.371
UN80	– 0.704	0.403	1.748
NMR80	0.901	0.420	2.144
SMSA81	0.008	0.026	0.327
$R^2 = 0.656$			

四 空间效应的 SUR 诊断

也可以从系统的角度来估计没有空间滞后因变量的模型，允许通过误差项来实现方程之间的依赖关系，该误差项包含在我们所熟悉的并且看似无关回归的框架中，正如第十章第一节第一部分所讲解的那样。

在 1983 年和 1981 年，菲利普斯曲线模型的 SUR 估计结果于表 12 – 23 中列示。除了参数估计外，表 12 – 23 还利用两种方法测量拟合度。对于第一种测量方法中的 R^2，它是以因变量中观测值和预测值间的平方关系表示伪 R^2。对于第二种测量方法中的 R_R^2，它根据误差方差调整后的 R^2，也就是 Buse（1979）所提及的内容，并且笔者会在第十四章第一节进一步讨论。

与第十二章第三节第二部分中的 OLS 值相比，SUR 估计产生的方差更小（理应如此），这会导致估计系数发生变化。两种效应的结合可能会导致 1981 年的参数显著性降低。尤其是，NMR81 的系数不再在 0.05 水平（$p = 0.07$）上显著。在 1983 年，UN 和 NMR 依旧十分显著。

表 12 – 23 也列出了方程间协方差矩阵的估计值。正如第十章第一节第

一部分所指出的那样，暗示时间相关的显著性检验可以基于拉格朗日乘数或者似然比原理。相应的统计量会使拉格朗日乘数检验结果为 5.658，似然比检验结果为 9.750，它们都非常显著（即对于拉格朗日乘数检验而言，$p = 0.02$，对于似然比检验而言，$p < 0.01$ 即可）。因此，这也能够说明问题中协方差矩阵不是对角的，因此 SUR 方法具有相关性。

可以对应第十章第一节第四部分推导误差项中对空间依赖性的拉格朗日乘数检验，它产生的统计量为 3.779。在自由度为 1，即假设方程中的空间系数都相等时，χ^2 方差在 $p = 0.05$ 上显著。然而，如果在自由度为 2 的情况下，就不再会出现这样的结果。

五　误差项的空间效应的诊断

正如第十章第二节第一部分所描述的那样，误差分量法可以为观测空间—时间模型中的空间效应提供另一种视角。在该框架下，误差项中可以包含空间异质性，并且以空间特定方差 $\sigma(\mu)$ 的形式表现出来。为了获得该方差，我们通常假设时间和空间上的系数都是平稳的。[1]

表 12-24 列示了该模型的合并 OLS 估计结果。UN 和 NMR 都变得非常显著（$p < 0.05$），但是 SMSA 不显著。Breusch 和 Pagan（1980）的拉格朗日乘数检验说明需要合并误差分量，它的值为 9.433，在 $p < 0.01$ 时非常显著。

表 12-25 中给出了对 2ECM 模型进行最大似然估计时所产生的系数，其中 σ 是一个完整的误差方差，并且 $\omega = \sigma(\mu)/\sigma$ 是空间方差分量与所有方差之比，正如第十章第二节第三部分所示。在 SUR 模型中，拟合度的测量方法涉及一个伪 R^2 和 Buse 的转换 R^2。[2]

---

① 严格地说，该方法不适用于这里所使用的例子，因为它忽略了包含于解释变量中的不同时间滞后。除了该概念性问题外，它在纯粹数值阐述中并非那么重要，还有统计证据表明，时间上的系数并不平稳。比如，对于表 12-23 中的 SUR 估计值而言，系数相等的 Wald 检验分别拒绝了 UN（$W = 5.770$，$p = 0.02$）、NMR（$W = 6.289$，$p = 0.01$）以及所有联合参数（$W = 16.460$，$p < 0.01$）的零假设。

② 利用迭代 EGLS 进行估计，每次迭代中 σ 和 ω 的估计值都是基于转换后的残差。在经过 7 次迭代后，收敛性的精度应该多于六位小数。

表 12 - 23 菲利普斯曲线的 SUR 估计

	SUR	标准差	T
CONSTANT83	0.976	0.020	49.838
UN83	0.795	0.279	2.850
NMR83	− 0.630	0.285	2.213
SMSA83	− 0.016	0.012	1.283
CONSTANT81	1.163	0.047	24.677
UN80	− 0.635	0.429	1.480
NMR80	0.793	0.431	1.840
SMSA81	0.017	0.026	0.661
	$R^2 = 0.552$	$R_B^2 = 0.284$	
（误差协方差矩阵的交叉方程）			
0.363×10^{-3}		-0.399×10^{-3}	
-0.399×10^{-3}		0.194×10^{-3}	

残余空间自相关的检验基于第十章第二节第三部分中所讲述的拉格朗日乘数法，它产生的统计量为 0.916，很明显，它不显著（在 χ^2 自由度为 1 的情况下）。换言之，在以误差分量形式引入空间异质性后，再也没有明确证据表明误差项中含有空间依赖性。然而值得注意的是，2ECM 模型所完成的拟合度远比 SUR 方法要低，因此这可能不是与手头数据集最为相关的设定形式。

表 12 - 24 菲利普斯曲线的合并 OLS 估计

	OLS	标准差	T
常数项	1.013	0.024	42.761
UN	0.584	0.253	2.307
NMR	0.954	0.403	2.370
SMSA	− 0.010	0.018	0.519
$R^2 = 0.223$ $R_a^2 = 0.176$			

表 12 – 25　双误差分量模型的 ML 估计

	ML	标准差	T
常数项	1.005	0.025	40.369
UN	0.676	0.260	2.604
NMR	0.983	0.433	2.272
SMSA	– 0.012	0.021	0.604

按方差组分

$\sigma = 0.203 \times 10^{-2}$

$\omega = 0.213$

$R^2 = 0.226$　　　　$R_B^2 = 0.248$

六　误差项中空间依赖的 SUR 估计

本章所考虑的最后一种设定形式针对每个方程，涉及误差项中所含有的不同空间依赖性的 SUR 模型。可以用第十章第一节第二部分中所讨论的最大似然法来估计该模型，归结起来就是空间转换变量的迭代 SUR，它的空间自回归系数即为简化似然最大值。

可以对每个方程分别进行 ML 估计来得到迭代步骤的初值，其中 $\lambda_1 = -0.950, \lambda_2 = -0.854$。表 12 – 26 完整地展示了每次迭代的 λ 值。[①]

表 12 – 27 列示了 ML 估计值。与表 12 – 23 中的标准 SUR 相比，它们的参数方差大幅度下降，可能会导致出现更高（渐近）的显著性。事实上，NMR 在这两年中都十分显著，在 1983 年，SMSA 非常显著。和之前一样，UN 只在 1983 年显著，但是它的显著性水平更高。

表 12 – 27 中所列示的渐近 T 值表明空间系数十分显著（$p < 0.01$）。对 λ_1 和 λ_2 的联合显著性进行 Wald 检验，其产生的值为 32.776，在 $p < 0.01$ 时显著。类似地，似然比检验给出的结果为 5.995，它在 $p = 0.05$ 时显著。因

---

① 　与之前一样，表 12 – 26 的值是经过四舍五入得到的，并且所采用的实际估计量的精度高于六位小数。在经过 22 次迭代后收敛，并且所产生的估计值为 $\lambda_1 = -0.944042$ 和 $\lambda_2 = -0.801991$。

为第十二章第三节第四部分中的拉格朗日乘数检验所产生的统计量为 3.779，它说明对小样本的不等式进行渐近检验（ $LM < LR < W$ ）可能会出现矛盾性结论。正如之前章节所说，在每个方程中不同空间依赖性的零假设的拉格朗日乘数统计量在 $p = 0.05$ 时不显著，然而在这里所报告的似然比和 Wald 统计量却显著。

正如第六章第三节第一部分所述，可以从这些估计量的方差和协方差中推导出能够对零假设 $\lambda_1 = \lambda_2$ 进行更为直观的 Wald 检验。λ_1 的相关方差为 0.0262，λ_2 的相关方差为 0.0403，两者间的协方差为 0.0325，两者之差为 $\lambda_1 - \lambda_2 = -0.142$ 。因此，该假设的 Wald 统计量为 $(-0.142)^2/0.0015 = 13.236$（在更精确的计算基础上四舍五入），其中分母是方差矩阵以及系数限制条件为 $[1 - 1]$ 的向量的二次方形式。该值在 $p < 0.01$ 时十分显著，它也为模型设定形式的选择提供了一个后验依据。

表 12 - 26　空间 SUR 模型中 ML 估计的空间系数迭代

	λ_1	λ_2
1	- 0. 950	- 0. 854
2	- 0. 932	- 0. 836
3	- 0. 939	- 0. 821
4	- 0. 941	- 0. 813
5	- 0. 943	- 0. 808
6	- 0. 943	- 0. 806
7	- 0. 944	- 0. 804
8	- 0. 944	- 0. 803
9	- 0. 944	- 0. 803
10	- 0. 944	- 0. 802
11	- 0. 944	- 0. 802

表 12 - 27　含有空间误差自相关的 SUR 模型的 ML 估计

	ML	标准差	T
CONSTANT83	0. 974	0. 0002	77. 388
UN83	0. 853	0. 036	4. 799
NMR83	- 0. 689	0. 053	3. 549

续表

	ML	标准差	T
SMSA83	− 0.020	0.0001	2.857
CONSTANT81	1.136	0.001	32.692
UN80	− 0.374	0.104	1.094
NMR80	1.179	0.161	3.372
SMSA81	0.007	0.0003	0.547
λ_1	− 0.944	0.162	5.838
λ_2	− 0.802	0.201	3.995
$L = 159.434$	$R^2 = 0.547$		

附录 空间自回归模型中系数的二等分搜索[①]

二等分搜索的步骤是指寻找下限（L）和上限（U）间期望精度的参数最优值，其表现为：

$$\partial L_c / \partial \rho (\rho_L) < 0$$

$$\partial L_c / \partial \rho (\rho_U) > 0$$

其中，L_c 是简化似然，并且 ρ 是空间参数。可以通过在上下限之间不断取中点来获得最优值，反过来该中点又会变成上限或者下限，这取决于偏导数的值。

在纯一阶空间自回归模型中，空间参数和莫兰系数的 OLS 估计提供了自然初始值，并且莫兰系数的 OLS 估计值等于原始变量上空间滞后的回归值，它的绝对值永远比 OLS 估计值要小。此外，OLS 和莫兰估计值的符号总是相同。[②]

起始下限和上限的指定过程如下。

（1）检查 OLS 估计值：如果绝对值比 1 大，则设 $\rho_1 = e \cdot |1 - \delta|$，其中 e 为 1 或者 -1，这样 ρ_1 的符号就会与 OLS 估计值的符号相同，并且 δ 是一个较小值，这样雅可比在 $|1 - \delta|$ 处的取值是非奇异的；如果它的绝对值比 1 小，则设 ρ_1 等于 OLS 估计值。

（2）设 ρ_2 等于莫兰系数。

（3）对 ρ_1 和 ρ_2 计算 $\partial L_c / \partial \rho$。

（4）如果 $\partial L_c / \partial \rho (\rho_1) \cdot \partial L_c / \partial \rho (\rho_2) < 0$ 并且 $\partial L_c / \partial \rho (\rho_1) > 0$，接着 $\rho_L = \rho_2$ 并且 $\rho_U = \rho_1$ 或者 $\rho_L = \rho_1$ 并且 $\rho_U = \rho_2$，则继续进行二分法搜索。

[①] Anselin（1980：50–53）展示了该算法的早期版本。

[②] 在空间混合回归模型中没有等同于莫兰系数的值。另一种可替代的方法可能取 0，或者 OLS 估计值中的一小部分。这里所使用的一小部分估计值为 0.2。即使该值是随意选取的，它也在许多其他实证操作中提供了一个有用的起点。

（5）如果 $\partial L_c/\partial\rho(\rho_1) > 0$ 并且 $\partial L_c/\partial\rho(\rho_1) > \partial L_c/\partial\rho(\rho_2)$，接着有 $\rho_L = -(1-\delta)$ 并且 $\rho_U = \rho_2$，则继续进行二分法搜索。

（6）如果 $\partial L_c/\partial\rho(\rho_1) > 0$ 并且 $\partial L_c/\partial\rho(\rho_1) < \partial L_c/\partial\rho(\rho_2)$，接着有 $\rho_L = \rho_1$ 并且 $\rho_U = 1-\delta$，则继续进行二分法搜索。

（7）如果 $\partial L_c/\partial\rho(\rho_1) < 0$ 并且 $\partial L_c/\partial\rho(\rho_1) > \partial L_c/\partial\rho(\rho_2)$，接着有 $\rho_L = \rho_1$ 并且 $\rho_U = 1-\delta$，则继续进行二分法搜索。

（8）如果 $\partial L_c/\partial\rho(\rho_1) < 0$ 并且 $\partial L_c/\partial\rho(\rho_1) < \partial L_c/\partial\rho(\rho_2)$，接着有 $\rho_L = -(1-\delta)$ 并且 $\rho_U = \rho_2$，则继续进行二分法搜索。

该二分法步骤取的中点为 $\rho_M = (\rho_L + \rho_U)/2$。如果简化似然的偏导值为负，那么该中点就会成为新的下限，否则就是新的上限。该过程会不断进行直到获得期望精确度。后者等于上限和下限之差。

第三部分
模型验证

第十三章 空间计量模型的验证及设定检验

在关于科学发展本质的哲理讨论中，人们常常认为，如果没有基于现实的验证，那么理论是无法得到发展的。这使理论形成和经验评估之间出现持续不断的相互作用过程，其部分原因是观察到现有理论未解释的现象，以及理论构架无法反映在实验环境中。应对这一过程的关键是有一套明确的标准或有效性标准，以及将其应用于经过仔细研究的理论结构的统一方法。通常而言，这都基于标准的概率性框架。

在本章和下一章中，笔者将集中讨论运用计量经济学技术评估区域科学中空间模型的有效性。[①] 随着竞争性理论的激增以及基于定量预测和影响评估的政策、决策越来越多，这个问题在应用建模中越来越重要。从方法论角度来看，对空间计量经济学的认识水平逐渐提高，这需要更加有效地去处理空间理论构造的实证验证，这类似于其他社会科学中对统计模型相关性的普遍关注。[②]

在区域科学、经济地理学和规划理论的文献中，构建模型以及统计

---

① 第十三章和第十四章主要基于 Anselin（1987a）提出的思想。

② 例如，在计量经济学中，诸如实证分析中的非实验性质、人类行为的复杂性以及缺乏足够的数据等问题，会导致人们反复批判方法论框架的合理性，检验并评估所建立的计量经济模型。涉及这些问题的文献非常多，并且可以追溯到 Keynes, 1939；Tinbergen, 1940, 1942。Haitovsky 和 Treyz（1970, 1972），Dhrymes 等（1972），Shapiro（1973），Leamer（1974, 1978, 1983），Christ（1975），Mayer（1975, 1980），Zellner（1979, 1984），Sims（1980），Kmenta 和 Ramsey（1980），Cooley 和 LeRoy（1981, 1985, 1986），Frisch（1981），Malinvaud（1981），Chow 和 Corsi（1982），Lovell（1983），Peach 和 Webb（1983），Ziemer（1984）以及 Swamy, Conway 和 von zur Muehlen（1985）对计量经济学的实践、计量经济学模型的表现以及特定假设的使用和数据挖掘进行了严格的评估。

分析自身的适用性有时会受到质疑。比如，Gould（1970，1981）和 Fischer（1984）都基于哲理性考虑，而 Alonso（1968）和 Lee（1973）更多探讨操作性问题。最近，这些问题已经使人们开始广泛地关注区域表现的演进形式和多区域计量模型，比如 Taylor（1982a，1982b），Charney 和 Taylor（1983，1984），以及许多有关计量模型验证技巧中对空间分析的发展与应用，如 Buck 和 Hakim（1980，1981），Burridge（1981），Horowitz（1982，1983，1985，1987），Blommestein（1983），Bivand（1984），Anselin（1984a，1984b，1984c，1986a，1987a），Anselin 和 Can（1986），Blommestein 和 Nijkamp（1986）。

本章将更加详细地讨论模型验证的一般问题，因为它适用于区域科学中模型的空间方面。首先，笔者将广泛讨论有关空间计量学中模型验证的问题，接下来对模型设定检验进行广泛的处理，以及对公共因素进行检验和非嵌套式假说进行检验。第十四章会分析模型选择和模型判别等问题。

在前几章中，这些方法所强调的都是解决有关数据的空间结构或者空间理论的表述问题。一些模型验证的常见方面，如函数的误设检验、回归量的选择以及预测表现的演进通常不会受到该分析的空间性质影响。由于上述这些方法能够被广泛使用，因此它们不会在这里被详细考虑。

第一节　空间分析中模型验证的一般问题

人们普遍认为，空间理论的最新发展水平还不足以解决城市和其他地区面临的所有实际问题。在这方面，更复杂的模型和理论并不总是按其规模成比例地为我们的知识库做出贡献。确实，人们经常会忽略一些科学研究的一般原理，如寻找简约性、奥卡姆剃刀原理和其他简单的假设。正如 Jeffreys（1967），Gould（1981）和 Zellner（1984）所论证的那样，这些原理为寻找优质的公式提供了重要指导。在区域科学和地理学中经常被提及且重点强调的精确的公理结构，可以涉及更直接的行为启发式关系，我们可以加强对经验规律的关注，这样可能使一般原理在运用方面取得重大改进。①

因此，与统计模型验证有关的空间理论通常是相对简单的陈述。但它作为本章和下一章所要讨论的一般警告，提醒我们应该时刻牢记基于薄弱的理论进行严谨的分析，这一行为并不总具有意义。

此外，从经验角度来看，在人类空间行为分析中缺乏可控的实验，因此这限制了我们观察到的关系在一定程度上可以归结于一般模式和结构。众所周知，这通常会伴随一系列测量性问题出现，在空间分析中，以聚集空间观测对象为单位所收集的数据质量较差，这是"臭名昭著"的。在前几章中，特别是在第二部分中，笔者详细讨论了与空间依赖性和空间异质性相关的问题。

在模型验证的背景下，一个常见的问题是在不同标准中可能会存在矛盾性现象。在这方面，最重要的是区分两种不同类型的方法：设定检验和模型选择方法。前者嵌入在假设检验框架中，因此是标准统计推论的一部分，后者未以假设形式表述。它们通常基于对拟合度的度量和更特殊的假设决策准则。

一般而言，模型设定检验（或误设检验）由评估数据是否支持模型的确定性设定或随机性设定的程序组成。这些检验包括对特定公式是否存在缺陷进行诊断，例如非线性检验或非球面误差项检验，以及关于替代设定的有效性假设进行检验，如非嵌套假设检验。相比之下，模型选择和模型判别方法作为决策规则，允许研究者根据特定的指标从众多竞争性公式中选择一种来进行决策。②

---

① 对这些问题与区域科学和地理学中有关理论的更广泛讨论请参见 Isard（1969）；Amadeo，Golledge（1975）；Weibull（1976）；Isard，Liossatos（1979）；Golledge（1980）；Cox，Golledge（1981）；Paelinck，Ancot，Kuipers（1982）；Coucelis，Golledge（1983）；Beckmann，Puu（1985）。

② 有关这些一般问题的最新概述请参见 Ramsey（1974）；Hausman（1978）；Thompson（1978a，1978b）；Amemiya（1980）；Bierens（1982）；Engle（1984）；Ruud（1984）；Tauchen（1985）；Newey（1985a，1985b）；Davidson，MacKinnon（1985a，1985b）。

由于设定检验和模型选择之间的区别在计量经济学文献中被普遍接受，因此其将构成本章和下一章结构的基础。但应该注意的是，这种区别并不总是明确的且并不是含糊不清的。例如，以经典（非贝叶斯）方法进行假设检验，就需要一个真实的零假设，因此在逻辑上应优先考虑其他模型的潜在正确性。但是，实际上，正如在有关数据挖掘和其他设定搜索的各种讨论中所指出的那样［例如，Leamer（1978）和 Lovell（1983）］，人们常常忽略这一要求。有关这两种方法所产生的另一个潜在困惑的根源在于，模型选择中使用的一些拟合指标可能与假设检验有关。例如，对于众所周知的衡量拟合度的R^2以及衡量回归系数向量显著性的 F 检验就是这种情况。

从操作角度来看，建模者需要在决策过程中考虑设定检验和模型选择程序的结果。因此，从概念上讲，应采用这两种方法来组建整体和潜在的定性模型的验证框架。实际上，在实践工作中，由于区域科学理论的多样性和缺乏精确性，在很多时候可以利用同一数据集来估计多种竞争性模型（例如，不同的空间交互模型、城市密度函数、经济基础指标）。

大多数计量经济学工具包通常会生成一系列检验设定和衡量拟合度的指标，并且这些指标必须被整合到具有一致性的决策框架中。该框架应该考虑一些标准细则的多样性，以及个别分析师在决策过程所具有的潜在主观性。空间（以及较低程度上的非空间）计量经济学文献基本上忽略了这个问题。但是为了保持方法论工具的可靠性和内部的一致性，我们必须解决这个问题。

第二节 空间计量模型的设定检验

在空间分析中，三种特殊类型的设定检验密切相关。第一种检验涉及是否存在空间效应，即检验空间依赖性和异质性。这些问题已经在先前几章（第六、八和九章）中进行了详细的讨论，此处不再赘述。

第二种检验涉及空间效应的程度，尤其是空间依赖的程度，它反映在对空间过程模型中所含的滞后长度。这类检验产生空间公共因子方法，笔者将在第十三章第三节中进一步讨论。

第三种检验与确定空间依赖性的结构有关，它反映在对空间权重矩阵的选择中。在这种情况下，特别适合于在非嵌套假设下进行检验。笔者将第十三章第四节详细地讨论。

在一般情况中，这三种类型的检验可以借助以下一般设定形式进行表述：

$$y = g(y, \rho) + X\beta + \varepsilon$$
$$\varepsilon = h(\varepsilon, \lambda) + \mu$$

其中，和之前一样，y 是在空间单元上所观测到的 $N \times 1$ 因变量值的向量，$g(y, \rho)$ 是一个参数为 ρ 并且能够解释 y 所具有空间依赖性的函数，X 是一组具有相关参数 β 的外生解释变量，ε 是扰动项。该扰动项自身潜在的空间构造为函数 $h(\varepsilon, \lambda)$，其参数为 λ。

通常而言，函数 g 和 h 都是线性加权总和，即空间权重矩阵 W 与 y（或者 ε）中观测值向量的乘积。

第一种类型的设定检验即空间效应的存在性，包括判定 $g(y, \rho)$ 或者 $h(\varepsilon, \lambda)$ 是否相关。第二种类型的检验是公共因子，涉及解决空间滞后的长度问题，即 $g(y, \rho)$ 或者 $h(\varepsilon, \lambda)$ 所含依赖性的空间程度。换言之，这些检验都试图寻找函数设定中应该包含多少次幂的 W 矩阵。第三种类型的检验基于非嵌入假设，即探究包含于 $g(y, \rho)$ 或者 $h(\varepsilon, \lambda)$ 中空间依赖性的结构，也就是 W 自身的结构。

第三节　空间滞后长度的确定

一些学者在时间序列背景下对计量经济模型进行动态设定分析后，例如 Zellner 和 Palm（1974），Hendry 和 Mizon（1978），Mizon 和 Hendry

(1980)，Sargan（1980）和 Kiviet（1985，1986），发现在空间计量经济学领域中关于公共因子的检验问题受到关注，例如 Burridge（1981），Blommestein（1983），Bivand（1984），以及 Blommestein 和 Nijkamp（1986）。

在本节中，笔者将简要概述空间公共因子方法背后的一般原理，并讨论它与在应用空间建模中进行设定分析的相关性。

一　空间公共因子方法的一般原理

在时间序列分析中，公共因子方法基于两个等价设定的模型：一个以误差表示；另一个以滞后因变量表示。本质上，如果因变量的不同滞后存在一个或多个公共系数，则该模型设定将简化为具有滞后误差的形式。

在空间分析中，这种情况类似于具有空间自回归误差项的模型与空间杜宾方法之间的等价关系，如第八章第二节第二部分所述。

Burridge（1981）和 Bivand（1984）考虑了一种最不复杂的情况，即只考虑一个空间滞后。该情况的出发点是具有空间自回归扰动的线性模型，通常表示为：

$$y = X\beta + \varepsilon$$
$$\varepsilon = \lambda \cdot W \cdot \varepsilon + \mu$$

或者与之前一样：

$$y = X\beta + (I - \lambda \cdot W)^{-1}\mu$$

将该方程式的两边预乘 $(I - \lambda W)$ 后，得到一个混合空间回归/自回归模型，在空间杜宾方法中是这样的：

$$y = \lambda Wy + X\beta - \lambda WX\beta + \mu$$

或者：

$$y = \lambda Wy + X\beta + WX\gamma + \mu$$

对该过程进行逆向推理，如果一些较复杂模型的系数满足特定约束条件，则可以将较复杂的自回归模型简化为 y 对 X 的简单回归，并且该回归具有空间自回归扰动项。更准确地说，在这两个模型设定形式相等时，Wy 和 X 的系数乘积（λ 乘以 β）应等于 WX（$\lambda \cdot \beta$，或者 $-\gamma$）的负系数。换言之，总共需要满足 K 个非线性约束条件，即对应着向量 β 中的每个元素。但是，当使用行标准化权重矩阵时，无法分别识别两个常数项，因此只能验证 $K-1$ 个约束条件。

与时间序列分析的情况相比，具有空间依赖误差的简单回归模型的估计比具有空间滞后因变量的模型的估计要容易。正如第六章所述，在这两种情况下，最大似然是首选方法。但是，也如第十二章第一节所指出的那样，具有空间相关误差的模型估计在数值计算上更为复杂。这种设定形式的唯一潜在优势就是参数数量较少，即 $K+1$ 个而不是 $2K+1$ 个，这将使效率提高（减少多重共线性）。

基于 ML 估计，可以借助渐近似然比、Wald 或拉格朗日乘数统计量，即自由度为 $K-1$ 的 χ^2 分布（忽略常数项）对系数约束进行检验。就形式而言，按照与上述相同的表示法，该零假设为：

$$H_0 : \lambda \cdot \beta + \gamma = 0$$

其中忽略了常数项，并且它由模型中（不包括 σ^2）$2K+1$ 个参数上的 $K-1$ 个约束条件组成。各种检验可以作为对第六章第三节第一部分概述的一般检验方法的直接应用。例如，对于 Wald 检验，需要关于模型参数限制条件的偏导数的辅助矩阵：

$$G = \partial g' / \partial \theta$$

其中：

$$g' = \lambda \beta + \gamma$$
$$\theta = \begin{bmatrix} \lambda \beta' \gamma' \end{bmatrix}$$

其中 β 不包括常数项。

通过简单的应用矩阵求导后，G 的相关元素如下：

$$\partial g/\partial \lambda = \beta$$
$$\partial g/\partial \beta = \lambda I$$
$$\partial g/\partial \gamma = I$$

因此，如第六章所述，相应的 Wald 检验形式为：

$$W = g' \left[G'VG \right]^{-1} g \sim \chi^2 (K - 1)$$

其中，V 是估计的系数协方差矩阵。似然比和拉格朗日乘数检验可以通过相似的方式进行改进。

作为示例，可以考虑第十二章第二节第五部分讲述的空间杜宾模型估计。从表 12-8 第二列开始，系数的 ML 估计为：

$$\lambda = 0.426$$
$$\beta' = \left[-0.914 \quad -0.294 \right]$$
$$\gamma' = \left[-0.520 \quad 0.246 \right]$$

对应的向量 g' 为：

$$g' = \left[-0.910 \quad 0.120 \right]$$

这会使 Wald 统计量为 4.228，对于自由度为 2 的 χ^2 变量，在 $p=0.10$ 时不显著。换言之，不能拒绝公共因子假设，这表明具有空间自回归误差项的模型设定有效。

公共因子方法可以扩展到含有多个自由度的空间滞后之中，即扩展到具有较高次幂的空间权重矩阵 W 的模型，以及各种时空滞后。正如 Blommestein（1983），Blommestein，Nijkamp（1986）所提及的，他们用缩写词 COMFAC 来指代这种方法。

当不同滞后结构的复杂性导致难以解释的受限模型出现时，就会出现复杂化。为了用根据来自经济或空间理论的先验见解来构成随后的设定搜索，可以对其施加各种附加约束条件。COMFAC 方法的变体也被称为 ECONFAC。正如 Blommestein（1983）所指出的那样，先验约束条件应以理论为基础。例如，这可能包括从合理期望模型推导出的系数约束条件，或与空间结构有关的限制条件。

公共因子方法的实际操作包含一个顺序过程，在该过程中，对具有较大滞后长度的一般超参数化模型进行一系列有关参数子集的系数约束条件检验。换句话说，公共因子方法不是从简单的设定形式开始并朝着更复杂的模型发展，而是朝着另一个方向发展。这种方式可以避免由于忽略潜在的相关较大滞后而引起误设。①

有趣的是，Burridge、Blommestein 和 Bivand 都将公共因子的概念运用于同一数据集中，但获得的结果略有不同。这些②差异似乎不仅归因于不同滞后结构的相关性，如公共因子方法评估，而且更多的是因为空间权重矩阵 W 的设定形式。通过使用标准化的二进制邻接矩阵，Bivand 消除了其他研究者报告的剩余空间自相关。③ 应该注意的是，在公共因子方法中，空间权重矩阵是给定的，其适用性不用审查。

二　评估和实际意义

尽管公共因子方法为空间过程模型的结构化设定分析提供了正式的基础，但仍有许多问题可能会限制其在实际运用中的实用性。由于它的主要关注点在于空间滞后长度，因此通常认为空间权重矩阵本身的结构是已知的，并且可能忽略设定分析的重要方面。此外，选择不同的（错误的）W 矩阵会对滞后长度的显著性产生误导。

另外，在应用工作中，有关解决适当空间滞后长度的问题可能不

---

① 从复杂模型演变到简单模型的优点是，当正确设定的模型中的系数较少时，可在超参数模型中进行无偏推断，但是效率会降低。另外，在未充分说明的模型中进行推断可能会产生严重偏差。

② Cliff 和 Ord（1981：208－210，230）最初对爱尔兰的奥沙利文县的农业消费情况进行研究与分析。另外也可参见 Anselin（1988a），以更多获得有关该数据集中空间模型的设定分析结果。

③ Burridge 在 W 中使用了逆距离形式，而 Blommestein 则应用了更高阶的空间滞后。Anselin（1988a）基于拉格朗日乘数进行了一系列设定检验，证实了 Bivand 所得到的结果，并且进一步强调权重矩阵的选择相对于滞后长度选择的重要性。

太实用。由于大多数空间数据情况的特点是观察次数少，因此对任何实际大小的分析，只要着重于对多个空间滞后进行分析就会很快失去自由度，这将对确定公共因子约束条件所基于的估计效率产生负面影响。

从更正式的角度来看，系数约束检验的顺序性可能会导致经典概率框架中出现问题。为了评估与这些多重比较相关的适当边际显著性水平，可以应用所谓的 Bonferroni 边界（Savin，1980），其大致包括将总体所需的显著性水平除以执行的比较次数。这意味着，为了在整体框架中保持一致性，在每次边际检验中，应采用比传统的 0.05 或 0.10 低得多的显著性水平。因此，对于单个参数的显著性来说，将采用更严格的标准，并且在少数情况下会倾向于拒绝零假设。因此，重要的是不是以寻常方式对显著性水平进行人为解释，因为在多重比较情况下它不会保留内部的有效性。①

经过一系列设定检验后发现，估计量分布特征与通常的渐近结果不符。从本质上说，这些系数是从先验估计量中获得的，其分布通常十分复杂，并且不易用解析术语表示，正如第十一章第一节所提及的那样。

最后，如前所述，在观察对象很少的情况下，公共因子方法中使用的 Wald、似然比和拉格朗日乘数检验统计量的渐近显著性水平可能会产生误导。尽管会大幅度提高各种检验的数值复杂度，但还是应该尽可能对有限样本进行校正。确实，与较高滞后中空间自回归公式相关的多边依赖性模式妨碍了对标准近似法的直接应用，例如 Rothenberg（1984b）概述的程序。因此，在建模中使用公共因子方法可能并不现实。

第四节　空间结构的确定：非嵌套检验

在应用回归分析的许多情况下，可以将竞争模型公式化为替代假设。

---

① 为了更深入地分析多重比较问题，可以参见 Meeks，D'Agostino（1983）。

当一个模型或假设不能作为另一种情况的特例时，该假设被认为是非嵌套的，因此需要特殊的检验程序。

尽管在 Paelinck 和 Klaassen（1979）所写的《空间计量经济学》一书中提出将非嵌套假设的检验作为极富成果的研究方法，但在空间分析中对它的应用才刚刚起步。Horowitz（1982，1983，1987）和 Anselin（1984a，1984c，1987a）对这种检验的特征及其在城市和其他区域分析中的实用性做出了最新概述。非嵌套检验也越来越多地被用于区域科学的实证研究中，例如，Horowitz（1983，1987）在交通分析中所采用的替代离散选择模型的设定形式，Anselin（1984c）所评估的综合空间互动函数，Anselin 和 Can（1986）所比较的城市密度模型。

在本节中，笔者将考虑在空间过程模型的权重矩阵中应用非嵌套方法对空间依赖的结构的设定进行检验。显然，由于空间滞后变量中缺乏能够涵盖其权重的整体框架，因此在比较竞争设定时必须使用非嵌套方法。

在简短地介绍并回顾文献中所提出的各种方法之后，笔者将更加专注于基于 ML 估计的检验和基于 IV 估计的检验。本节最后会评估这些方法在区域科学的实证工作中所具有的现实意义。[①]

一　非嵌套假设检验的基本原理

非嵌套假设检验旨在处理无法将竞争模型的公式视为更一般表达式的限制形式等情况。换言之，当没有能够自然涵盖的框架时，这些假设被认为是非嵌套的，在这个框架中，每个假设都可以作为特例推导。这在应用工作中会经常遇到，例如在可以同时考虑线性或乘法函数形式的情况下。当相互冲突的概念性框架无法共同包含解释变量时（例如围绕需求方的理论或供给方的理论），也可能出现这种情况。当几个分布假设同样有效时，例如在离散选择模型中使用 Logit 或 Probit 时，其设定检验

---

① 该章节主要基于 Anselin（1984a，1984b，1986a）的大量讨论。

具有非嵌套性。在空间分析中，当考虑到空间摩擦、空间依赖或者空间结构的不同表述时，通常会出现这种类型的冲突。

总之，可以将非嵌套检验视为统一框架的一部分，并将其用于对解释变量、函数形式以及两者的组合进行形式比较。正如 MacKinnon（1983）和 McAleer（1987）所发表的综合性评论中所说明的那样，这类检验在计量经济学工作中已相当有名。早期的方法大都基于 Cox（1961，1962）和 Atkinson（1970）的统计研究，最近，对于回归分析中遇到的许多情况，对这些思想的一些扩展已经被开发出来，其中包括 Pesaran（1974，1981，1982a），Quandt（1974），Pesaran 和 Deaton（1978），Fisher 和 McAleer（1981），Davidson 和 MacKinnon（1981，1982，1984），White（1982b），Aguirre-Torres 和 Gallant（1983），MacKinnon、White 和 Davidson（1983），Ericsson（1983）和 Godfrey（1983，1984）。[1]

正式地说，构成非嵌套假设的替代设定都是成对进行考虑的。比如，对于两个线性空间过程模型，它可以表示为：

$$H_i : y = \rho_i W_i y + X_i \beta_i + \varepsilon_i$$
$$H_j : y = \rho_j W_j y + X_j \beta_j + \varepsilon_j$$

在这些表达式中，y 是感兴趣的因变量（或是其转换）；$W_{i(j)}$ 是权重矩阵中空间依赖性的不同先验结构；$X_{i(j)}$ 是多组解释性变量，其中可能包含两个共同的表达式；$\rho_{i(j)}$ 和 $\beta_{i(j)}$ 是模型系数；$\varepsilon_{i(j)}$ 是扰动项，其分布不一定相同。

非嵌套检验是通过将每种设定形式作为替代假设依次进行的，例如，考虑使用模型 H_i 来试图仿造所维护的模型 H_j。从 H_i 能够仿造 H_j，到 H_j 无法阻止 H_i 仿造 H_j 这一意义来说，该检验是非对称的。

现在已经提出几种不同的检验程序，其中大多数可以简化为改进

---

[1] 与熟悉的嵌套方法相比，非嵌套检验的方法讨论可参见 Fisher, McAleer（1979）；Dastoor（1981）；Fisher（1983）；Gourieroux, Monfort, Trognon（1983）；MacKinnon（1983）；McAleer, Pesaran（1986）；McAleer（1987）。Mizon 和 Richard（1986）发展出的概括性原理中提出了一种替代观点，其中就包括非嵌套检验，他们还将其作为一种特殊的案例。

的似然比检验，或者一种关于人工包围模型中的嵌套参数显著性检验。

第一类方法体现在众所周知的 Cox 检验及其拓展中，例如 Pesaran 和 Deaton（1978）的 CPD 检验。该检验包括对两类似然比的比较。第一类是在维持每个模型的假设下构建的，即假设每个模型是正确的。第二类是基于只有一种设定有效的假设构建的，即与原假设相关的一种假设。因此，当第一类模型假设正确时，它涉及对第二类模型的估计，这是通过伪最大似然方法实现的。类似的检验基于工具变量估计，例如 Godfrey（1983）和 Ericsson（1983）的 T 和 G 检验都是由残差的二次形式构造的。

在人工嵌套方法中，可将第二类模型的预测值作为附加的解释变量纳入第一类增强模型中。嵌套参数的显著性不足也说明第一种模型在解释数据时所具有的一定优势。换言之，如果没有将第二种模型设定形式纳入第一种模型并提供附带的解释变量，则可以认为这是维持假设正确性的证据。Davidson 和 MacKinnon（1981），MacKinnon，White 和 Davidson（1983）所使用的 J、P 和 P_E 检验就体现了这种思想。各种检验之间的主要区别在于使用明显的渐近估计来获得一致性估计。

接下来，笔者将详细地概述将这些类型的检验应用于空间过程模型的设定检验中的方法。

二　基于极大似然估计的空间权重矩阵的非嵌套检验

最大似然估计是空间过程模型中许多非嵌套假设检验的自然出发点。这对于修正的似然比程序（例如 Cox 检验）是必要的。然而在空间分析中，显式非线性 ML 对于基于人工嵌套的检验也是必要的，这与时间序列上下文中的情况相反。如第六章第一、二节所述，这是由于存在空间滞后因变量。

如 Anselin（1984a）所示，将 Cox 检验推广到空间自回归设定的过程并非易事。在 Pesaran（1974），Pesaran 和 Deaton（1978）中，标准回归模型的 Cox 检验如下：

$$T = (N/2) \cdot \ln[(\sigma_j)^2/(\sigma_{ji})^2]$$

其中，指标 ji 是指第二个模型（j），即假定第一个模型（i）的设定正确并以此进行估算。由于最小二乘残差所具有的性质，方差 $(\sigma_{ji})^2$ 可以表现为：

$$(\sigma_{ji})^2 = (\sigma_i)^2 + (\sigma_a)^2$$

其中，$(\sigma_i)^2$ 是模型 i 中的估计残差方差，$(\sigma_a)^2$ 是第一个模型 $X_i b_i$ 在第二个模型 X_j 的解释变量上预测值回归中的估计残差方差。

因为在具有空间滞后因变量的模型中，这些简化结果并不能长期保持，所以需要一系列渐近条件来解决该问题，所得统计量为：

$$T_i = (N/2) \cdot \ln[(\sigma_j)^2/(\sigma_{ji})^2] + \ln\{|I - \rho_{ji}W_j| / |I - \rho_j W_j|\}$$

其中指标的含义与之前相同。为了运用该统计量，需要对其方差进行估算。与 Walker（1967）和 Pesaran（1974）所考虑的时间序列模型和具有序列自相关的回归结果相反，在存在空间依赖性的情况下，这种方差的推导是高度非线性的，无法用简单的分析术语来表示。因此，这种方法对于空间模型而言不切实际。[①]

渐近等价的过程是建立在人工嵌套方法的基础上的，其计算过程简单得多，这可简化为对扩充模型中的嵌套系数 α 进行显著性检验，可表示为：

$$y = (1 - \alpha) \cdot f_i + \alpha \cdot g_j + \varepsilon$$

其中 f_i 是零假设下的设定形式，g_j 是替代设定 f_j 的预测值，其参数由它的 ML 估计值代替。

预测值 g_j 可以通过一般的方式从 y 对 f_j 的回归中获得，如 Davidson

---

① 更多详细信息可参见 Anselin（1984a）。

和 MacKinnon（1981）的 J 检验。或者 g_j 可以基于零假设下第二个模型 f_j 的回归，它最初由 Atkinson（1970）提出，如 Fisher 和 McAleer（1979）的 JA 检验，其是通过使用 g_i 对 f_j 的回归中的预测值来进行近似的。

也可以借助一般的渐近 Wald 或似然比检验来评估嵌套参数的显著性，或者可以基于 McAleer（1983）的精确结果。

在非空间情况下，可以利用最小二乘估计和最大似然的等价方法，将其作为对最常用回归工具包的直接扩展来进行相应的检验。在具有空间滞后因变量的模型中，情况会发生变化。初看，J 和 JA 检验的渐近性质似乎不适用于空间模型。但是如 Anselin（1986a）所示，只要生成过程满足适当的混合条件，MacKinnon，White 和 Davidson（1983）的应用结果就允许包含滞后因变量。概括地说，在转化为空间背景下，这些条件意味着空间变化，并且空间依赖性随着观察对象间的距离增加而降低。正如第五章第一节第四部分所指出的那样，大多数感兴趣的设定形式满足这些条件。

在 Anselin（1984b）中，总房屋价值的简单空间自回归函数应用 J 和 JA 检验。其中考虑四种不同形式的空间相关性，分别反映为一阶连续性（W_1）、二阶连续性（W_2）、全逆距离（W_3）和截断距离为 2 英里（相当于 3.2186 千米）的逆距离（W_4）。针对俄亥俄州哥伦布的 49 个相同连续社区的模型进行估计，表 13-1 列出了最大似然估计的结果。模型 1、3 和 4 的自回归系数具有相似的值，但是其显著性不同，只有模型 1 和 4 的结果是十分显著的。四个模型的拟合度（通过最大似然法测得）非常相似，并且它无法提供明显的区别来消除四个设定形式中令人不满的结果，非嵌套检验提供的一种方法可以更详细地评估每种结构，并尝试通过使用其他替代方法来仿造各个结构。表 13-2 列出了作为标准正态渐近分布的检验值。在每行中，显著检验统计量表明列中的模型对行中的模型进行了仿造。

表 13 - 1　房屋价值（括号中的渐近 T 值）的空间自回归模型估计

$y = 24.178 + 0.372 \, W_1 y$,	$L = -209.7$
$(3.643)(2.325)$	
$y = 38.598 - 0.004 \, W_2 y$	$L = -211.9$
$(4.027)(0.019)$	
$y = 23.752 + 0.386 \, W_3 y$	$L = -211.7$
(1.903)　　(1.224)	
$y = 23.155 + 0.411 \, W_4 y$	$L = -210.1$
$(2.934)(2.153)$	

资料来源：Anselin（1984b：101）。

表 13 - 2 中的结果表明，渐近等价检验在有限样本中不会产生相同的显著性。具体而言，JA 检验往往比 J 检验更容易出现拒绝现象。同样，这些统计量所给出的指示通常暗含对称性，即一个模型都可以仿造另一个模型。与之相关的潜在解释问题将在本章第四节第四部分进一步讨论。[①]

表 13 - 2　基于 ML 模型 i（行）对模型 j（列）的非嵌套检验

		模型 1	模型 2	模型 3	模型 4
1.	J		0.416	0.440	1.857
	JA		0.241	3.394	3.749
2.	J	2.992		1.561	2.847
	JA	-0.951		-2.366	-2.828
3.	J	3.072	0.151		2.898
	JA	4.195	2.852		5.338
4.	J	2.616	0.695	0.246	
	JA	4.299	1.699	4.323	

资料来源：Anselin（1984b：102）。

---

① 更多有关实证结果的细节可参见 Anselin（1984b）。

三 基于工具变量估计的空间权重矩阵的非嵌套检验

如第七章和第十二章第三节第三部分所示，具有空间滞后因变量的模型中的推论也可以基于工具变量或 2SLS 估计。它允许对非嵌套假设进行许多其他检验并将其应用于空间过程模型中。此类检验是基于 IV 残差的似然性与二次形式的相似性：[①]

$$(y - Xb)'Q(P)(y - Xb)$$

其中 b 是 IV 估计，得出：

$$b = [X'Q(P)X]^{-1}X'Q(P)y$$

并且：

$$Q(P) = P[P'P]^{-1}P'$$

作为幂等投影矩阵，其中 P 是工具矩阵。在空间过程模型中使用的这种表示法包括 X 列之间的空间滞后因变量。

Godfrey（1983）和 Ericsson（1983）提出基于 IV 估计的非嵌套假设检验。他们都指出，残差中二次形式的差异形成与 Cox 修正似然比检验类似的方法。Godfrey 和 Ericsson 检验背后的总体思路是相同的，即检验之间的差异源于使用替代的渐近近似，这样所有得到的统计量都是渐近标准正态的。

在空间模型中运用这些检验时，不需要满足特别的条件。唯一的操作性问题就是选择合适的工具集合，并且，在模型 H_i 和模型 H_j 中，它们必须相同。

Godfrey 所提出的表达形式为：

$$G_i = N^{1/2} \cdot [(D_i/N) - d_i]/(v_i)^{1/2}$$

---

① 参见 Gallant 和 Jorgenson（1979）对该方法的正式描述。

其中：

$$D_i = e_j'Q(P)e_j - e_i'Q(P)e_i$$

作为每个模型（e_i' 和 e_j'）残差中二次形式的差异，如前所述，下标代表每个模型。获得 G_i 中其他的表达式，还需要一些附加的符号：

$$Z_{i(j)} = Q(P) \cdot X_{i(j)}$$

Z 是每个解释变量的预测值，可以通过 P 中工具上的每个解释变量的回归 X 来获得。此外：

$$M(Z) = I - Z[Z'Z]^{-1} \cdot Z'$$
$$Z_{i(j)}^* = M(Z_j) \cdot Z_i$$

其中，$M(Z)$ 也是等幂的，Z^* 由 $i(Z_i)$ 中每个预测工具值在 $j(Z_j)$ 中所有预测工具值的回归残差组成。其他辅助表达式为：

$$d_i = [b_i'Z_i'M(Z_j) \cdot Z_ib_i]/N$$
$$v_i = 4(\sigma_i)^2 \cdot [b_i'Z_i^{*'} \cdot M(Z_i) \cdot Z_i^* b_i]/N$$

并且 $(\sigma_i)^2$ 是误差方差的 ML 估计值。

Ericsson 检验为：

$$T_4 = c_4/(v_4)^{1/2}$$
$$T_6 = c_6/(v_4)^{1/2}$$

其中附带的解释变量为：

$$S_i = X_i[X_i'Q(P)X_i]^{-1}X_i'Q(P)$$
$$R_i = Q(P) \cdot S_i$$
$$(\sigma_i)^2 = e_i'e_i/(N-K_i)$$
$$c_0 = y'[Q(P) - R_i]y/[(\sigma_i)^2 \cdot N^{1/2}]$$
$$c_4 = -y'\{[Q(P) - R_j] - S_i'[Q(P) - R_j]S_i\}y/[(\sigma_i)^2 \cdot N^{1/2}]$$
$$c_6 = c_4 + c_0$$
$$v_4 = 4 \cdot b_i'X_i'S_j[Q(P) - R_i]S_jX_ib_i/[N \cdot (\sigma_i)^2]$$

替代方法是基于人工嵌套的原理，运用与先前相同的方式进行 J 检验，即第二个模型 g_j 所含的增强回归预测值。与 ML 方法的唯一区别在于，现在的估计和显著性检验都基于工具变量。Godfrey（1983）提出了一个稍微不同的检验，并标记为 T_X。它包括对人工嵌套参数 g_j 的显著性检验，其中 g_j 为：

$$g_j = Z_i^* \cdot b_i$$

它的符号与之前一样。

在 Anselin（1984a）中，将各种基于 IV 的检验应用于总房屋价值的一些简单空间模型中。为了说明这些方法之间的差异，需要特别考虑两种设定形式，每个设定都包含空间滞后因变量的不同结构，以及不同的解释变量。第一个模型通过具有一阶连续性的空间变量解释用于规划邻域的合计房屋价值。另外，收入（I）、犯罪指标（C）和整体房屋质量（P，水暖）作为解释变量。第二种设定包括逆距离的空间依赖性、收入（I）、开放空间（S）和水暖（P）。表 13 – 3 列出了简单模型的估计结果。表 13 – 4 给出了各种检验统计量的值，如 G_i、T_4 和 T_6 的检验值。表 13 – 5 给出了对于 J 和 T_X 的检验。后者同时显示了嵌套参数的估计值和相应的检验值。[①]

表 13 – 3　整体房屋价值（括号中的 T 检验值）模型的工具变量估计

$y = 29.333 + 0.497 W_1 y + 0.179 I - 0.533 C + 1.468 P$ （1.945）（1.727）　　（1.649）（3.283）　　（2.678）	
$R^2 = 0.46$	
$y = -10.742 + 0.875 W_2 y + 0.317 I + 0.747 S + 1.248 P$ （0.871）（2.946）　　（2.708）（1.412）（1.741）	
$R^2 = 0.35$	

资料来源：Anselin（1984a：176）。

[①]　对变量定义的更详细描述以及附带的结果请参见 Anselin（1984a）。

表 13 - 4　基于 IV 模拟的非嵌套检验似然比

		模型 1	模型 2
1.	G_i		- 6.001
	T_4		1.402
	T_6		5.687
2.	G_i	- 8.880	
	T_4	1.406	
	T_6	8.415	

资料来源：Anselin（1984a：177）。

表 13 - 5　增强回归中基于工具变量估计的非嵌套检验

		模型 1	模型 2
1.	a_J		0.865
	J		1.289
	a_T		- 5.856
	T_X		- 1.000
2.	a_J	0.915	
	J	2.035	
	a_T	- 9.294	
	T_X	- 1.749	

资料来源：Anselin（1984a：176）。

　　与表 13 - 2 中报告的结果相似，各种检验的渐近等价并未转化为可比的有限样本属性。这五个检验所给出的结果在数量与质量上都不相同。例如，从五个检验中的四个检验来看，第二个模型被第一个模型篡改，并且其中仅有两个检验出现相反的结果。从不同检验中所得出的结论间的潜在矛盾来看，这说明在空间计量学中使用非嵌套检验可能出现一些问题。笔者接下来讲解相关问题。

四　评价和实际意义

在使用非嵌套方法对权重矩阵中的空间依赖性结构进行设定检验时获得的见解并不总是明确的。尤其是当考虑多个替代设定，并且没有明确的先验动机表示偏好某种设定时，两个模型能够相互做伪证，或者两个模型都不能相互做伪证的结果是很难被解释的。一方面，这可能表明这两种理论构造都存在弱点，即它们的理论性欠佳，易于仿造；另一方面，如几个小样本模拟的结果所示，这可能表明检验效度不足，即这些检验无法区分不同的模型。

当以成对的方式检验多个模型时，解释很容易变得复杂化。原则上，由于检验本身不是进行模型识别的程序，因此不应该将一组检验结果所提供的信息解释为选择最佳模型的基础。确实，当使用多种检验时，应将它们进行多次比较，并应对关键的显著性水平进行适当的调整。但是，在实际工作中，这一点很容易被忽略，并且人们通常以某种方式将检验指标作为选择模型的基础。

在软建模方法中，这可以通过将信息汇总为含有非嵌套检验结果的定性成对比较矩阵来实现，如 Anselin 和 Can（1986）所述。显然，非嵌套检验的正式统计基础并没有为此提供严格的依据，而这在很大程度上是假设步骤。但是在实践中，为了获得更好的定性见识，人们可能愿意牺牲一些严谨性。因此，基于结构化的决策分析方法，我们有可能根据成对比较矩阵的一致性指标或类似的测量值来总结不同的检验结果。反过来，也可以将其纳入验证整体主观模型的上下文中。

一些可能导致在实证工作中出现问题的因素与大多数检验统计量的渐近性质有关。正如文献中讲解的多个蒙特卡罗模拟实验所证明的那样，检验的渐近等价性不一定会在有限的样本中延续。这不只是因为小样本的检验效度变化很大，而且它们还常常导致所考虑的模型有效性具有相互矛盾的迹象。在实证工作中，这两个特性都不具有很强的吸引力。①

① 对于蒙特卡罗在标准计量经济学中的应用可以参见 Pesaran（1982b）；Davidson，MacKinnon（1982）；Godfrey，Pesaran（1983）。Anselin（1986a）在空间自回归模型中对基于 ML 的 J 和 JA 检验进行了多次模拟，所得结果与非空间情况下的结果基本一致。

此外，正如 Anselin（1984a）所指出的那样，计量经济学文献中提出的许多关于有限样本的校正方法并不能被直接应用于具有空间依赖性的模型中。尽管需要对此问题进行更深入的研究，但令人怀疑的是，在实践中，这些结果是否密切相关。从应用角度来看，这种情况可能不值得我们使用这些相当复杂的方法来区分大多数基本模型，从而获得相关知识。

总休而言，非嵌套检验的复杂程度和固有局限性可能会严重妨碍其在实证工作中的有效性。特别的是，当所关注的设定形式主要是临时性的时候，或者观察的数量很少时，这些检验的结果都有可能高度不可靠。在这些情况下，我们可能更倾向于选择模型有效性的其他标准，例如下一章中所要讨论的模型选择方法。

第十四章 空间计量模型的选择

在本章中,基于模型选择或模型判别技术,从不同的角度进行空间计量经济模型的统计验证。在这种情况下,从众多备选模型中选择的问题被视为决策问题。

更具体地说,从估计的模型对样本内观察的预测能力方面来看,注意力集中在模型中包含的参数数量与模型拟合之间的权衡性质。

本章包括五个部分。在简要讨论空间模型拟合优度的适当度量之后,笔者将更加详细地关注基于信息的标准——贝叶斯方法和启发式方法。这些关于模型选择的不同观点可以应用于单个方程式规范之中,也可以应用于更一般的上下文中。与上一章中讨论的规范测试相反,它们不是专门针对空间应用而设计的。

尽管在文献中越来越多地建议将这些技术作为避免传统方法中存在的某些陷阱的方法,但这些技术尚未在经验性区域科学的实践中获得普遍认可。因此,它们成为空间计量经济学中一些有前途且尚未被探索的研究方向的起点。

本章最后简要讨论空间计量经济学中模型选择的一些操作和实际问题。

第一节 空间模型的拟合优度

测量估计模型的拟合度是计量经济学分析中极为重要的方面。在空间计量学中,由于缺少诸如 R^2 之类的度量标准,这会使问题变得稍微复杂。尽管这种度量方法通常被用于实证工作中，但在含有空间效应的情况下，其解释可能会产生误导，并且不再与估计模型的整体显著性检验（F检验）直接相关。空间效应可以区分为两种不同的情况：一种情况是误差项中存在空间依赖性；另一种情况是模型中包含空间滞后因变量。

在第一种情况中得到了与具有一般非球面误差方差模型相同的特性。具体而言，由于基于 EGLS 或 ML 进行估计，因此估计模型中残差的均值可能不会为 0，并且也无法将观察到的方差分解为解释性残差和残差方差。以常规方法计算的 R^2 量度指标会变得毫无作用，还可能会产生无意义的值。对于调整后的均值和未调整的均值 R^2 而言也会出现同样的情况。此外，这还会使 R^2 和观测值与预测值之间的相关平方及其等价关系变为无效。[①]

我们也可以模仿标准度量方法中的某些替代形式来对伪 R^2 进行说明。例如，尽管观测因变量和预测因变量之间的相关平方不再与方差分解有联系，但是它仍然提供了一种介于 0 和 1 的线性相关度量指标（或样本内的预测能力）。此外，伪 R^2 可以基于加权预测值和残差，如 Buse（1973，1979）所述。[②] 对于含有空间自回归误差项的模型而言，该 R^2 变为：

$$R^2 = 1 - e'(I - \lambda W)'(I - \lambda W)e / (y - \iota y_w)'(I - \lambda W)'(I - \lambda W)(y - \iota y_w)$$

其中：

$$y_w = \iota'(I - \lambda W)'(I - \lambda W)y / \iota'(I - \lambda W)'(I - \lambda W)\iota$$

上述 ι 是元素为 1 的 $N \times 1$ 向量。当对权重矩阵进行行标准化时，由于 $W\iota = \iota$，因此 y_w 中的分子会变为 $N(\lambda - 1)^2$。

当模型包含空间滞后因变量时，则该估计需要基于最大似然或工具

---

① 有关该结果的更广泛讨论请参见 Judge 等（1985：29 - 32）。
② 此方法也适用于第十章第一节中的 SUR 模型。

变量方法。在后一种估计方法中，残差的平均值为 0，因此可以得到标准方差分解，并且可以通过常规方法计算 R^2。但是，由于 IV 模型中的推断具有渐近性质，因此这会使该 R^2 与检验显著性之间的联系消失。当基于 ML 进行估计时，标准 R^2 会变为无效。尽管可以使用预测值和观察值之间平方相关形式的伪 R^2，但是更合适的拟合度量基于最大化对数似然。

为了进一步说明，表 14 - 1 给出了第十二章第二节中估计空间模型的 R^2、相关平方（Corr.）、伪 R^2（$P - R^2$）和最大化对数似然（L）。伪 R^2 仅针对合适的设定模型，即它只会在具有非球面误差项的模型中列出。对于那些只进行了 OLS 估算的模型（即简单回归和空间拓展），其 R^2 和相关平方相同。对于其他模型，我们列出 R^2 只是为了说明其非关键性应用在多大程度上会导致拟合度出现误导。

表 14 - 1　邻域犯罪空间模型的拟合度量值（括号内排序）

模型	R^2	Rank	Corr.	Rank	$P - R^2$	Rank	L	Rank
（1）	0.55	（5）	0.55	（4）			- 170.40	（7）
（2）	0.62	（3）	0.65	（2）			- 165.41	（3）
（3）	0.32	（6）	0.54	（6）	0.42	（2）	- 166.40	（5）
（4）	0.63	（2）	0.67	（1）			- 164.41	（1）
（5）	0.63	（1）	0.63	（3）			- 165.51	（4）
（6）	0.61	（4）	0.55	（4）	0.55	（1）	- 169.77	（6）
（7）	0.30	（7）	0.52	（7）	0.38	（3）	- 164.69	（2）

注：模型（1）是简单回归，参见第十二章第二节第二部分；模型（2）是混合空间自回归，参见第十二章第二节第三部分；模型（3）是空间依赖误差，参见第十二章第二节第四部分；模型（4）是空间杜宾，参见第十二章第二节第五部分；模型（5）是空间扩展，参见第十二章第二节第六部分；模型（6）是异方差，参见第十二章第二节第七部分；模型（7）是联合空间依赖和异方差误差，参见第十二章第二节第九部分。

显然，通过各种度量方法得出的模型拟合程度并不一致。例如，只有相关平方和对数似然之间的拟合度相同。根据这两个标准，空间杜宾模型无疑是最佳的。但是，对数似然表明具有空间依赖和异方差的模型次好，可从相关平方来看，该模型的排名靠后。R^2 和相关平方之间的一致性稍高，尽管在这两种度量方法下，七个模型中只有三个模型的拟合度排序相同。伪 R^2 给出的相对排名与相关平方所给的一致，但是它们与对数似然所给的排名不一致。总而言之，当我们利用这些拟合度指标来判定模型的有效性时，需要相当谨慎。

其他传统的拟合优度测量，例如卡方、MSE（均方误差）和 MAPE（平均绝对误差百分比）已被用于空间模型。尽管它们能够用常规方法进行计算，但在空间背景中，它们的解释也存在一些问题，如 Smith 和 Hutchinson（1981），Fotheringham 和 Knudsen（1986）以及 Knudsen 和 Fotheringham（1986）。

从计量经济学角度来看，这些度量方法存在的问题之一就是它们不经常对含有附加解释变量的模型进行调整，这样往往会增加拟合的指标，如不加区分地使用，这些度量值可能会产生误导性，正如 Mayer（1975，1980），Thompson（1978a，1978b），Amemiya（1980）以及 Kinal 和 Lahiri（1984）所指。

现在学界已经提出几种选择标准，这些标准在拟合度与简约度之间做出了明确的权衡。这些标准也可以通过目标函数（即相关的损失或风险函数）来进行区分，该目标函数也是选择的基础。众所周知的例子是调整后的 R^2、Mallow 的 C_p、S_p 和其他预测标准，这些指标通常由计量经济学的相关计算软件包提供。[①] 但是，这些调整后的度量指标需要被严谨地解释，因为它们可能在出现空间依赖的背景下产生误导，如 Anselin 和 Griffith（1988）讲述 Mallow 的 C_p。

第二节　信息准则

信息理论方法直接关系到熵的概念，熵是空间交互理论以及城市和

---

① Amemiya（1980）进行了更广泛的概述。

其他区域可操作模型的基础。已经有许多不同的观点提倡把信息论方法作为区域科学和地理学中模型构建和验证模型的工具，例如，Wilson（1970），Sheppard（1976），Snickars 和 Weibull（1977），Buck 和 Hakim（1980），Thomas（1981）和 Ayeni（1982，1983）。在计量经济学文献中，信息论可度量假设模型与未知真实模型的接近程度。

从操作上看，所考虑的竞争模型可以概念化为观察因变量中的概率密度函数，并在未知真实模型 $g(y)$ 的密度时与假定模型 $h(y \mid X,\theta)$ 进行区分。通常，后者取决于解释变量 X 和参数 θ。

拟合优度的信息论方法是指 Kullback-Leibler 信息方法或 KLIC。KLIC 类似于真实模型与假定模型的期望对数似然比，根据未知真实的基础分布 G 进行评估：

$$KLIC = E_G \{ \log [g(y)/h(y \mid X,\theta)] \}$$

正如 Akaike（1974，1981）和 Sawa（1978）所论证的那样，负 KLIC 等于假定模型相对于真实模型的熵，它是拟合的自然度量。由于 KLIC 中的期望值（或熵）涉及未知分布，因此需要基于适当的估计来确定实际衡量标准。Akaike 信息准则（AIC）和其他相关测量方法（例如，BIC）就对该期望值进行估计，并且该估计值使熵或预测可能性最大化。[①]

一般而言，这种测量方法可以正式地表示为：

$$AIC = -2 \cdot L + q(K)$$

其中，L 是最大对数似然，K 是模型未知参数的数量，q 是校正因子。校正因子会随着信息度量方法的变化而变化。在 Akaike 的原始公式中，就使用了 $q = 2K$ 这一简单乘法因子。在 Hannan 和 Quinn 以及 Schwarz 所提出的方法中，$q = \log N \cdot K$（其中 N 为观察对象的数量）和 $q = 2 \cdot \log\log N \cdot K$。通常的想法是，AIC 会根据反映参数数量的因素，通过最大似然

---

① 更多技术性的讨论请参见 Sawa（1978）；Schwartz（1978）；Hannan，Quinn（1979）；Amemiya（1980）。

法对拟合优度的估计值进行修正或删除。

正如 Zellner（1978），Leamer（1979），Atkinson（1978，1980，1981）和 Chow（1981）所指出的那样，AIC 与后验预测概率和后验胜率中的贝叶斯概念有一定的相似性。尽管最终表达式基本相同，但它们所涉及的观点基本不同。[1] AIC 通常也与 Mallows（1973）的 C_p 统计量进行比较，该比较是基于不同的预测标准，即预测值的均方误差。[2]

最近，AIC 及相关测量方法已被用于区域科学的许多实证分析中，如 Buck 和 Hakim（1980，1981）的犯罪行为研究，Anselin（1984c）的空间交互模型，Bivand（1984）的空间自回归模型，以及 Brueckner（1985，1986）的城市密度转换回归模型。在空间分析中，把基于模型有效性标准的信息论方法利用起来是非常直接的，但其前提是相关的空间效应（例如，空间依赖性）能够适当纳入似然函数。表 14-2 对此情况进行说明，其中针对第十二章第二节中的四个设定形式，表 14-2 列出了其对数似然以及相应的 AIC 和 SC（Schwartz 标准）。这四种模型是简单回归模型以及三种能够结合空间依赖性的方法：空间混合自回归模型具有空间依赖性误差的设定形式以及空间杜宾模型。

尽管 AIC 和 SC 的相对量级明显不同，但是它们通过信息法所测量的拟合度表明模型的排序相同。例如，根据 AIC 度量，第二种模型和第三种模型之间的差异（空间依赖误差和空间杜宾）比使用 SC 所测量的差异要少得多，这说明使用不同损失函数所带来的影响。同样，需要在 AIC 和 SC 包含的拟合度与简约性之间进行权衡，这会使模型与简单对数似然的有效性不同。根据后者，如表 14-1 所示，空间杜宾模型是最佳的。但是，由于 AlC 和 SC 考虑到此模型中两个附带解释变量所给出的拟合度相对不足，因此其相应的排名也会受到影响，并且排名会次于其他两个空间模型。总体而言，空间混合自回归模型的有效性最高。

---

[1] 另请参见第十四章第三节中的讨论。

[2] 有关技术性的讨论请参见 Amemiya（1980）；Atkinson（1981）；Kinal，Lahiri（1984）。

表 14 - 2　基于信息法的邻域犯罪空间模型拟合度量

模型	L	排序	AIC	排序	SC	排序
（1）	− 170.40	（4）	346.79	（4）	352.47	（4）
（2）	− 165.41	（2）	338.82	（1）	346.38	（1）
（3）	− 166.40	（3）	340.80	（2）	348.36	（2）
（4）	− 164.41	（1）	340.82	（3）	352.17	（3）

注：模型（1）是简单回归，参见第十二章第二节第二部分；模型（2）是空间混合自回归，参见第十二章第二节第三部分；模型（3）是空间依赖误差，参见第十二章第二节第四部分；模型（4）是空间杜宾，参见第十二章第二节第五部分。

一些问题可能会使实证工作中对基于信息法的度量解释起来相当复杂。由于简约性与拟合之间的权衡性质（即 AIC 表达式中的 q）是基于渐近考虑和特定的损失函数，因此尚不清楚在特定情况下应该使用哪种度量方法。此外，特定损失函数对含有附带变量（不同的 q）的处理不同，并且可能会出现冲突。换言之，对于不同的 AlC，应使用不同的特定目标函数。从某种程度上说，人们可以通过某种方法来构造调整后的度量，以使特定模型能成为最佳模型。因此，在解释结果时需要谨慎。在理想情况下，损失函数应与分析或分析者的目标相对应，但这在实践中无法一直实现。因此，在实证情况下，最好计算出几种度量值，并从冲突程度来评估结果的敏感性。从理论上说，需要解决特定损失函数在空间分析中的适当性问题。

AIC 和相关度量方法取决于似然函数的正确选择和最大似然的估计结果。因此，在分布假设比基于扎实的理论考虑更为不便的情况下，这些方法可能不是非常可靠。在这些情况下，宜采用更为稳健的度量方法。

第三节　贝叶斯方法

如第七章第二节所述，在贝叶斯模型验证方法中，数据分析本身就与假设构建和模型选择中固有的决策过程相结合。正式地说，对模型有效性的评估以及对竞争设定模型的比较是基于后验概率和胜率的。我们可以将数据中包含的信息与分析者的先验决定相结合，从而获得后验概率和胜率。[1]

M_i 和 M_j 的两个竞争模型（假设）与借助概率密度函数的因变量上的观察对象有关。贝叶斯术语中的重要概念是：每个模型的先验（主观）概率为真——对于 $M_i:P(M_i)$ ——数据的条件概率（似然）；假设模型正确，则 $P(y \mid M_i)$；若后验概率为模型是正确的，则观测数据的条件为 $P(M_i \mid y)$。使用贝叶斯定律，后验概率之比或后验胜率之比等于先验胜率之比与贝叶斯因子的乘积，即：

$$P(M_i \mid y)/P(M_j \mid y) = \left[P(M_i)/P(M_j) \right] \cdot \left[P(y \mid M_i)/P(y \mid M_j) \right]$$

当用参数函数表示模型时，贝叶斯因子等于似然平均积分的比率，其中参数的先验分布（取决于模型设定）可用作权重。为了将后验胜率和概率纳入决策框架，应指定损失函数或效用函数，该函数表达了分析者模型选择的结果（或参数推论）。模型选择本身就基于最大化预期效用，或等效地基于最小化预期损失。

由此产生的框架提供了极大的灵活性，并且其适用于各种模型验证的背景，例如比较嵌套和非嵌套假设，以及不同潜在概率分布之间的选择。它还形成了一种一致的方法，可用于考虑检验中模型强度的先验变化程度。

相关的概念是 Leamer 和 Leonard（1983）所提出的脆弱性分析，它提供了一种方法以用于评估模型估计值对替代设定的敏感性。该方法可能与用于空间依赖性的权重矩阵选择问题密切相关。与当前针对此问题的主要特设法相比，脆弱性分析可以提供一个更好的框架。尽管学界已经朝着这个方向展开了一些初步工作，但是仍然需要进行大量的深入

---

[1] 有关概述请参见 Dreze（1972）；Gaver, Geisel（1974）；Geisel（1975）；Leamer（1978）；Geisser, Eddy（1979）；Box（1980）；Kadane, Dickey（1980）；Zellner（1971, 1978, 1979, 1984, 1985）。

研究。

　　在应用区域科学中使用贝叶斯方法并非不存在问题。最主要的还是确定先验概率，以及这些概率在多大程度上应包括数据所载以外的信息。正如 Zellner（1971，1984），Kadane 等（1980）以及 Klein 和 Brown（1984）所指出的那样，存在与正确扩散或非扩散先验的推导有关的方法论问题。此外，正如心理计量学和决策分析领域中大量文献所证明的那样，对分析者的主观概率进行评估是十分复杂的。[①] 此外，决策分析所基于的期待效用框架并非没有缺点，也不一定代表实际的人类决策行为。[②] 而且，正如第七章第二节所指出的那样，在具有许多变量、参数和模型的情况下，贝叶斯方法作用的实现会受限于其对数值积分的依赖以及计算技术的约束。

第四节　启发式方法

　　人们越来越意识到在应用实证工作中，对参数模型进行标准假设会经常失效，例如，由于修正潜在分布、测量问题和数据质量不佳所产生的不确定性，人们越来越重视非参数、软技术和启发式方法在数据分析中的应用。第七章第二节说明了用一些稳健方法来估计空间过程模型。本节将考虑两种模型的验证方法。

　　Stone（1974）和 Geisser（1975）最初提出的一种方法是基于重新抽样，类似于第七章第二节中的刀切法和自助法。Stone-Geisser 交叉验证策略背后的思想很简单，包括评估一组竞争模型的有效性，即通过比较它们对模型估计中未使用的数据的预测能力。更具体地说，通过一次删除一个观测值或一组观测值，估计精简数据集上的竞争模型。通过这种方法来选择能够最好地预测完整数据集的模型设定形式。如果正确考虑了

---

　　① 有关概述请参见 Wallsten，Budescu（1983）。
　　② 这可以通过几个悖论来说明，如 Schoemaker（1982）对该问题进行了详细的调查。

观测值之间的空间依赖性，则该过程还可以被广泛应用于空间计量学的设定分析中，并为模型选择提供稳健的基础。

另一种方法是基于心理计量文献中有关依赖叉积的相关系数的性质的研究来进行相关数据矩阵之间的比较。它由 Hubert 和 Golledge（1981，1982a，1982b）提出并且被用于各种空间模型。作为二次赋值问题的特例，该方法要求对理论（预测）和实际数据矩阵的各种组合进行拟合的非参数度量。形式上，用于比较矩阵 A、B 和 C 的系数可以表示为：

$$\rho_{A,B-C} = (\rho_{AB} - \rho_{AC}) / [2(1 - \rho_{BC})]^{-1/2}$$

其中，ρ 是叉积相关系数或其他相应的指数。[1]

统计量的参考分布是通过随机策略形成的，即对矩阵行和列进行随机排列。结果，统计量可以帮助我们理解给定数据集的相对拟合度，该数据集包含许多竞争模型，并且不受任何分布假设的影响。

这种常见方法论已被用于 Gale 等（1983）中的迁移模型比较中，以及 Golledge，Hubert 和 Richardson（1981）犯罪数据的近似矩阵中。

拟合结果的度量非常灵活，在实践中易于实现，并且其基础分布不会出现潜在的错误假设。另外，通过随机化来获得参考分布的有效性仅限于数据集是给定的情况，并且该方法还可能会限制统计数据的一般性。当然，由于在某种程度上对对应指标的选择是任意的，因此可以使用不同的指标获得矛盾性结果。但是，在参数假设可能不可靠的情况下，此方法能够强有力地替代其他方法。

第五节 空间计量经济学中模型有效性的现实含义

前面各节中所讨论的三类模型选择方法体现了数据分析间的明显差异。从严格意义上讲，由于它们基于不同的参考系，因此各种拟合指标

---

[1] 更多详细信息请参见 Hubert, Golledge（1981，1982a，1982b）；Hubert（1984）。

并不完全可比。在实证应用中，即使能够通过计算多个模型的有效性指标来获取有价值的信息，也应该牢记这一点。

在这三种方法中，贝叶斯方法目前在空间分析中最不实用，也是最难实施的。部分原因如之前讨论过的分析复杂性和数值计算困难。此外，为了能够增强贝叶斯方法在实证区域科学的有用性，还需要解决一些方法论问题，例如，在空间分析中，研究考虑多向依赖性的有效先验。另外，贝叶斯观点还构成了最为一致的参数框架，在该框架内能够进行设定搜索，以及将数据分析与分析者的决策过程相结合。因此，在空间计量经济学中，它应受到更多的关注。

信息标准和启发式方法很容易在实践中实现。可是当未正确指定似然函数时（例如，当未确认数据中的空间依赖性时），前者可能不可靠，而后者则比较稳健。特别是当参数假设在遭到怀疑的情况下，Hubert 和 Golledge 的矩阵比较程序能够变为一种极富吸引力的替代方法，并且需要在实验背景下按照规定来实施该方法。但是，正如第七章第三节所指出的那样，其他大多数稳健性方法在独立观测的背景下进行，因此我们需要考虑空间分析中的多向依赖性，并对这些方法做出相应的调整。由于稳健性更适用于区域科学中经常需要进行临时建模的环境，因此将这些技术扩展为数据分析的空间方面是重要的研究方向。

在应用空间计量经济学中，人们很少会考虑在选择适当的参考系时可能遇到的固有决策问题。通常而言，如果一种方法能够实现，那么其他方法就会被忽略。但是，我们应该清楚，替代框架所提供的指标能够给出有效信息，因此其不应被轻易丢弃。如果要将它们纳入分析者的总体决策过程，则可能需要制定许多明确的公式标准以及构建潜在的定性框架。在空间计量学中尚未探索应用这种框架，并且它可能是未来研究的重要领域。

作为对各种方法的总结，并从实用的角度出发，笔者将本章与以下七个空间计量经济学中模型估计的通用准则结合起来。

（1）应避免机械地解释和不加批判地使用计量经济学计算程序包中

的标准输出。空间确实会产生不同，因此需要调整几种标准方法以将其考虑在内。

（2）所赋结果的权重不应该超过特定参考系所使用的权重。特别的是，应该明确并充分说明序列检验和多重比较对各种统计数据的显著性水平的影响。

（3）在进行分析之前，应该检查所用方法和模型的基本假设，例如，可以对正态性进行探索性分析和诊断检查，以及测量不同 W 矩阵的空间相关性。

（4）如果对假设有疑问，则应首选稳健性程序。

（5）应使用替代方法来评估模型的有效性，并说明结果之间的冲突或一致性程度。这能够为读者或模型的使用者提供信息，有利于他们自行解释。

（6）应该谨慎使用渐近结果，并在可能的时候进行小样本调整。

（7）应该说明有关空间结构的隐式假设（例如，空间自相关检验中的 W 矩阵），并评估结果的敏感性。

第十五章 结语

对于这样一本书，笔者尝试只用一个简短的结论来准确地概括本书涵盖的材料和主要的结果是相当困难的。在这里，笔者通过指出本书所涵盖的方法和模型的主要特征，并总结最主要的贡献作为结语。

本书的主要目的之一是论述许多空间效应可以用计量经济学方法进行有效的处理。基于这一目的，本书的一个基本主题是将回归误差项中的空间效应描述为一般参数化的非球面扰动协方差矩阵的特殊情况。这促使我们开发一些新的检验和估计量，以适用于涵盖了空间依赖性和空间异质性及其不同组合的横截面或时空数据模型。

另一个贯穿全书的主题是运用拉格朗日乘数原理为空间效应开发一些新的检验。这种方法仅需要在无空间效应的零假设下进行估计，导出的检验也只需经过少量的处理就能被纳入标准回归分析中。这大大促进了它们在区域分析中的应用。此外，该检验的分布特性基于严谨的渐近基础，而不是某些传统方法所基于的特殊原理。拉格朗日乘数法也适用于至今常被忽略的多重空间效应，如空间依赖性和空间异质性同时存在的情况。

除了常用的最大似然方法外，本书还涵盖了其他一些方法，比如工具变量估计、贝叶斯方法和各种稳健性方法。

本书的另一个主题是阐述空间效应影响并常常使标准计量经济学方法提供的指标失效的重要性。此外，本书从现实角度出发强调实证空间模型的有效性。本书在提高人们对当前方法论工具局限性认识水平方面进行尝试。虽然空间计量经济学已经得到较快发展，但它距离成为区域分析中的一个标准工具还有很长的路要走。

最后，笔者认为下面六个领域中存在一些特别有前景的研究方向。

（1）评估不同的空间数据分析方法的优缺点，例如参数分析与非参数分析、古典概率与贝叶斯方法，以及探索性与解释性分析。

（2）进一步评估渐近框架在分析实际空间数据集以及发展实际有限样本近似中的适用性。

（3）更广泛地探索其他估计和检验方法。在这方面特别有前景的是稳健性方法，例如自助法以及贝叶斯方法。此外，应该鼓励应用能有效考虑空间分析的预检验方法或者能够避免使用空间权重矩阵的新技术。

（4）在考虑空间依赖性和空间异质性的情况下，针对回归分析中误设的多种来源开发更多有效的诊断方法。

（5）基于实际数据，对空间计量学观点和空间序列方法的相对优缺点进行评估。这可能会更加有效地整合这两种方法，类似于在时间序列分析中的 ARMAX 模型和向量自回归模型中的发展模式。

（6）开发和传播易于使用的空间计量经济学软件。从许多方面来看，这些软件是将空间计量学方法有效传播到区域科学实证中的重要条件。

笔者希望这本从计量经济学的角度出发探讨区域实证分析中空间问题的书，能够为区域研究方法的发展做出一些贡献，也希望向应用计量经济学者、空间研究学者等区域科学的研究人员提供帮助。

索　引

参考文献

Aguirre-Torres, V., A. Gallant (1983), "The Null and Non-Null Asymptotic Distribution of the Cox Test for Multivariate Nonlinear Regression: Alternatives and a New Distribution-Free Cox Test," *Journal of Econometrics*, 21, 5 – 33.

Akaike, H. (1974), "A New Look at Statistical Model Identification," *IEEE Transactions on Automatic Control*, AC 19, 716 – 723.

Akaike, H. (1981), "Likelihood of a Model and Information Criteria," *Journal of Econometrics*, 18, 3 – 14.

Alonso, W. (1968), "Predicting Best with Imperfect Data," *Journal of the American Institute of Planners*, 34, 248 – 255.

Amadeo, D., R. Golledge (1975), *An Introduction to Scientific Reasoning in Geography* (New York: Wiley).

Amemiya, T. (1980), "Selection of Regressors," *International Economic Review*, 21, 331 – 354.

Amemiya, T. (1985), *Advanced Econometrics* (Cambridge, MA: Harvard University Press).

Amemiya, T., T. MaCurdy (1986), "Instrumental-Variable Estimation of an Error—Components Model," *Econometrica*, 54, 869 – 880.

Amrhein, C., J. Guevara, D. Griffith (1983), "The Effects of Random Thiessen Structure and Random Processes on the Measurement of Spatial Autocorrelation," *Modeling and Simulation*, 14, 585 – 589.

Anderson, T. , C. Hsiao (1981), "Estimation of Dynamic Models with Error Components," *Journal of the American Statistical Association*, 76, 598 – 606.

Anderson, T. , C. Hsiao (1982), "Formulation and Estimation of Dynamic Models Using Panel Data," *Journal of Econometrics*, 18, 47 – 82.

Andrews, D. (1986), "A Note on the Unbiasedness of Feasible GLS, Quasi-Maximum Likelihood, Robust, Adaptive, and Spectral Estimators of the Linear Model," *Econometrica*, 54, 687 – 698.

Anselin, L. (1980), *Estimation Methods for Spatial Autoregressive Structures* (Ithaca, NY: Cornell University, Regional Science Dissertation and Monograph Series #8).

Anselin, L. (1981), "Small Sample Properties of Estimators for the Linear Model with a Spatial Autoregressive Structure in the Disturbance," *Modeling and Simulation*, 12, 899 – 904.

Anselin, L. (1982), "A Note on Small Sample Properties of Estimators in a First-Order Spatial Autoregressive Model," *Environment and Planning A*, 14, 1023 – 1030.

Anselin, L. (1984a), "Specification Tests on the Structure of Interaction in Spatial Econometric Models," *Papers, Regional Science Association*, 54, 165 – 182.

Anselin, L. (1984b), "Specification of the Weight Structure in Spatial Autoregressive Models, Some Further Results," *Modeling and Simulation*, 15, 99 – 103.

Anselin, L. (1984c), "Specification Tests and Model Selection for Aggregate Spatial Interaction, an Empirical Comparison," *Journal of Regional Science*, 24, 1 – 15.

Anselin, L. (1985), *Specification Tests and Model Selection for Spatial Interaction and the Structure of Spatial Dependence*, *Final Report to the National Science Foundation* (Columbus, OH: Ohio State University Research Foundation).

Anselin, L. (1986a), "Non-Nested Tests on the Weight Structure in

Spatial Autoregressive Models: Some Monte Carlo Results," *Journal of Regional Science*, 26, 267 – 284.

Anselin, L. (1986b), "Some Further Notes on Spatial Models and Regional Science," *Journal of Regional Science*, 26, 799 – 802.

Anselin, L. (1986c), "MicroQAP: A Microcomputer Implementation of Generalized Measures of Spatial Association," *Discussion Paper, Department of Geography, University of California, Santa Barbara.*

Anselin, L. (1987a), "Model Validation in Spatial Econometrics: A Review and Evaluation of Alternative Approaches," *International Regional Science Review*, 11 (Forthcoming).

Anselin, L. (1987b), "Spatial Dependence and Spatial Heterogeneity, a Closer Look at Alternative Modeling Approaches," *Working Paper, Department of Geography, University of California, Santa Barbara.*

Anselin, L. (1987c), "Estimation and Model Validation of Spatial Econometric Models Using the GAUSS Microcomputer Statistical Software," *Discussion Paper, Department of Geography, University of California, Santa Barbara.*

Anselin, L. (1988a), "Lagrange Multiplier Test Diagnostics for Spatial Dependence and Spatial Heterogeneity," *Geographical Analysis*, 20, 1 – 17.

Anselin, L. (1988b), "Robust Approaches in Spatial Econometrics," *Paper Presented at the Annual Meeting of the Association of American Geographers, Phoenix, AZ.*

Anselin, L., A. Can (1986), "Model Comparison and Model Validation Issues in Empirical Work on Urban Density Functions," *Geographical Analysis*, 18, 179 – 197.

Anselin, L., D. Griffith (1988), "Do Spatial Effects Really Matter in Regression Analysis?" *Papers, Regional Science Association*, 65 (Forthcoming).

Arora, S., M. Brown (1977), "Alternative Approaches to Spatial Autocorrelation: An Improvement over Current Practice," *International*

Regional Science Review, 2, 67 – 78.

Atkinson, A. (1970), "A Method for Discriminating between Models," *Journal of the Royal Statistical Society B*, 32, 323 – 345.

Atkinson, A. (1978), "Posterior Probabilities for Choosing a Regression Model," *Biometrika*, 66, 39 – 48.

Atkinson, A. (1980), "A Note on the Generalized Information Criterion for Choice of a Model," *Biometrika*, 67, 413 – 418.

Atkinson, A. (1981), "Likelihood Ratios, Posterior Odds and Information Criteria," *Journal of Econometrics*, 16, 15 – 20.

Avery, R. (1977), "Error Components and Seemingly Unrelated Regressions," *Econometrica*, 45, 199 – 209.

Ayeni, B. (1982), "The Testing of Hypothesis on Interaction Data Matrices," *Geographical Analysis*, 14, 79 – 84.

Ayeni, B. (1983), "Algorithm 11: Information Statistics for Comparing Predicted and Observed Trip Matrices," *Environment and Planning A*, 15, 1259 – 1266.

Bahrenberg, G., M. Fischer, P. Nijkamp (1984), *Recent Developments in Spatial Data Analysis: Methodology, Measurement, Models* (Aldershot: Gower).

Balestra, P., M. Nerlove (1966), "Pooling Cross Section and Time Series Data in the Estimation of a Dynamic Model: The Demand for Natural Gas," *Econometrica*, 34, 585 – 612.

Baltagi, B. (1980), "On Seemingly Unrelated Regressions with Error Components," *Econometrica*, 48, 1547 – 1551.

Baltagi, B., J. Griffin (1984), "Short and Long Run Effects in Pooled Models," *International Economic Review*, 25, 631 – 645.

Bar-Shalom, Y. (1971), "On the Asymptotic Properties for the Maximum Likelihood Estimate Obtsined from Dependent Observations," *Journal of the Royal Statistical Society B*, 33, 72 – 77.

Bartels, C. (1979), "Operational Statistical Methods for Analysing Spatial Data," in C. Bartels, R. Ketellapper, eds., *Exploratory and Explanatory Analysis of Spatial Data* (Boston: Martinus Nijhoff), 5 – 50.

Bartels, C., R. Ketellapper, eds. (1979), *Exploratory and Explanatory Analysis of Spatial Data* (Boston: Martinus Nijhoff).

Bartlett, M. (1975), *The Statistical Analysis of Spatial Pattern* (London: Chapman and Hall).

Bartlett, M. (1978), *An Introduction to Stochastic Processes, with Special Reference to Methods and Applications* (London: Cambridge University Press).

Bates, C., H. White (1985), "A Unified Theory of Consistent Estimation for Parametric Models," *Econometric Theory*, 1, 151 – 178.

Baxter, M. (1985), "Quasi-Likelihood Estimation and Diagnostic Statistics for Spatial Interaction Models," *Environment and Planning A*, 17, 1627 – 1635.

Beckmann, M., T. Puu (1985), *Spatial Economics: Density, Potential, and Flow* (Amsterdam: North Holland).

Belsley, D., E. Kuh (1973), "Time-Varying Parameter Structures: An Overview," *Annals of Economic and Social Measurement*, 2/4, 375 – 378.

Belsley, D., E. Kuh, R. Welsch (1980), *Regression Diagnostics: Identifying Influential Data and Sources of Colinearity* (New York: Wiley).

Bennett, R. (1979), *Spatial Time Series* (London: Pion).

Bennett, R., R. Haining, A. Wilson (1985), "Spatial Structure, Spatial Interaction and Their Integration: A Review of Alternative Models," *Environment and Planning A*, 17, 625 – 645.

Bera, A., C. Jarque (1982), "Model Specification Tests, a Simultaneous Approach," *Journal of Econometrics*, 20, 59 – 82.

Berndt, E., N. Savin (1977), "Conflict among Criteria for Testing Hypotheses in the Multivariate Linear Regression Model," *Econometrica*, 45,

1263 – 1272.

Berry, B. (1971), "Problems of Data Organization and Analytical Methods in Geography," *Journal of the American Statistical Association*, 66, 510 – 523.

Besag, J. (1974), "Spatial Interaction and the Statistical Analysis of Lattice Systems," *Journal of the Royal Statistical Society B*, 36, 192 – 236.

Besag, J. (1975), "Statistical Analysis of Non-Lattice Data," *The Statistician*, 24, 179 – 196.

Besag, J. (1977), "Efficiency of Pseudo-Likelihood Estimators for Simple Gaussian Fields," *Biometrika*, 84, 616 – 618.

Besag, J., P. Moran (1975), "On the Estimation and Testing of Spatial Interaction in Gaussian Lattice Processes," *Biometrika*, 62, 555 – 562.

Bhargava, A., J. Sargan (1983), "Estimating Dynamic Random Effects Models from Panel Data Covering Short Time Periods," *Econometrica*, 51, 1635 – 1659.

Bhat, B. (1974), "On the Method of Maximum Likelihood for Dependent Observations," *Journal of the Royal Statistical Society B*, 36, 48 – 53.

Bickel, P., D. Freedman (1983), "Bootstrapping Regression Models with Many Parameters," in P. Bickel, K. Doksum, J. Hodges, eds., *A Festschrift for Erich L. Lehmann* (Belmont, CA: Wadsworth), 28 – 48.

Bierens, H. (1982), "Consistent Model Specification Tests," *Journal of Econometrics*, 20, 105 – 134.

Billingsley, P. (1985), *Probability and Measure* (2nd Edition) (New York: Wiley).

Bivand, R. (1984), "Regression Modeling with Spatial Dependence: An Application of Some Class Selection and Estimation Methods," *Geographical Analysis*, 16, 25 – 37.

Blommestein, H. (1983), "Specification and Estimation of Spatial Econometric Models: A Discussion of Alternative Strategies for Spatial Economic Modelling," *Regional Science and Urban Economics*, 13, 251 – 270.

Blommestein, H. (1985), "Elimination of Circular Routes in Spatial Dynamic Regression Equations," *Regional Science and Urban Economics*, 15, 121 – 130.

Blommestein, H., P. Nijkamp (1986), "Testing the Spatial Scale and the Dynamic Structure in Regional Models, a Contribution to Spatial Econometric Specification Analysis," *Journal of Regional Science*, 26, 1 – 17.

Bodson, P., D. Peeters (1975), "Estimation of the Coefficients of a Linear Regression in the Presence of Spatial Autocorrelation: An Application to a Belgian Labour-Demand Function," *Environment and Planning A*, 7, 455 – 472.

Boots, B. (1982), "Comments on the Use of Eigenfunctions to Measure Structural Properties of Geographic Networks," *Environment and Planning A*, 14, 1063 – 1072.

Boots, B. (1984), "Evaluating Principal Eigenvalues as Measures of Network Structure," *Geographical Analysis*, 16, 270 – 275.

Boots, B. (1985), "Size Effects in the Spatial Patterning of Nonprincipal Eigenvectors of Planar Networks," *Geographical Analysis*, 17, 74 – 81.

Boots, B., K. Tinkler (1983), "The Interpretation of Non-Principal Eigenfunctions of Urban Structure," *Modeling and Simulation*, 14, 715 – 719.

Bowden, R., D. Turkington (1984), *Instrumental Variables* (London: Cambridge University Press).

Box, G. (1980), "Sampling and Bayes Inference in Scientific Modelling and Robustness," *Journal of the Royal Statistical Society A*, 143, 383 – 430.

Box, G., G. Jenkins (1976), *Time Series Analysis, Forecasting and Control* (San Francisco: Holden Day).

Box, G., G. Tiao (1973), *Bayesian Inference in Statistical Analysis* (Reading, MA: Addison-Wesley).

Brandsma, A., R. Ketellapper (1979a), "A Biparametric Approach to Spatial Autocorrelation," *Environment and Planning A*, 11, 51–58.

Brandsma, A., R. Ketellapper (1979b), "Further Evidence on Alternative Procedures for Testing of Spatial Autocorrelation among Regression Disturbances," in C. Bartels, R. Ketellapper, eds., *Exploratory and Explanatory Analysis in Spatial Data* (Boston: Martinus Nijhoff), 111–136.

Bretschneider, S., W. Gorr (1981), "On the Relationship of Adaptive Filtering Forecasting Models to Simple Brown Smoothing," *Management Science*, 27, 965–969.

Bretschneider, S., W. Gorr (1983), "Ad Hoc Model Building Using Time—Varying Parameter Models," *Decission Sciences*, 14, 221–239.

Breusch, T. (1979), "Conflict among Criteria for Testing Hyptheses: Extensions and Comments," *Econometrica*, 47, 203–207.

Breusch, T. (1980), "Useful Invariance Results for Generalized Regression Models," *Journal of Econometrics*, 13, 327–340.

Breusch, T. (1987), "Maximum Likelihood Estimation of Random Effects Models," *Journal of Econometrics*, 36, 383–389.

Breusch, T., L. Godfrey (1981), "A Review of Recent Work on Testing for Auto-Correlation in Dynamic Simultaneous Models," in D. Currie, R. Nobay, D. Peel, eds., *Macro-Economic Analysis* (London: Croom Helm), 63–100.

Breusch, T., A. Pagan (1979), "A Simple Test for Heteroskedasticity and Random Coefficient Variation," *Econometrica*, 47, 1287–1294.

Breusch, T., A. Pagan (1980), "The Lagrange Multiplier Test and Its Applications to Model Specification in Econometrics," *Review of Economic Studies*, 67, 239–253.

Bronars, S. , D. Jansen (1987), "The Geographic Distribution of Unemployment Rates in the U. S," *Journal of Econometrics*, 38, 251 – 279.

Brown, R. , J. Durbin, J. Evans (1975), "Techniques for Testing the Constaney of Regression Relationships over Time," *Journal of the Royal Statistical Society B*, 37, 149 – 163.

Brown, L. , J. -P. Jones (1985), "Spatial Variation in Migration Processes and Development: A Costa Rican Example of Conventional Modeling Augmented by the Expansion Method," *Demography*, 22, 327 – 352.

Brueckner, J. (1981), "Testing a Vintage Model of Urban Growth," *Journal of Regional Science*, 21, 23 – 35.

Brueckner, J. (1985), "A Switching Regression Analysis of Urban Population Densities: Preliminary Reaults," *Papers, Regional Science Association*, 56, 71 – 87.

Brueckner, J. (1986), "A Switching Regression Analysis of Urban Population Densities," *Journal of Urban Economics*, 19, 174 – 189.

Buck, A. , S. Hakim (1980), "Model Selection in Analyzing Spatial Groups in Regression Analysis," *Geographical Analysis*, 12, 392 – 398.

Buck, A. , S. Hakim (1981), "Appropriate Roles for Statistical Decision Theory and Hypothesis Testing in Model Selection," *Regional Science and Urban Economics*, 11, 135 – 147.

Burridge, P. (1980), "On the Cliff-Ord Test for Spatial Correlation," *Journal of the Royal Statistical Society B*, 42, 107 – 108.

Burridge, P. (1981), "Testing for a Common Factor in a Spatial Autoregressive Model," *Environment and Planning A*, 13, 795 – 800.

Burt, S. (1980), "Models of Network Structure," *Annual Review of Sociology*, 6, 79 – 141.

Buse, A. (1973), "Goodness-of-fit in Generalized Least Squares Estimation," *The American Statistician*, 27, 106 – 108.

Buse, A. (1979), "Goodness-of-fit in the Seemingly Unrelated Regressions Model, a Generalization," *Journal of Econometrics*, 10, 109 – 113.

Buse, A. (1982), "The Likelihood Ratio, Wald, and Lagrange Multiplier Tests: An Expository Note," *The American Statistician*, 36, 153 – 157.

Carbone, R., W. Gorr (1978), "An Adaptive Diagnostic Model for Air Quality Management," *Atmospheric Environment*, 12, 1785 – 1791.

Carbone, R., R. Longini (1977), "A Feedback Model for Automated Real Estate Asseasment," *Management Science*, 24, 241 – 248.

Casetti, E. (1972), "Generating Models by the Expansion Method: Applications to Geographical Research," *Geographical Analysis*, 4, 81 – 91.

Casetti, E. (1986), "The Dual Expansion Method: An Application for Evaluating the Effects of Population Growth on Development," *IEEE Transaction on Systems, Man, and Cybernetics*, SMC – 16, 29 – 39.

Casetti, E., J.-P. Jones (1987), "Spatial Aspects of the Productivity Slowdown: An Analysis of U. S. Manufacturing Data," *Annals, Association of American Geographers*, 77, 76 – 88.

Casetti, E., J.-P. Jones (1988), "Spatial Parameter Variation by Orthogonal Trend Surface Expansions: An Application to the Analysis of Welfare Program Participation Rates," *Social Science Research*, 16, 285 – 300.

Chamberlain, G. (1982), "Multivariate Regression Models for Panel Data," *Journal of Econometrics*, 18, 5 – 46.

Chamberlain, G. (1984), "Panel Data," in Z. Griliches, M. Intriligator, eds. , *Handbook of Econometrics*, Vol. Ⅱ (Amsterdam: North Holland), 1247 – 1318.

Charney, A., C. Taylor (1983), "Consistent Region-Subregion Econometric Models: A Comparison of Multiarea Methodologies for Arizona and Its Major Subcomponent Regions," *International Regional Science Review*, 8, 59 – 74.

Charney, A., C. Taylor (1984), "Decomposition of Ex Ante State

Model Forecast Errors," *Journal of Regional Science*, 24, 229 – 247.

Chesher, A. (1984), "Testing for Neglected Heterogeneity," *Econometrica*, 52, 865 – 872.

Chesher, A., I. Jewitt (1987), "The Bias of a Heteroskedasticity Consistent Covariance Matrix Estimator," *Econometrica*, 55, 1217 – 1222.

Chow, G. (1960), "Tests of Equality between Sets of Coefficients in Two Linear Regressions," *Econometrica*, 28, 591 – 805.

Chow, G. (1981), "A Comparison of the Information and Posterior Probability Criteria for Model Selection," *Journal of Econometrics*, 16, 21 – 33.

Chow, G. (1984), "Random and Changing Coefficient Models," in Z. Griliches, M. Intriligator, eds., *Handbook of Econometrics*, *Vol. II* (Amsterdam: North Holland), 1213 – 1245.

Chow, G., P. Corsi (1982), *Evaluating the Reliability of Macro-Economic Models* (New York: Wiley).

Christ, C. (1975), "Judging the Performance of Econometric Models of the U. S. Economy," *International Economic Review*, 16, 54 – 74.

Chung, K. (1974), *A Course in Probability Theory* (New York: Academic Press).

Clark, I. (1979), *Practical Geostatistics* (London: Applied Science Publishers).

Cliff, A., J. Ord. (1972), "Testing for Spatial Autocorrelation among Regression Residuals," *Geographical Analysis*, 4, 267 – 284.

Cliff, A., J. Ord (1973), *Spatial Autocorrelation* (London: Pion).

Cliff, A., J. Ord (1981), *Spatial Processes, Models and Applications* (London: Pion).

Cochrane, D., G. Orcutt (1949), "Application of Least Squares Regression to Relationahips Containing Autocorrelated Error Terms," *Journal of the American Statistical Association*, 44, 32 – 61.

Consigliere, I. (1981), "The Chow Test with Serially Correlated Errors," *Rivista Internazionale Di Science Scciali*, 89, 125 – 137.

Cook, D., S. Pocock (1983), "Multiple Regression in Geographical Mortality Studies, with Allowance for Spatially Correlated Errors," *Biometrics*, 39, 361 – 371.

Cooley, T., S. LeRoy (1981), "Identification and Estimation of Money Demand," *American Economic Review*, 71, 825 – 844.

Cooley, T., S. LeRoy (1985), "Atheoretical Macro-Econometrics: A Critique," *Journal of Monetary Economics*, 16, 283 – 308.

Cooley, T., S. LeRoy (1986), "What Will Take the Con out of Econometrics? A Reply to McAleer, Pagan and Volker," *American Economic Review*, 76, 504 – 507.

Cooley, T., E. Prescott (1973), "Systematic (Non-Random) Variation Models Varying Parameter Regression: A Theory and Some Applications," *Annals of Economic and Social Measurement*, 2/4, 463 – 473.

Cooley, T., E. Prescott (1976), "Estimation in the Presence of Stochastic Parameter Variation," *Econometrica*, 44, 167 – 184.

Corsi, P., R. Pollock, J. Prakken (1982), "The Chow Test in the Presence of Serially Correlated Errors," in G. Chow, P. Corsi, eds., *Evaluating the Reliability of Macro-Economic Models* (New York: John Wiley), 163 – 187.

Costanzo, C. (1982), "QAP Ⅱ Fortran Program," *Discussion Paper*, *Department of Geography, University of California, Santa Barbara*.

Costanzo, C. (1983), "Statistical Inference in Geography: Modern Approaches Spell Better Times ahead," *The Professional Geographer*, 35, 158 – 165.

Couclelis, H., R. Golledge (1983), "Analytical Research, Positivism and Behavioral Geography," *Annals of the Association of American Geographers*,

75, 331 – 339.

Cox, D. (1961), "Tests of Separate Families of Hypotheses," *Proceedinges of the Fourth Berkeley Symposium on Mathematical Statistics and Probability*, 1, 105 – 123.

Cox, D. (1962), "Further Results on Tests of Separate Families of Hypotheses," *Journal of the Royal Statistical Society B*, 24, 406 – 424.

Cox, K., R. Golledge (1981), *Behavioral Problems in Geography Revisited* (New York: Methuen).

Cragg, J. (1983), "More Efficient Estimation in the Presence of Heteroskedasticity of Unknown Form," *Econometrica*, 51, 751 – 763.

Crowder, M. (1976), "Maximum Likelihood Estimation for Dependent Observations," *Journal of the Royal Statistical Society B*, 38, 45 – 53.

Dacey, M. (1968), "A Review of Measures of Contiguity for Two and K-Color Maps," in B. Berry, D. Marble, eds., *Spatial Analyais: A Reader in Statistical Geography* (Englewood Cliffs, N. J.: Prentice-Hall), 479 – 495.

Dastoor, N. (1981), "A Note on the Interpretation of the Cox Procedure for Non-Nested Hypotheses," *Economics Letters*, 8, 113 – 120.

Davidson, R., J. MacKinnon (1981), "Several Tests for Model Specification in the Presence of Alternative Hypotheses," *Econometrica*, 49, 781 – 793.

Davidson, R., J. MacKinnon (1982), "Some Non-Nested Hypothesis Tests and the Relations among Them," *Review of Economic Studies*, 49, 551 – 565.

Davidson, R., J. MacKinnon (1983), "Small Sample Properties of Alternative Forms of the Lagrange Multiplier Test," *Economics Letters*, 12, 269 – 275.

Davidson, R., J. MacKinnon (1984), "Model Specification Tests Based on Artificial Linear Regressions," *International Economic Review*, 25,

485 - 502.

Davidson, R., J. MacKinnon (1985a), " Heteroskedasticity-Robust Tests in Regreasion Directions," *Annales De L' INSEE*, 59/60, 183 - 217.

Davidson, R., J. MacKinnon (1985b), " The Interpretation of Test Statistics," *Canadian Journal of Economics*, 18, 38 - 57.

Dhrymes, P. (1981), *Distributed Lags*: *Problems of Estimation and Formulation* (Amsterdam: North-Holland).

Dhrymes, P., E. Howrey, S. Hymans, J. Kmenta, E. Leamer, R. Quandt, J. Ramsey, H. Shapiro, V. Zarnowitz (1972), " Criteria for Evaluation of Econometric Models," *Annals of Economic and Social Measurement*, 1, 291 - 324.

Dielman, T. (1983), " Pooled Cross-Sectional and Time Series Data: A Survey of Current Statistical Methodology," *The American Statistician*, 37, 111 - 122.

Diggle, P. (1983), *Statistical Analysis of Spatial Point Patterns* (New York: Academic Press).

Domowitz, 1, H. White (1982), " Misspecified Models with Dependent Observations," *Journal of Econometrics*, 20, 35 - 58.

Doob, J. (1953), *Stochastic Processes* (New York: Wiley).

Doran, H., W. Griffiths (1983), " On the Relative Efficiency of Estimators Which Include the Initial Observations in the Estimation of Seemingly Unrelated Regressions with First-Order Autoregressive Disturbances," *Journal of Econometrics*, 23, 165 - 191.

Doreian, P. (1974), " On the Connectivity of Social Networks," *Journal of Mathematical Sociology*, 3, 245 - 258.

Doreian, P. (1980), " Linear Models with Spatially Distributed Data: Spatial Disturbances or Spatial Effects?" *Sociological Method, and Research*, 9, 29 - 60.

Doreian, P. (1981), " Estimating Linear Models with Spatially

Distributed Data," in S. Leinhardt, ed. , *Sociological Methodology 1980* (San Francisco: Jossey-Bass) , 359 – 388.

Doreian, P. (1982), "Maximum Likelihood Methods for Linear Models: Spatial Effect and Spatial Disturbance Terms," *Sociological Methods and Research*, 13, 243 – 269.

Doreian, P. , K. Teuter, C. -H. Wang (1984), " Network Autocorrelation Models," *Sociological Methods and Research*, 13, 155 – 200.

Dreze, J. (1972), "Econometrics and Decision Theory," *Econometrica*, 40, 1 – 17.

Dufour, J. -M. (1982), " Generalized Chow Tests for Structural Change: A Coordinate-Free Approach," *International Economic Review*, 23, 565 – 575.

Duncan, G. (1983), "Estimation and Inference for Heteroscedastic Systems of Equations," *International Economic Review*, 24, 559 – 566.

Durbin, J. (1960), " Estimation of Parameters in Time-Series Regression Models," *Journal of the Royal Statistical Society B*, 22, 139 – 153.

Edgington, E. (1969), *Statistical Inference: The Distribution-Free Approach* (New York: McGraw-Hill).

Edgington, E. (1980), *Randomization Tests* (New York: Marcel Dekker).

Edlefsen, L. , S. Jones (1986), *GAUSS Programming Language Manual* (Seattle, WA: Aptech Systems Inc.).

Efron, B. (1979a), "Computers and the Theory of Statistics: Thinking the Unthinkable," *SIAM Review*, 21, 460 – 480.

Efron, B. (1979b), " Bootstrap Methods: Another Look at the Jackknife," *The Annals of Statistics*, 7, 1 – 26.

Efron, B. (1982), *The Jackknife, the Bootstrap and Other Resampling Plans* (Philadelphia: Society for Industrial and Applied Mathematics) .

Efron, B., G. Gong (1983), "A Leisurely Look at the Bootstrap, the Jackknife, and Cross-Validation," *The American Statistician*, 37, 36 – 48.

Engle, R. (1982), "A General Approach to Lagrange Multiplier Model Diagnostics," *Journal of Econometrics*, 20, 83 – 104.

Engle, R. (1984), "Wald, Likelihood Ratio, and Lagrange Multiplier Tests in Econometrics," in Z. Griliches, M. Intriligator, eds., *Handbook of Econometrics*, Vol. II (Amsterdam: North Holland), 775 – 826.

Epps, T., M. Epps (1977), "The Robustness of Some Standard Tests for Autocorrelation and Heteroskedasticity When Both Problems Are Present," *Econometrica*, 45, 745 – 753.

Ericsson, N. (1983), "Asymptotic Properties of Instrumental Variables Statistics for Testing Non-Nested Hypotheses," *Review of Economic Studies*, 50, 287 – 304.

Evans, G., N. Savin (1982a), "Conflict among the Criteria Revisited: the W, LR and LM Teats," *Econometrica*, 50, 737 – 748.

Evans, G., N. Savin (1982b), "Conflict among Testing Procedures in a Linear Regression Model with Lagged Dependent Variables," in W. Hildenbrand, ed., *Advances in Econometrics* (London: Cambridge University Press), 263 – 283.

Fienberg, S., A. Zellner (1975), *Studies in Bayesian Econometrics, and Statistics in Honor of Leonard J. Savage* (Amsterdam: North Holland).

Fik, T. (1988), "Competing Central Places and the Spatially Autocorrelated Seemingly Unrelated Regression System," *The Annals of Regional Science*, 22 (Forthcoming).

Fischer, M. (1984), "Theory and Testing in Empirical Sciences," in G. Bahrenberg, M. Fischer, P. Nijkamp, eds., *Recent Developments in Spatial Data Analysis: Methodology, Measurement, Models* (Aldershot: Gower), 51 – 71.

Fisher, F. (1966), *The Identification Problem in Econometrics* (New York:

McGraw Hill).

Fisher, F. (1970), "Tests of Equality between Sets of Coefficients in Two Linear Regressions: An Expository Note," *Econometrica*, 38, 361 – 366.

Fisher, G. (1983), "Tests for Two Separate Regressions," *Journal of Econometrics*, 21, 117 – 132.

Fisher, G., M. McAleer (1979), "On the Interpretation of the Cox Test in Econometrics," *Economics Letters*, 4, 145 – 150.

Fisher, G., M. McAleer (1981), "Alternative Procedures and Associated Tests of Significance for Non-Nested Hypotheses," *Journal of Econometrics*, 18, 103 – 119.

Fisher, W. (1971), "Econometric Estimation with Spatial Dependence," *Regional and Urban Economics*, 1, 19 – 40.

Folmer, H. (1986), *Regional Economic Policy: Meaurement of Its Effect* (Dordrecht: Martinus Nijhoff).

Folmer, H., M. Fischer (1984), "Bootstrapping in Spatial Analysis," *Paper Presented at the Symposium of the IGU Working Group on Systems Analysis and Mathematical Models*, Besancon, France.

Folmer, H., P. Nijkamp (1984), "Linear Structural Equation Models with Latent Variables and Spatial Correlation," in G. Bahrenberg, M. Fischer, P. Nijkamp, eds., *Recent Developments in Spatial Data Analysis* (Aldershot: Gower), 163 – 170.

Folmer, H., G. van der Knaap (1981), "A Linear Structural Equation Approach to Cross-Sectional Models with Lagged Variables," *Environment and Planning A*, 13, 1529 – 1537.

Foster, S., W. Gorr (1983), "Adaptive Filtering Approaches to Spatial Modeling," *Modeling and Simulation*, 14, 745 – 750.

Foster, S., W. Gorr (1984), "Spatial Adaptive Filtering," *Modeling and Simulation*, 15, 29 – 34.

Foster, S., W. Gorr (1986), "An Adaptive Filter for Estimating Spatially-Varying Parameters: Application to Modeling Police Hours Spent in Response to Calls for Service," *Management Science*, 32, 878 – 889.

Fotheringham, S., D. Knudsen (1986), *Goodness-of-fit Statistics in Geographic Research* (Norwich: Geo Abstracts).

Freedman, D. (1981), "Bootstrapping Regression Models," *The Annals of Statistics*, 9, 1218 – 1228.

Freedman, D., S. Peters (1984a), "Bootstrapping a Regression Equation: Some Empirical Results," *Journal of the American Statistical Association*, 79, 97 – 106.

Freedman, D., S. Peters (1984b), "Bootstrapping an Econometric Model: Some Empirical Results," *Journal of Business and Economic Statistics*, 2, 150 – 158.

Frisch, R. (1981), "From Utopian Theory to Practical Applications: The Case of Econometrics," *American Economic Review*, 71, 1 – 7.

Gaile, G., C. Wilmott (1984), *Spatial Statistics and Models* (Boston: Reidel).

Gale, N., L. Hubert, W. Tobler, R. Golledge (1983), "Combinatorial Procedures for the Analysis of Alternative Models: An Example from Interregional Migration," *Papers, Regional Science Association*, 53, 105 – 115.

Gallant, A., D. Jorgenson (1979), "Statistical Inference for a System of Non-Linear Implicit Equations in the Context of Instrumental Variables Estimation," *Journal of Econometrics*, 11, 275 – 302.

Garrison, W., D. Marble (1964), "Factor-Analytic Study of the Connectivity of a Transportation Network," *Papers, Regional Science Association*, 12, 231 – 238.

Gatrell, A. (1977), "Complexity and Redundancy in Binary Maps," *Geographical Analysis*, 9, 29 – 41.

Gatrell, A. (1979), "Autocorrelation in Spaces," *Environment and Planning A*, 11, 507 – 516.

Gaver, K., M. Geisel (1974), "Discriminating among Alternative Models: Bayesian and Non-Bayesian Methods," in P. Zarembka, ed., *Frontiers in Econometrics* (New York: Academic Press), 49 – 77.

Geary, R. (1954), "The Contiguity Ratio and Statistical Mapping," *The Incorporated Statistician*, 5, 115 – 145.

Geisel, M. (1975), "Bayesian Comparisons of Simple Macroeconomic Models," in S. Fienberg, A. Zellner, eds., *Studies in Bayesian Econometrics and Statistics in Honor of Leonard J. Savage* (Amsterdam: North Holland), 227 – 256.

Geisser, S. (1975), "The Predictive Sample Reuse Method with Applications," *Journal of the American Statistical Association*, 70, 320 – 328.

Geisser, S., W. Eddy (1979), "A Predictive Approach to Model Selection," *Journal of the American Statistical Association*, 74, 153 – 160.

Getis, A., B. Boots (1978), *Model of Spatial Processes* (London: Cambridge University Press).

Ghali, M. (1977), "Pooling as a Specification Error: A Comment," *Econometrica*, 45, 755 – 757.

Giles, D., M. Beattie (1987), "Autocorrelation Pre-Test Estimation in Models with a Lagged Dependent Variable," in M. King, D. Giles, eds., *Specification Analysis in the Linear Model* (London: Routledge and Kegan Paul), 99 – 116.

Glejser, H. (1969), "A New Teat for Heteroskedasticity," *Journal of the American Statistical Association*, 64, 316 – 323.

Glick, B. (1982), "A Spatial Rank-Order Correlation Measure," *Geographical Analysis*, 14, 177 – 181.

Godfrey, L. (1978), "Testing for Multiplicative Heteroskedasticity," *Journal of Econometrics*, 8, 227 – 236.

Godfrey, L. (1983), "Testing Non-Nested Models after Estimation by Instrumental Variables or Least Squares," *Econometrica*, 51, 355 – 365.

Godfrey, L. (1984), "On the Uses of Misspecification Checks and Tests of Non-Nested Hypotheses in Empirical Econometrics," *Economic Journal*, 94, 69 – 81.

Godfrey, L. (1987), "Discriminating between Autocorrelation and Misspecification in Regression Analysis: An Alternative Test Strategy," *The Review of Economics and Statistics*, 69, 128 – 134.

Godfrey, L., M. Pesaran (1983), "Tests of Non-Nested Regression Models: Small Sample Adjustments and Monte Carlo Evidence," *Journal of Econometrics*, 21, 133 – 154.

Goldfeld, S., R. Quandt (1972), *Nonlinear Methods in Econometrics* (Amsterdam: North Holland).

Goldfeld, S., R. Quandt (1973), "The Estimation of Structural Shifts by Switching Regressions," *Annals of Economic and Social Measurement*, 2/4, 475 – 485.

Goldfeld, S., R. Quandt (1976), "Techniques for Estimating Switching Regressions," in S. Goldfeld, R. Quandt, eds., *Studies in Nonlinear Estimation* (Cambridge, MA: Ballinger), 3 – 35.

Golledge, R. (1980), "A Behavioral View of Mobility and Migration Research," *The Professional Geographer*, 32, 14 – 21.

Golledge, R., L. Hubert, G. Richardson (1981), "The Comparison of Related Data Sets: Examples from Multidimensional Scaling and Cluster Analysis," *Papers, Regional Science Association*, 48, 57 – 66.

Gould, P. (1967), "On the Geographical Interpretation of Eigenvalues," *Transactions, Institute of British Geographers*, 42, 53 – 92.

Gould, P. (1970), "Is Statistix Inferens the Geographical Name for a Wild Goose?" *Economic Geography*, 46, 439 – 448.

Gould, P. (1981), "Letting the Data Speak for Themselves," *Annals of the Association of American Geographers*, 71, 166 – 176.

Gourieroux, C., A. Monfort, A. Trognon (1983), "Testing Nested or Non-Nested Hypotheses," *Journal of Econometrics*, 21, 83 – 115.

Gourieroux, C., A. Monfort, A. Trognon (1984a), "Pseudo Maximum Likelihood Methods: Theory," *Econometrica*, 52, 681 – 700.

Gourieroux, C., A. Monfort, A. Trognon (1984b), "Pseudo Maximum Likelihood Methods: Applications to Poisson Models," *Econometrica*, 52, 701 – 720.

Granger, C. (1969), "Spatial Data and Time Series Analysis," in A. Scott, ed., *Studies in Regional Science*, *London Papers in Regional Science* (London: Pion), 1 – 24.

Granger, C., P. Newbold (1974), "Spurious Regressions in Econometrics," *Journal of Econometrics*, 2, 111 – 120.

Greenberg, E., C. Webster (1983), *Advanced Econometrics*, *A Bridge to the Literature* (New York: Wiley).

Greene, D., J. Barnbock (1978), "A Note on Problems in Estimating Urban Density Functions," *Journal of Urban Economics*, 5, 285 – 290.

Greenwood, M., G. Hunt, J. McDowell (1986), "Migration and Empoyment Change: Empirical Evidence on the Spatial and Temporal Dimensions of the Linkage," *Journal of Regional Science*, 26, 223 – 234.

Grether, D., G. Maddala (1973), "Errors in Variables and Serially Correlated Disturbances in Distributed Lag Models," *Econometrica*, 41, 255 – 262.

Griffith, D. (1978), "A Spatially Adjusted ANOVA Model," *Geographical Analysis*, 10, 296 – 301.

Griffith, D. (1980), "Towards a Theory of Spatial Statistics," *Geographical Analysis*, 12, 325 – 339.

Griffith, D. (1983), "The Boundary Value Problem in Spatial

Statistical Analysis," *Journal of Regional Science*, 23, 377 – 387.

Griffith, D. (1984), "Measurement of the Arrangement Property of a System of Areal Units Generated by Partitioning a Planar Surface," in G. Bahrenberg, M. Fischer, P. Nijkamp, eds., *Recent Developments in Spatial Data Analysis* (Aldershot: Gower), 191 – 199.

Griffith, D. (1985), "An Evaluation of Correction Techniques for Boundary Effects in Spatial Statistical Analysis: Contemporary Methods," *Geographical Analysis*, 17, 81 – 88.

Griffith, D. (1987), "Towards a Theory of Spatial Statistics: Another Step forward," *Geographical Analysis*, 19, 69 – 82.

Griffith, D. (1988a), "A Reply to: Some Comments on Correction Techniques for Boundary Effects and Missing Value Techniques," *Geographical Analysis*, 20, 70 – 75.

Griffith, D. (1988b), "Estimating Spatial Autoregressive Model Parameters with Commercial Statistical Packages," *Geographical Analysis*, 20 (in Press).

Griffith, D., C. Amrhein (1983), "An Evaluation of Correction Techniques for Boundary Effects in Spatial Statistical Analysis: Traditional Methods," *Geographical Analysis*, 15, 352 – 360.

Griffiths, W., P. Beesley (1984), "The Small Sample Properties of Some Preliminary Test Estimators in a Linear Model with Autocorrelated Errors," *Journal of Econometrics*, 25, 49 – 61.

Guilkey, D., P. Schmidt (1973), "Estimation of Seemingly Unrelated Regressions with Vector Autoregressive Errors," *Journal of the American Statistical Association*, 68, 642 – 647.

Haggett, P. (1980), "Boundary Problems in Statistical Geography," in H. Kishimoto, ed., *Die Bedeutung von Grenzen in der Geographic* (Zurich: Kummerley and Frey), 59 – 67.

Haggett, P. (1981), "The Edges of Space," in R. Bennett, ed., *European Progress in Spatial Analysis* (London: Pion), 51 – 70.

Haining, R. (1977), "Model Specification in Stationary Random Fields," *Geographical Analysis*, 9, 107 – 129.

Haining, R. (1978a), "Estimating Spatial Interaction Models," *Environment and Planning A*, 10, 305 – 320.

Haining, R. (1978b), "Interaction Modelling on Central Place Lattices," *Journal of Regional Science*, 18, 217 – 228.

Haining, R. (1978c), "The Moving Average Model for Spatial Interaction," *Transaction, Institute of British Geographers*, 3, 202 – 225.

Haining, R. (1978d), *Specification and Estimation Problems in Models of Spatial Dependence* (Evanston, Ill: Northwestern University Studies in Geography No. 24).

Haining, R. (1979), "Statistical Tests and Process Generators for Random Field Models," *Geographical Analysis*, 11, 45 – 64.

Haining, R. (1984), "Testing a Spatial Interacting Markets Hypothesis," *The Review of Economics and Statistics*, 66, 576 – 583.

Haining, R. (1986a), "Income Diffusion and Regional Economics," in D. Griffith, R. Haining, eds., *Transformation through Space and Time* (Dordrecht: Martinua Nijhoff), 59 – 80.

Haining, R. (1986b), "Spatial Models and Regional Science: A Comment on Anselin's Paper and Research Directions," *Journal of Regional Science*, 26, 793 – 798.

Haitovsky, Y., G. Treyz (1970), "The Analysis of Econometric Forecasting Error," *American Statistical Association, Proceedings of the Business and Economics Section*, 17, 502 – 506.

Haitovsky, Y., G. Treyz (1972), "Forecasts with Quarterly Macroeconomic Models: Equation Adjustments and Benchmark Predictions, the U. S. Experience," *The Review of Economics and Statintics*, 54, 317 – 325.

Hamilton, J. , R. Jensen (1983), " Summary Measures of Interconnectedness for Input-Output Models," *Environment and Planning A*, 15, 55 – 65.

Hanham, R. , M. Hohn, J. Bohland (1984), "Kriging Spatial Data: Application to the Distribution of Elderly in the U. S," *Modeling and Simulation*, 15, 35 – 39.

Hannan, E. , B. Quinn (1979), "The Determination of the Order of an Autoregression," *Journal of the Royal Statistical Society B*, 41, 190 – 195.

Hansen, L. (1982), "Large Sample Properties of Generalized Method of Moments Estimators," *Econometrica*, 50, 1029 – 1054.

Harrison, M. , B. McCabe (1975), "Autocorrelation with Heteroskedasticity: A Note on the Robustness of the Durbin-Watson, Geary and Henshaw Tests," *Biometrika*, 62, 214 – 216.

Harvey, A. (1976), " Estimating Regression Models with Multiplicative Heteroskedasticity," *Econometrica*, 44, 461 – 466.

Hausman, J. (1978), " Specification Tests in Econometrics," *Econometrica*, 46, 1251 – 1270.

Hausman, J. (1984), "Specification and Estimation of Simultaneous Equation Models," in Z. Griliches, M. Intrilligator, eds. , *Handbook of Econometrics* (Amsterdam: North Holland), 392 – 448.

Heijmans, R. , J. Magnus (1986a), "On the First-Order Efficiency and Asymptotic Normality of Maximum Likelihood Estimators Obtained from Dependent Observations," *Statistics Neerlandica*, 40, 169 – 188.

Heijmans, R. , J. Magnus (1986b), "Consistent Maximum-Likelihood Estimation with Dependent Observations: The General (Non-Normal) Case and the Normal Case," *Journal of Econometrics*, 32, 253 – 285.

Heijmans, R. , J. Magnus (1986c), " Asymptotic Normality of

Maximum Likelihood Estimators Obtained from Normally Distributed But Dependent Observations," *Econometric Theory*, 2, 374 – 412.

Hendry, D. (1980), "Econometrics-Alchemy or Science?" *Economica*, 47, 387 – 406.

Hendry, D., G. Mizon (1978), "Serial Correlation as a Convenient Simplification, Not a Nuisance: A Comment on a Study of the Demand for Money by the Bank of England," *Economic Journal*, 88, 549 – 563.

Hendry, D., F. Srba (1977), "The Properties of Autoregressive Instrumental Variables Estimators in Dynamic Systems," *Econometrica*, 45, 969 – 990.

Hepple, L. (1976), "A Maximum Likelihood Model for Econometric Estimation with Spatial Series," in I. Masser, ed., *Theory and Practice in Regional Science*, *London Papers in Regional Science 6* (London: Pion), 90 – 104.

Hepple, L. (1979), "Bayesian Analysis of the Linear Model with Spatial Dependence," in C. Bartels, R. Ketellapper, eds., *Exploratory and Explanatory Statistical Analysis of Spatial Data* (Boston: Martinus Nijhoff), 179 – 199.

Hildreth, C., J. Houck (1968), "Some Estimators for a Linear Model with Random Coefficients," *Journal of the American Statistical Association*, 63, 584 – 595.

Holly, A. (1982), "A Remark on Hausman's Specification Test," *Econometrica*, 50, 749 – 759.

Honda, Y. (1982), "On Tests of Equality between Sets of Coefficients in Two Linear Regressions When Disturbance Variances Are Unequal," *The Manchester School of Economic and Social Studies*, 50, 116 – 125.

Hooper, P., G. Hewings (1981), "Some Properties of Space-Time Processes," *Geographical Analysis*, 15, 203 – 223.

Hope, A. (1968), "A Simplified Monte Carlo Significance Test Procedure," *Journal of the Royal Statistical Society*, 30B, 582 – 598.

Hordijk, L. (1974), "Spatial Correlation in the Disturbance of a Linear Interregional Model," *Regional Science and Urban Economics*, 4, 117 – 140.

Hordijk, L. (1979), "Problems in Estimating Econometric Relations in Space," *Papers, Regional Science Association*, 42, 99 – 115.

Hordijk, L., P. Nijkamp (1977), "Dynamic Models of Spatial Autocorrelation," *Environment and Planning A*, 9, 505 – 519.

Hordijk, L., P. Nijkamp (1978), "Estimation of Spatio-Temporal Models: New Directions Via Distributed Lags and Markov Schemes," in A. Karlquist, L. Lundquist, F. Snickars, J. Weibull, eds., *Spatial Interaction Theory and Planning Models* (Amsterdam: North Holland), 177 – 199.

Hordijk, L., J. Paelinck (1976), "Some Principles and Results in Spatial Econometrics," *Recherches Economiques de Louvain*, 42, 175 – 197.

Horowitz, J. (1982), "Specification Tests for Probabilistic Choice Models," *Transportation Research A*, 16, 383 – 394.

Horowitz, J. (1983), "Statistical Comparison of Non-Nested Probabilistic Discrete Choice Models," *Transportation Science*, 17, 319 – 350.

Horowitz, J. (1985), "Testing Probabilistic Discrete Choice Models of Travel Demand by Comparing Predicted and Observed Aggregate Choice Shares," *Transportation Research B*, 19, 17 – 38.

Horowitz, J. (1987), "Specification Tests for Probabilistic Choice Models of Consumer Behavior," in R. Golledge, H. Timmermans, eds., *Behavioral Modeling in Geography and Planning* (London: Croom Helm), 124 – 137.

Hsiao, C. (1985), "Benefits and Limitations of Panel Data," *Econometric Reviews*, 4, 121 – 174.

Hsiao, C. (1986), *Analysis of Panel Data* (Cambridge: Cambridge University Press).

Hsieh, D. (1983), "A Heteroskedasticity-Consistent Covariance

Matrix Eatimator for Time Series Regressions," *Journal of Econometrics*, 22, 281 – 290.

Huber, P. (1972), " Robust Statistics: A Review," *Annals of Mathematical Statistics*, 43, 1041 – 1067.

Huber, P. (1981), *Robust Statistics* (New York: Wiley) .

Hubert, L. (1984), "Statistical Applications of Linear Assignment," *Psychometrika*, 49, 449 – 473.

Hubert, L. (1985), "Combinatorial Data Analysis: Aasociation and Partial Association," *Psychometrika*, 50, 449 – 467.

Hubert, L. , R. Golledge (1981), "A Heuristic Method for the Comparison of Related Structures," *Journal of Mathematical Psychology*, 23, 214 – 226.

Hubert, L. , R. Golledge (1982a), "Measuring Association between Spatially Defined Variables: Tjostheim's Index and Some Extensions," *Geographical Analysis*, 14, 273 – 278.

Hubert, L. , R. Golledge (1982b), "Comparing Rectangular Data Matrices," *Environment and Planning A*, 14, 1087 – 1095.

Hubert, L. , R. Golledge, C. Costanzo (1981), " Generalized Procedures for Evaluating Spatial Autocorrelation," *Geographical Analysis*, 13, 224 – 233.

Hubert, L. , R. Golledge, C. Costanzo, N. Gale (1985), "Messuring Association between Spatially Defincd Variables: An Alternative Procedure," *Geographical Analysis*, 27, 36 – 46.

Hwang, H. -S. (1981), "Test of Independence between a Subset of Stochastic Regressors and Disturbances," *International Economic Review*, 21, 749 – 760.

Ibragimov, I. , Y. Linnik (1971), *Independent and Stationary Sequences of Random Variables* (The Hague: Wolters-Noordhoff) .

Isard, W. (1956), *Location and Space Economy* (Cambridge: MIT Press).

Isard, W. (1969), *General Theory* (Cambridge: MIT Press).

Isard, W., P. Liossatos (1979), *Spatial Dynamics, and Optimal Space-Time Development* (Amsterdam: North Holland).

Jarque, C., A. Bera (1980), "Efficient Tests for Normality, Homoscedasticity and Serial Independence of Regression Residuals," *Economics Letters*, 6, 255 – 259.

Jayatissa, W. (1977), "Tests of Equality between Sets of Coefficients in Two Linear Regressions When Disturbance Variances Are Unequal," *Econometrica*, 45, 1291 – 1292.

Jeffreys, H. (1967), *Theory of Probability (3rd Edition)* (London: Oxford University Press).

Johnson, L. (1975), "A Note on Testing for Intraregional Economic Homogeneity," *Journal of Regional Science*, 15, 365 – 369.

Johnson, S., J. Kau (1980), "Urban Spatial Structure: An Analysis with a Varying Coefficient Model," *Journal of Urban Economics*, 7, 141 – 154.

Johnston, J. (1984), *Econometric Methods* (New York: McGraw-Hill).

Johnston, R. (1984), "Quantitative Ecological Analysis in Human Geography: An Evaluation of Four Problem Areas," in G. Bahrenberg, M. Fischer, P. Nijkamp, eds., *Recent Developments in Spatial Data Analysis: Methodology, Measurement, Models* (Aldershot: Gower), 131 – 141.

Jones, J. -P. (1983), "Parameter Variation Via the Expansion Method with Tests for Autocorrelation," *Modeling and Simulation*, 14, 853 – 857.

Jones, J. -P. (1984), *Spatial Parameter Variation in Models of AFDC Participation: Analyses: Using the Expansion Method* (Unpublished Doctoral Dissertation, Department of Geography, The Ohio State University).

Judge, G., M. Bock (1978), *The Statistical Implications of Pre-Test and*

Stein-Rule Estimators in Econometrics (Amsterdam: North Holland).

Judge, G. , T. Yancey (1986), *Improved Methods of Inference in Econometrics* (Amsterdam: North Holland).

Judge, G. , W. Griffiths, R. Hill, H. Lutkepohl, T. -C. Lee (1985), *The Theory and Practice of Econometrics* (*2nd Edition*) (New York: Wiley).

Kadane, J. , J. Dickey (1980), "Bayesian Decision Theory and the Simplification of Models," in J. Kmenta, J. Ramsey, eds. , *Evaluation of Econometric Models* (New York: Academic Press), 245 – 268.

Kadane, J. , J. Dickey, R. Winkler, W. Smith, S. Peters (1980), "Interactive Elicitation of Opinion for a Normal Linear Model," *Journal of the American Statistical Association*, 75, 845 – 854.

Karlin, S. , H. Taylor (1975), *A First Course in Stochastic Proceses* (New York: Academic Prees).

Kariya, T. (1981), "Tests for the Independence between Two Seemingly Unrelated Regression Equations," *The Annals of Statistics*, 9, 381 – 390.

Kau, J. , C. Lee (1977), "A Random Coefficient Model to Estimate a Stochastic Density Gradient," *Regional Science and Urban Economics*, 7, 169 – 177.

Kau, J. , C. Lee, R. Chen (1983), "Structural Shifts in Urban Population Density Gradients: An Empirical Investigation," *Journal of Urban Economics*, 13, 364 – 377.

Kau, J. , C. Lee, C. Sirmans (1986), *Urban Econometrics: Model Developments and Empirical Results* (Greenwich, Conn. : JAI Press).

Kennedy, P. (1985), *A Guide to Econometrics* (*2nd Edition*) (Cambridge, MA: MIT Press).

Keynes, J. (1939), "Professor Tinbergen's Method," *Economic Journal*, 49, 558 – 568.

Kiefer, N. (1978), "Discrete Parameter Variation: Efficient Estimation of a Switching Regression Model," *Econometrica*, 46, 427 – 434.

Kinal, T., K. Lahiri (1984), "A Note on Selection of Regressors," *International Economic Review*, 25, 625 – 629.

King, M. (1981), "A Small Sample Property of the Cliff-Ord Test for Spatial Correlation," *Journal of the Royal Statistical Society B*, 43, 263 – 264.

King, M. (1987), "Testing for Autocorrelation in Linear Regression Models: A Survey," in M. King, D. Giles, eds., *Specification Analysis in the Linear Model* (London: Routledge and Kegan Paul), 19 – 73.

King, M., M. Evans (1985), "The Durbin-Watson Test and Cross-Sectional Data," *Economics Letters*, 18, 31 – 34.

King, M., M. Evans (1986), "Testing for Block Effects in Regression Models Based on Survey Data," *Journal of the American Statistical Association*, 81, 677 – 679.

King, M., D. Giles (1984), "Autocorrelation Pre-Teating in the Linear Model: Eatimation, Testing and Prediction," *Journal of Econometrics*, 25, 35 – 48.

Kiviet, J. (1985), "Model Selection Test Procedures in a Single Linear Equation of a Dynamic Simultaneous System and Their Defects in Small Samples," *Journal of Econometric*, 28, 327 – 362.

Kiviet, J. (1986), "On the Rigour of Some Misspecification Tests for Modelling Dynamic Relationships," *Review of Economic Studies*, 53, 241 – 261.

Klein, R., S. Brown (1984), "Model Selection When There Is 'Minimal' Prior Information," *Econometrica*, 52, 1291 – 1312.

Kmenta, J. (1971), *Elements of Econometrics* (New York: Macmillan).

Kmenta, J., J. Ramsey (1980), *Evaluation of Econometric Models* (New York: Academic Press).

Knudsen, D. (1987), "Computer-Intensive Significance-Testing Procedures," *The Professional Geographer*, 39, 208 – 214.

Knudsen, D. , S. Fotheringham (1986) , " Matrix Comparison, Goodness-of-fit, and Spatial Interaction Modeling," *International Regional Science Review*, 10, 127 – 147.

Koenker, R. (1982) , " Robust Methods in Econometrics," *Econometric Reviews*, 1, 213 – 255.

Koenker, R. , G. Bassett (1982) , "Robust Tests for Heteroskedasticity Based on Regression Quantiles," *Econometrica*, 50, 43 – 61.

Kooijman, S. (1976) , "Some Remarks on the Statistical Analysis of Grids, Eaepcially with Respect to Ecology," *Annals of Systems Research*, 5, 113 – 132.

Krasker, W. (1980) , "The Role of Bounded-Influence Estimation in Model Selection," *Journal of Econometrics*, 16, 131 – 138.

Krasker, W. , R. Welsch (1982) , " Efficient Bounded-Influence Regression Estimation," *Journal of the American Statistical Association*, 77, 595 – 604.

Krasker, W. , R. Welsch (1985) , " Resistant Estimation for Simultaneous-Equations Models Using Weighted Instrumental Variables," *Econometrica*, 53, 1475 – 1488.

Lahiri, K. , D. Egy (1981) , "Joint Estimation and Testing for Functional Form and Heteroskedasticity," *Journal of Econometric*, 15, 299 – 307.

Leamer, E. (1974) , " False Models and Pot-Data Model Construction," *Journal of the American Statistical Association*, 69, 122 – 131.

Leamer, E. (1978) , *Specification Searches: Ad Hoe Inference with Nonexperimental Data* (New York: Wiley) .

Leamer, E. (1979) , "Information Criteria for Choice of Regression Models: A Comment," *Econometrica*, 47, 507 – 510.

Leamer, E. (1983) , "Let's Take the Con out of Econometrics," *American Economic Review*, 73, 31 – 43.

Leamer, E. , H. Leonard (1983) , " Reporting the Fragility of

Regression Estimates," *Review of Economics and Statistics*, 65, 306 – 317.

Lee, D. (1973), "Requiem for Large-Seale Models," *Journal of the American Institute of Planners*, 39, 163 – 178.

Lele, S., K. Ord (1986), "Besag's Pseudo-Likelihood: Some Optimality Results," *Technical Report and Preprints No. 66*, *Department of Statistics*, *The Pennsylvania State University*.

Lillard, L., Y. Weiss (1979), "Components of Variation in Panel Earnings Data: American Scientists 1960 – 70," *Econometrica*, 47, 437 – 454.

Lillard, L., R. Willis (1978), "Dynamic Aspects of Earning Mobility," *Econometrica*, 46, 985 – 1012.

Lin, A. -L. (1985), "A Note on Testing for Regional Homogeneity of a Parameter," *Journal of Regional Science*, 25, 129 – 135.

Liviatan, N. (1963), "Consistent Estimation of Distributed Lags," *International Economic Review*, 4, 44 – 52.

Loftin, C., S. Ward (1983), "A Spatial Autocorrelation Model of the Effects of Population Density on Fertility," *American Sociological Review*, 48, 121 – 128.

Lovell, M. (1983), "Data Mining," *The Review of Economics and Statistics*, 65, 1 – 12.

MacKinnon, J. (1983), "Model Specification Tests against Non-Nested Alternatives," *Econometric Reviews*, 2, 85 – 110.

MacKinnon, J., H. White (1985), "Some Heteroskedasticity-Consistent Covariance Matrix Estimators with Improved Finite Sample Properties," *Journal of Econometric*, 29, 305 – 325.

MacKinnon, J., H. White, R. Davidson (1983), "Tests for Model Specification in the Presence of Alternative Hypotheses: Some Further Results," *Journal of Econometrics*, 21, 53 – 70.

MaCurdy, T. (1982), "The Use of Time Series Processes to Model the Error Structure of Earnings in a Longitudinal Data Analysis," *Journal of Econometrics*, 18, 83 – 114.

Maddala, G. (1971), "The Use of Variance Components Models in Pooling Cross Section and Time Series Data," *Econometrica*, 39, 341 – 358.

Maddala, G. (1977), *Econometrics* (New York: McGraw-Hill).

Maddala, G. (1983), *Limited-Dependent and Qualitative Variables in Econometrics* (New York: Academic Press).

Maeshiro, A. (1980), "New Evidence on the Small Properties of Estimators of SUR Models with Autocorrelated Disturbances-Things Done Halfway May Not Be Done Right," *Journal of Econometrics*, 12, 177 – 187.

Magdalinos, M. (1985), "Selecting the Best Instrumental Variables Estimator," *Review of Economic Studies*, 52, 473 – 485.

Magnus, J. (1978), "Maximum Likelihood Estimation of the GLS Model with Unknown Parameters in the Disturbance Covariance Matrix," *Journal of Econometrics*, 7, 281 – 312. (Corrigenda, *Journal of Econometrics*, 10, 261)

Magnus, J. (1982), "Multivariate Error Components Analysis of Linear and Nonlinear Regression Models by Maximum Likelihood," *Journal of Econometrics*, 19, 259 – 285.

Magnus, J., H. Neudecker (1985), "Matrix Differential Calculus with Applications to Simple, Hadamard, and Kronecker Products," *Journal of Mathematical Psychology*, 29, 474 – 492.

Magnus, J., H. Neudecker (1986), "Symmetry, 0 – 1 Matrices and Jacobians: A Review," *Econometric Theory*, 2, 157 – 190.

Malinvaud, E. (1981), "Econometrics Faced with the Needs of Macroeconomic Policy," *Econometrica*, 49, 1363 – 1375.

Mallows, C. (1973), "Some Comments on Cp.," *Technometrics*, 15, 661 – 675.

March, L., M. Batty (1975), "Generalized Measures of Information, Bayes' Likelihood Ratio and Jaynes' Formalism," *Environment and Planning B*, 2, 99 – 105.

Mariano, R. (1982), "Analytical Small-Sample Distribution Theory in Econometrics: The Simultaneous Equation Case," *International Economic Review*, 23, 503 – 533.

Marschak, J. (1939), "On Combining Market and Budget Data in Demand Studies: A Suggestion," *Econometrica*, 7, 332 – 335.

Martin, R. (1974), "On Spatial Dependence, Bias and the Use of First Spatial Differences in Regression Analysis," *Area*, 6, 185 – 194.

Martin, R. (1987), "Some Comments on Correction Techniques for Boundary Effects and Missing Value Techniques," *Geographical Analysis*, 19, 273 – 282.

Martin, R., J. Oeppen (1975), "The Identification of Regional Forecasting Models Using Space-Time Correlation Functions," *Transaction of the Institute of British Geographers*, 66, 95 – 118.

Matheron, G. (1971), *The Theory of Regionalized Variable* (Fontainebleau: Centre de Morphologie Mathematique).

Matula, D., R. Sokal (1980), "Properties of Gabriel Graphs Relevant to Geographic Variation Research and the Clustering of Points in the Plane," *Geographical Analysis*, 12, 205 – 222.

Mayer, T. (1975), "Selecting Economic Hyptotheses by Goodness of Fit," *Economic Journal*, 85, 877 – 883.

Mayer, T. (1980), "Economics as a Hard Science: Realistic Goal or Wishful Thinking," *Economic Inguiry*, 18, 165 – 178.

Mazodier, P., A. Trognon (1978), "Heteroskedasticity and Stratification in Error Components Models," *Annales de l'INSEE*, 30/31, 451 – 482.

McAleer, M. (1983), "Exact Tests of a Model against Nonnested Alternatives," *Biometrika*, 70, 285 – 288.

McAleer, M. (1987), "Specification Tests of Separate Models: A Survey," in M. King, D. Giles, eds., *Specification Analysis in the Linear Model* (London: Routledge & Kegan Paul), 146 – 196.

McAleer, M., M. Pesaran (1986), "Statistical Inference in Non-Nested Econometric Models," *Applied Mathematics and Computation*, 20, 271 –311.

McCallum, B. (1976), "On Estimation Assuming Non-Existent Autocorrelation," *Australian Economic Papers*, 15, 119 – 127.

McCamley, F. (1973), "Testing for Spatial Autocorrelated Disturbances with Application to Relationships Estimated Using Missouri County Data," *Regional Science Perspectives*, 3, 89 – 104.

McLeish, D. (1975), "A Maximal Inequality and Dependent Strong Laws," *The Annals of Probability*, 3, 829 – 839.

Mead, R. (1967), "A Mathematical Model for the Estimation of Interplant Competition," *Biometrics*, 30, 295 – 307.

Meeks, S., R. D'Agostino (1983), "A Note on the Use of Confidence Limits Following Rejection of a Null Hypothesis," *The American Statistician*, 37, 134 – 136.

Miller, R. (1974), "The Jackknife—A Review," *Biometrika*, 61, 1 – 15.

Mizon, G., D. Hendry (1980), "An Empirical Application and Monte Carlo Analysis of Tests of Dynamic Specification," *Review of Economic Studies*, 47, 21 – 45.

Mizon, G., J.-F. Richard (1986), "The Encompassing Principle and Its Application to Testing Non-Nested Hypotheses," *Econometrica*, 54, 657 – 678.

Mood, A., F. Graybill, D. Boes (1974), *Introduction to the Theory of Statistics* (New York: McGraw Hill).

Moran, P. (1948), "The Interpretation of Statistical Maps," *Journal of the Royal Statistical Society B*, 10, 243 – 251.

Mosteller, F., J. Tukey (1977), *Data Analysis and Regresion: A Second Course in Statistics* (Reading, MA: Addison-Wesley).

Nakamura, A., M. Nakamura (1978), "On the Impact of the Tests for Serial Correlation upon the Test of Significance for the Regression Coefficient," *Journal of Econometrics*, 7, 199 – 210.

Nerlove, M. (1971), "Further Evidence on the Estimation of Dynamic Economic Relations from a Time Series of Cross Sections," *Econometrica*, 39, 359 – 382.

Neudecker, H. (1969), "Some Theorems on Matrix Differentiation with Special Reference to Kronecker Matrix Products," *Journal of the American Statistical Association*, 64, 953 – 963.

Newey, W. (1985a), "Maximum Likelihood Specification Testing and Conditional Moment Teats," *Econometrica*, 53, 1047 – 1070.

Newey, W. (1985b), "Generalized Methods of Moments Specification Testing," *Journal of Econometrics*, 29, 229 – 256.

Newey, W., K. West (1987), "A Simple, Positive Semi-Definite, Heteroskedasticity and Autocorrelation Consistent Covariance Matrix," *Econometrica*, 55, 703 – 708.

Nicholls, D., A. Pagan (1983), "Heteroskedasticity in Models with Lagged Dependent Variables," *Econometrica*, 51, 1233 – 1242.

Nijkamp, P., H. Leitner, N. Wrigley (1985), *Measuring the Unmeasurable* (Dordrecht: Martinus Nijhoff).

Nipper, J., U. Streit (1982), "A Comparative Study of Some Stochastic Methods and Autoprojective Models for Spatial Processes," *Environment and Planning A*, 14, 1211 – 1231.

Oberhoffer, W., J. Kmenta (1974), "A General Procedure for Obtaining Maximum Likelihood Estimates in Generalized Regression Models,"

Econometrica, 42, 579 – 590.

Odland, J. （1978）, "Prior Information in Spatial Analysis," *Environment and Planning A*, 10, 51 – 70.

Openshaw, S. （1984）, "Ecological Fallacies and the Analysis of Areal Census Data," *Environment and Planning A*, 16, 17 – 31.

Openshaw, S., P. Taylor （1979）, "A Million Or So Correlation Coefficients: Three Experiments on the Modifiable Areal Unit Problem," in N. Wrigley, ed., *Statistical Applications in the Spatial Sciences* （London: Pion）, 127 – 144.

Openshaw, S., P. Taylor （1981）, "The Modifiable Unit Problem," in N. Wrigley, R. Bennett, eds., *Quantitative Geography, a British View* （London: Routledge and Kegan）, 60 – 69.

Ord, J. （1975）, "Estimation Methods for Models of Spatial Interaction," *Journal of the American Statistical Association*, 70, 120 – 126.

Ord, J. （1981）, "Towards a Theory of Spatial Statistics: A Comment," *Geographical Analysis*, 13, 86 – 93.

Paelinck, J. （1982）, "Operational Spatial Analysis," *Papers, Regional Science Association*, 50, 1 – 7.

Paelinck, J., L. Klaassen （1979）, *Spatial Econometrics* （Farnborough: Saxon House）.

Paelinck, J., J. Ancot, J. Kuipers （1982）, *Formal Spatial Economic Analysis* （Aldershot: Gower Publishing）.

Pagan, A. （1980）, "Some Identification and Estimation Results for Regression Models with Stochastically Varying Coefficients," *Journal of Econometrics*, 13, 341 – 363.

Pagan, A., A. Hall （1983）, "Diagnostic Tests as Residual Analysis," *Econometric Review*, 2, 159 – 218.

Parks, R. （1967）, "Efficient Estimation of a System of Regression

Equations when Disturbances Are Both Serially and Contemporaneously Correlated," *Journal of the American Statistical Association*, 62, 500 – 509.

Peach, J., J. Webb (1983), "Randomly Specified Macroeconomic Models: Some Implications for Model Selection," *Journal of Economic Issues*, 17, 697 – 714.

Pesaran, M. (1974), "On the General Problem of Model Selection," *Review of Economic Studies*, 41, 153 – 171.

Pesaran, M. (1981), "Pitfalls of Testing Non-Nested Hypotheses by the Lagrange Multiplier Method," *Journal of Econometrics*, 17, 323 – 331.

Pesaran, M. (1982a), "On the Comprehensive Method of Testing Non-Nested Regression Models," *Journal of Econometrics*, 18, 263 – 274.

Pesaran, M. (1982b), "Comparison of Local Power of Alternative Tests of Non-Nested Regression Models," *Econometrica*, 50, 1287 – 1305.

Pesaran, M., A. Deaton (1978), "Testing Non-Nested Nonlinear Regression Models," *Econometrica*, 46, 677 – 694.

Pfeifer, P., S. Deutsch (1980a), "A Three-Stage Iterative Procedure for Space-Time Modeling," *Technometrics*, 22, 35 – 47.

Pfeifer, P., S. Deutsch (1980b), "Identification and Interpretation of First Order Space-Time ARMA Models," *Technometrics*, 22, 397 – 408.

Pfeiffer, P. (1978), *Concepts of Probability Theory* (New York: Dover).

Phillips, P. (1977), "A General Theorem in the Theory of Asymptotic Expansions as Approximations to the Finite Sample Distributions of Econometric Estimators," *Econometrica*, 45, 1517 – 1534.

Phillips, P. (1980), "The Exact Distribution of Instrumental Variable Estimators in an Equation Containing N + 1 Endogenous Variables," *Econometrica*, 48, 861 – 878.

Phillips, P. (1982), "Best Uniform and Modified Pade Approximants to Probability Densities in Econometrics," in W. Hildenbrand, ed. , *Advances in Econometrics* (London: Cambridge University Press), 123 – 167.

Phillips, P. (1985), "The Exact Distribution of the SUR Estimator," *Econometrica*, 53, 745 – 756.

Pindyck, R. , D. Rubinfeld (1981), *Econometric Models and Economic Forecasts* (New York: McGraw-Hill) .

Pocock, S. , D. Cook, A. Shaper (1982), "Analysing Geographic Variation in Cardiovascular Mortality: Methods and Results," *Journal of the Royal Statistical Society A*, 145, 313 – 341.

Pollock, D. (1979), *The Algebra of Econometrics* (New York: John Wiley) .

Pool, I. , M. Kochen (1978), "Contacts and Influence," *Social Networks*, 1, 5 – 51.

Prucha, I. (1984), "On the Asymptotic Efficiency of Feasible Aitken Estimators for Seemingly Unrelated Regression Models with Error Components," *Econometrica*, 52, 203 – 207.

Quandt, R. (1958), "The Estimation of the Parameters of a Linear Regression System Obeying Two Separate Regimes," *Journal of the American Statistical Association*, 53, 873 – 880.

Quandt, R. (1972), "A New Approach to Estimating Switching Regressions," *Journal of the American Statistical Association*, 67, 206 – 210.

Quandt, R. (1974), "A Comparison of Methods for Testing Nonnested Hypotheses," *Review of Economics and Statistics*, 56, 92 – 99.

Quandt, R. (1981), "Autocorrelated Errors in Simple Disequilibrium Models," *Economics Letters*, 7, 55 – 61.

Quandt, R. (1982), "Econometric Disequilibrium Models," *Econometric Reviews*, 1, 1 – 63.

Quandt, R. , J. Ramsey (1978), "Estimating Mixtures of Normal

Distributions and Switching Regressions," *Journal of the American Statistical Association*, 73, 730 – 752.

Raj, B., A. Ullah (1981), *Econometrics, a Varying Coefficiene Approach* (New York: St. Martins Press).

Ramsey, J. (1974), "Classical Model Selection through Specification Tests," in P. Zarembka, ed., *Frontiers in Econometrics* (New York: Academic Press), 13 – 47.

Ripley, B. (1981), *Spatial Statistics* (New York: Wiley).

Robinson, P. (1987), "Asymptotically Efficient Estimation in the Presence of Heteroskedasticity of Unknown Form," *Econometrica*, 55, 875 – 891.

Rogers, G. (1980), *Matrix Derivatives* (New York: Marcel Dekker).

Rosenberg, B. (1973), "A Survey of Stochastic Parameter Regression," *Annals of Economic and Social Measurement*, 2/4, 381 – 397.

Rosenblatt, M. (1956), "A Central Limit Theorem and a Strong Mixing Condition," *Proceedings of the National Academy of Sciences*, 42, 43 – 47.

Rothenberg, T. (1982), "Comparing Alternative Asymptotically Equivalent Tests," in W. Hildenbrand, ed., *Advances in Econometrics* (London: Cambridge University Press), 255 – 262.

Rothenberg, T. (1984a), "Approximate Normality of Generalized Least Squares Estimates," *Econometrica*, 52, 811 – 825.

Rothenberg, T. (1984b), "Hypothesis Teating in Linear Models When the Error Covariance Matrix Is Nonscalar," *Econometrica*, 52, 827 – 842.

Ruud, P. (1984), "Tests of Specification in Econometrics," *Econometric Reviews*, 3, 211 – 242.

Sargan, J. (1958), "The Estimation of Economic Relationships Using Instrumental Variables," *Econometrica*, 26, 393 – 415.

Sargan, J. (1976), "Econometric Estimators and the Edgeworth Approximation," *Econometrica*, 44, 421 – 448.

Sargan, J. (1980), "Some Tests of Dynamic Specification for a Single Equation," *Econometrica*, 48, 879 – 897.

Savin, N. (1976), "Conflict among Testing Procedures in a Linear Regression Model with Autoregressive Disturbances," *Econometrica*, 44, 1303 – 1315.

Savin, N. (1980), "The Bonferroni and Scheffe Multiple Comparison Procedures," *Review of Economic Studies*, 47, 255 – 274.

Savin, N. , K. White (1978), "Estimation and Testing for Functional Form and Autocorrelation: A Simultaneous Approach," *Journal of Econometrics*, 8, 1 – 12.

Sawa, T. (1978), "Information Criteria for Discriminating among Alternative Regression Models," *Econometrica*, 46, 1273 – 1291.

Schmidt, P. (1977), "Estimation of Seemingly Unrelated Regressions with Unequal Numbers of Observations," *Journal of Econometrics*, 5, 365 – 477.

Schmidt, P. , R. Sickles (1977), "Some Further Evidence on the Use of the Chow Test under Heteroskedasticity," *Econometrica*, 45, 1293 – 1298.

Schoemaker, P. (1982), "The Expected Utility Model: Its Variants, Purposes, Evidence and Limitations," *Journal of Economic Literature*, 20, 529 – 563.

Schulze, P. (1977), "Testing for Intraregional Economic Homogeneity: A Comment," *Journal of Regional Science*, 17, 473 – 477.

Schulze, P. (1987), "Once Again: Testing for Regional Homogeneity," *Journal of Regional Science*, 27, 129 – 133.

Scott, A. , D. Holt (1982), "The Effect of Two-Stage Sampling on Ordinary Least Squares Methods," *Journal of the American Statistical Association*, 77, 848 – 854.

Schwallie, D. (1982), "Unconstrained Maximum Likelihood Estimation of Contemporaneous Covariances," *Economics Letters*, 9, 359 – 364.

Schwartz, G. (1978), "Estimating the Dimension of a Model," *Annals of Statistics*, 6, 461 – 464.

Sen, A., S. Soot (1977), "Rank Test for Spatial Correlation," *Environment and Planning A*, 9, 897 – 903.

Serfling, R. (1980), *Approximation Theorems of Mathematical Statistics* (New York: John Wiley).

Shapiro, H. (1973), "Is Verification Possible? The Evaluation of Large Econometric Models," *American Journal of Agricultural Economic*, 55, 250 – 258.

Sheppard, E. (1976), "Entropy, Theory Construction and Spatial Analysis," *Environment and Planning A*, 8, 741 – 752.

Silvey, S. (1961), "A Note on Maximum-Likelihood in the Case of Dependent Random Variables," *Journal of the Royal Statistical Society B*, 23, 444 – 452.

Sims, C. (1980), "Macroeconomics and Reality," *Econometrica*, 48, 1 – 48.

Singh, B., A. Nagar, N. Choudry, B. Raj (1976), "On the Estimation of Structural Change: A Generalization of the Random Coefficients Regression Model," *International Economic Review*, 17, 340 – 361.

Singh, B., A. Ullah (1974), "Estimation of Seemingly Unrelated Regressions with Random Coefficients," *Journal of the American Statistical Association*, 69, 191 – 195.

Smith, D., B. Hutchinson (1981), "Goodness-of-fit Statistics for Trip Distribution Models," *Transportation Research A*, 15, 295 – 303.

Smith, P., S. Choi (1982), "Simple Tests to Compare Two Dependent Regression Lines," *Technometrics*, 24, 123 – 126.

Smith, T. (1980), "A Central Limit Theorem for Spatial Samples," *Geographical Analysis*, 12, 299 – 324.

Snickars, F., T. Weibull (1977), "A Minimum Information

Principle: Theory and Practice," *Regional Science and Urban Economics*, 7, 137 – 168.

Spencer, D. (1979), "Estimation of a Dynamic System of Seemingly Unrelated Regressions with Autoregressive Disturbances," *Journal of Econometrics*, 10, 227 – 241.

Spencer, D. , K. Berk (1981), "A Limited Information Specification Test," *Econometrica*, 49, 1079 – 1085.

Srivastava, V. , T. Dwivedi (1979), "Estimation of Seemingly Unrelated Regression Equations: A Brief Survey," *Journal of Econometrics*, 10, 15 – 32.

Stetzer, F. (1982a), "The Analysis of Spatial Parameter Variation with Jackknifed Parameters," *Journal of Regional Science*, 22, 177 – 188.

Stetzer, F. (1982b), "Specifying Weights in Spatial Forecasting Models: The Results of Some Experiments," *Environment and Planning A*, 14, 571 – 584.

Stone, M. (1974), "Cross-Validatory Choice and Assessment of Statistical Predictions," *Journal of the Royal Statistical Society B*, 36, 111 – 133.

Summerfield, M. (1983), "Populations, Samples and Statistical Inference in Geography," *The Professional Geographer*, 35, 143 – 149.

Swamy, P. (1971), *Statistical Inference in Random Coefficient Regression Models* (New York: Springer Verlag).

Swamy, P. (1974), "Linear Models with Random Coefficients," in P. Zarembka, ed. , *Frontiers in Econometrics* (New York: Academic Press), 148 – 168.

Swamy, P. , R. Conway, P. von zur Muehlen (1985), "The Foundations of Econometrics—Are There Any?" *Econometric Reviews*, 4, 1 – 61.

Szyrmer, J. (1985), "Measuring Connectedness of Input-Output Models: 1. Survey of the Measures," *Environment and Planning A*, 17, 1591 – 1612.

Tauchen, G. (1985), "Diagnostic Testing and Evaluation of Maximum Likelihood Models," *Journal of Econometrics*, 30, 415 – 443.

Taylor, C. (1982a), "Econometric Modeling of Urban and Other Substate Areas: An Analysis of Alternative Methodologies," *Regional Science and Urban Economics*, 12, 425 – 448.

Taylor, C. (1982b), "Regional Econometric Model Comparisons: What Do They Mean," *The Annals of Regional Science*, 18, 1 – 15.

Taylor, W. (1983), "On the Relevance of Finite Sample Distribution Theory," *Econometric Reviews*, 2, 1 – 39.

Theil, H. (1971), *Principles of Econometrics* (New York: John Wiley).

Thomas, R. (1981), *Information Statistics in Geography* (Norwich: Geo-Abstracts).

Thompson, M. (1978a), "Selection of Variables in Multiple Regression: Part I. a Review and Evaluation," *International Statistical Review*, 46, 1 – 19.

Thompson, M. (1978b), "Selection of Variables in Multiple Regression: Part Ⅱ. Chosen Procedures, Computations and Examples," *International Statistical Review*, 46, 129 – 146.

Thursby, J. (1981), "A Test Strategy for Discriminating between Autocorrelation and Misspecification in Regression Analysis," *The Review of Economics and Statistics*, 63, 117 – 123.

Thursby, J. (1982), "Misspecification, Heteroskedasticity, and the Chow and Goldfeld-Quandt Tests," *The Review of Economics and Statistics*, 64, 314 – 321.

Tinbergen, J. (1940), "On a Method of Statistical Business Research: A Reply," *Economic Journal*, 50, 141 – 154.

Tinbergen, J. (1942), "Critical Remarks on Some Business Cycle Theories," *Econometrica*, 10, 129 – 146.

Tinkler, K. (1972), "The Physical Interpretation of Eigenfunctions of Dichotomous Matrices," *Transactions, Institute of British Geographers*, 55, 17 – 46.

Tjostheim, D. (1978), "A Measure of Association for Spatial Variables," *Biometrika*, 65, 109 – 114.

Tobler, W. (1979), "Cellular Geography," in S. Gale, G. Olsson, eds., *Philosophy in Geopraphy* (Dordrecht: Reidel), 379 – 386.

Toyoda, T. (1974), "The Use of the Chow Test under Heteroskedasticity," *Econometrica*, 42, 601 – 608.

Upton, G., B. Fingleton (1985), *Spatial Data Analysis by Example* (New York: Wiley).

Verbon, H. (1980a), "Testing for Heteroscedasticity in a Model of Seemingly Unrelated Regression Equations with Variance Components (SUREVC)," *Economics Letters*, 5, 149 – 153.

Verbon, H. (1980b), "Maximum Likelihood Estimation of a Labour Demand System: An Application of a Model of Seemingly Unrelated Regression Equations with the Regression Errors Composed of Two Components," *Statistics Neerlandica*, 34, 33 – 48.

Vinod, H., A. Ullah (1981), *Recent Advances, in Regression Methods* (New York: Marcel Dekker).

Walker, A. (1967), "Some Tests of Separate Families of Hypotheses in Time Series Analysia," *Biometrika*, 54, 39 – 68.

Wallace, T. (1977), "Pre-Test Estimation in Regression: A Survey," *American Journal of Agricultural Economics*, 59, 431 – 448.

Wallace, T., A. Hussain (1969), "The Use of Error Components Models in Combining Cross Section with Time Series Data," *Econometrica*, 37, 55 – 72.

Wallis, K. (1967), "Lagged Dependent Variables and Serially Correlated Errors: A Reappraisal of Three-Pass Least Squares," *Review of*

Economics and Statistics, 51, 555 – 567.

Wallsten, T. , D. Budescu (1983), "Encoding Subjective Probabilities: A Psychological and Psychometric Review," *Management Science*, 29, 151 – 173.

Wang, G. , M. Hidiroglou, W. Fuller (1980), "Estimation of Seemingly Unrelated Regression with Lagged Dependent Variables and Autocorrelated Errors," *Journal of Statistical Computation and Simulation*, 10, 133 – 146.

Wansbeek, T. , A. Kapteyn (1982), "A Class of Decompositions of the Variance-Covariance Matrix of a Generalized Error Components Model," *Econometrica*, 50, 713 – 724.

Wartenberg, D. (1985), "Multivariate Spatial Correlation: A Method for Exploratory Geographical Analysis," *Geographical Analysis*, 17, 263 – 283.

Watt, P. (1979), "Tests of Equality between Sets of Coefficients in Two Linear Regressions When Disturbance Variances Are Unequal: Some Small Sample Properties," *The Manchester School of Economic and Social Studies*, 47, 391 – 396.

Weibull, J. (1976), "An Axiomatic Approach to the Measurement of Accessibility," *Regional Science and Urban Economics*, 6, 357 – 379.

Welsch, R. (1980), "Regression Sensitivity Analysis and Bounded-Influence Estimation," in J. Kmenta, J. Ramsey, eds. , *Evaluation of Econometric Model* (New York: Academic Press), 153 – 167.

White, D. , M. Burton, M. Dow (1981), "Sexual Division of Labor in African Agriculture: A Network Autocorrelation Analysis," *American Anthropologist*, 84, 824 – 849.

White, E. , G. Hewings (1982), "Space-Time Employment Modeling: Some Results Using Seemingly Unrelated Regression Estimators," *Journal of Regional Science*, 22, 283 – 302.

White, H. (1980), "A Heteroskedastic-Consistent Covariance Matrix

Estimator and a Direct Test for Heteroskedasticity," *Econometrica*, 48, 817 – 838.

White, H. (1982a), "Maximum Likelihood Estimation of Misspecified Models," *Econometrica*, 50, 1 – 25.

White, H. (1982b), "Regularity Conditions for Cox's Test of Non-Nested Hypotheses," *Journal of Econometrics*, 19, 301 – 318.

White, H. (1984), *Asymptotic Theory for Econometricians* (New York: Academic Press).

White, H., I. Domowitz (1984), "Nonlinear Regression with Dependent Observations," *Econometrica*, 52, 143 – 161.

Whittle, P. (1954), "On Stationary Processes in the Plane," *Biometrika*, 41, 434 – 449.

Wilkinson, J., C. Reinsch (1971), *Linear Algebra, Handbook for Automatic Computation, Vol. 2* (Berlin: Springer Verlag).

Wilks, S. (1962), *Mathematical Statistics* (New York: Wiley).

Wilson, A. (1970), *Entropy in Urban and Regional Modeling* (London: Pion).

Wrigley, N. (1979), *Statistical Applications in the Spatial Sciences* (London: Pion).

Wu, D. -M. (1973), "Alternative Tests of Independence between Stochastic Regressors and Disturbances," *Econometrica*, 41, 733 – 740.

Wu, D. -M. (1974), "Alternative Tests of Independence between Stochastic Regressors and Disturbances: Finite Sample Results," *Econometrica*, 42, 529 – 546.

Zellner, A. (1962), "An Efficient Method of Estimating Seemingly Unrelated Regressions and Tests of Aggregation Bias," *Journal of the American Statistical Association*, 57, 348 – 368.

Zellner, A. (1971), *An Introduction to Bayesian Inference in Econometrics* (New York: John Wiley).

Zellner, A. (1978), "Jeffreys-Bayes Posterior Odds Ratio and the Akaike Information Criterion for Discriminating between Models," *Economics Letters*, 1, 337 – 342.

Zellner, A. (1979), "Statistical Analysis of Econometric Models," *Journal of the American Statistical Association*, 74, 628 – 643.

Zellner, A. (1980), *Bayesian Analysis in Econometrics and Statistics*, *Essays in Honor of Harold Jeffreys* (Amsterdam: North Holland).

Zellner, A. (1984), *Basic Issues in Econometrica* (Chicago: University of Chicago Press).

Zellner, A. (1985), "Bayesian Econometrics," *Econometrica*, 53, 253 – 269.

Zellner, A., F. Palm (1974), "Time Series Analysis and Simultaneous Equation Econometric Models," *Journal of Econometrics*, 2, 17 – 54.

Zellner, A., G. Tiao (1964), "Bayesian Analysis of the Regression Model with Autocorrelated Errors," *Journal of the American Statistical Association*, 59, 763 – 778.

Ziemer, R. (1984), "Reporting Econometric Results: Believe It Or Not?" *Land Economics*, 60, 122 – 127.

图书在版编目（CIP）数据

空间计量经济学：方法与模型/（美）卢卡·安瑟林（Luc Anselin）著；刘耀彬等译. －－北京：社会科学文献出版社，2021.5（2023.2 重印）
（空间计量经济学译丛）
书名原文：Spatial Econometrics：Methods and Models
ISBN 978 - 7 - 5201 - 8060 - 3

Ⅰ.①空…　Ⅱ.①卢…　②刘…　Ⅲ.①区位经济学 – 计量经济学 – 研究　Ⅳ.①F224.0

中国版本图书馆 CIP 数据核字（2021）第 083785 号

· 空间计量经济学译丛 ·

空间计量经济学：方法与模型

著　　者／〔美〕卢卡·安瑟林（Luc Anselin）
译　　者／刘耀彬　王道平　陈子帆　白彩全

出 版 人／王利民
责任编辑／高　雁
责任印制／王京美

出　　版／社会科学文献出版社·经济与管理分社（010）59367226
　　　　　　地址：北京市北三环中路甲 29 号院华龙大厦　邮编：100029
　　　　　　网址：www.ssap.com.cn
发　　行／社会科学文献出版社（010）59367028
印　　装／北京虎彩文化传播有限公司

规　　格／开　本：787mm × 1092mm　1/16
　　　　　　印　张：22　字　数：310 千字
版　　次／2021 年 5 月第 1 版　2023 年 2 月第 3 次印刷
书　　号／ISBN 978 - 7 - 5201 - 8060 - 3
著作权合同
登 记 号／图字 01 - 2019 - 1366 号
定　　价／128.00 元

读者服务电话：4008918866